Introduction

« Le temps, le temps
Le temps et rien d'autre,
Le tien le mien
Celui qu'on veut nôtre... »

Débuter un livre par le refrain d'une chanson célèbre de Charles Aznavour, c'est aborder d'emblée la question qui concerne tout être pensant, et à tout instant de la vie : *Qu'est-ce que le temps ?*

Je me garderai bien d'essayer de répondre à une telle question ! En revanche, la première strophe du couplet *« Laisse-moi guider tes pas dans l'existence »* convient bien à la naissance de mon intérêt pour le temps, et à l'origine de ce livre. Dès l'âge de sept ans, ma vocation de pédagogue, nourrie de l'idée de vouloir *« guider les pas des enfants dans leur existence »*, m'était solidement ancrée dans la tête. Cette idée ne m'a jamais quittée...

Ce qui m'a conduit à mettre par écrit mes cinquante-cinq ans d'activité professionnelle, c'est une maman. Avec *Les Maths à toutes les sauces* (également publié aux éditions Le Pommier, en 2008), elle avait beaucoup appris sur l'évolution de ses propres enfants. Elle pensait qu'il était bien dommage que la construction du rapport au temps, chez l'enfant, soit aussi peu expliquée aux parents, aux pédagogues…

C'est pourtant un sujet passionnant, existentiel même…

Bienvenue dans le temps

C'est bien connu, avant même qu'il naisse, il faut inscrire son enfant dans la crèche locale pour avoir une chance d'obtenir une place. Il n'existe pas encore, mais il est déjà inscrit dans le temps ! Ce temps que nous lui imposons va lui coller à la peau d'une manière irrémédiable, année après année… À tel âge, on attendra de lui qu'il songe à parler, marcher, être propre… À l'école, où il va passer un certain temps, en telle classe, il va lui falloir apprendre telle ou telle notion ! Apprendre à lire l'heure, connaître les conjugaisons, trouver un mot dans le dictionnaire… Au fur et à mesure de son évolution, il va lui être demandé de se couler dans le « temps social », qui régit tous nos échanges avec les autres, en famille, au travail, entre amis… Tel est le carcan que la société et nous adultes avons créé, à lui de rentrer dans ce moule temporel !

De son côté, dès qu'il existe, l'enfant s'inscrit dans le temps, et ce dès sa nidation dans le ventre de sa maman… Dès tout-petit, il s'interroge sur ce temps qu'il ne voit pas mais dans lequel il se sent immergé… *Pourquoi, avant d'être il faut ne pas avoir été ? Où j'étais quand ma grande sœur est née ? Aujourd'hui j'ai sept ans… Ça veut dire que j'existe depuis 7 ans ?*

Bernadette Guéritte-Hess

L'enfant & le temps

Éditions
Le Pommier

*Un immense merci à Juliette Thomas qui m'a invitée
à écrire cet ouvrage, auquel je pensais depuis tant d'années !
Elle en a suivi toute l'élaboration, la construction
et la production. Quel bonheur d'être guidée par elle.
Merci à Claudine Decour-Charlet avec laquelle les stages
co-animés sur le temps et sur les problèmes de mathématiques
ont toujours été un plaisir partagé. Le chapitre qu'elle a écrit
est le fruit de nos discussions sans fin au cours de ces stages.
Ma reconnaissance à Frédérique Philipp qui, dans son école
à Villenave d'Ornon, a embarqué toute son équipe pédagogique
sur l'enseignement du temps (enseignement qui dure)
et m'a beaucoup soutenue pour cet ouvrage.*

Relecture : Gérard Tassi
Mise en pages : Marina Smid
Dessins : Noémie Souillard

© Éditions Le Pommier, 2011
Tous droits réservés
ISBN : 978-2-7465-0557-5

239, rue Saint-Jacques 75005 Paris
www.editions-lepommier.fr

Comment les gens font pour savoir que c'est Noël ? Il est quelle heure et demie ? Alors maintenant, on est demain ? Etc.

Toutes ces interrogations montrent que l'enfant n'a pas le sens du temps comme peut l'avoir un adulte. Nos connaissances sur ce sujet sont le fruit d'une longue évolution qui allie un grand nombre de progressions. Celles-ci reposent sur des intuitions, des apprentissages et, surtout, des raisonnements (ce que nous appelons les « structures logico-mathématiques ») : des quantités de mini-constructions s'installent petit à petit pour parvenir à la pensée formelle, *grosso modo* à l'adolescence. La vie se structure autour de ces acquisitions. Rien de moins. Quand le sens du temps ne se construit pas normalement, c'est l'existence tout entière qui en est affectée...

Les dyschronies

Je me souviens d'une jeune femme qui m'avait été adressée par ses parents pour une rééducation du temps. Elle vivait encore chez eux et travaillait dans un poney-club. Tellement fière de travailler et craignant d'arriver en retard à son travail, elle se levait entre 4 et 5 heures du matin. Le bruit qu'elle faisait en prenant sa douche réveillait toute la maisonnée. Une fois prête, elle partait prendre le métro bien avant que celui-ci soit ouvert...

Même si ce cas extrême de dyschronie était, je le reconnais, lié à d'autres difficultés, les troubles du temps existent bel et bien, même s'ils sont plus difficiles à identifier que ceux liés à l'espace.

Tout, dans la vie quotidienne, reposant sur la structuration de données *localisées*, il est relativement facile, chez l'enfant, d'identifier, en classe ou à la maison, les troubles liés à l'espace (au sens large du terme) : difficultés d'habillage, de reconnaissance de formes, d'écriture, d'organisation des cahiers, de déplacements dans des lieux connus ou inconnus...

On trouve sur Internet d'excellents articles sur ces troubles spatiaux qui s'adressent aussi bien aux parents qu'aux enseignants. Et les psychologues ont à leur disposition des batteries de tests très pointus qui permettent de les diagnostiquer. Nous abordons en effet une ère très orientée vers la numérisation des troubles chez les enfants. Les orthophonistes que nous sommes sont actuellement obligées de donner des évaluations, de noter des « écarts types » avec une moyenne générale et même de pronostiquer des résultats...

Vu mon âge, je ne cache pas mon soulagement d'avoir échappé à ce carcan qui aurait exigé de ma part un changement total d'attitude, particulièrement pour le bilan qui marque le premier contact avec un patient. Quel comportement aurais-je adopté si j'avais dû considérer cette première rencontre comme uniquement destinée à produire un graphique ou une courbe de l'individu en face de moi ?

Sans compter que, pour déceler une pathologie dans le domaine du temps, les psychologues n'ont pas de « tests » spécifiques pour des « pathologies temporelles » bien identifiées : le temps et ses troubles échappent totalement à la mise en graphique...

C'est le docteur Bernard Gibello qui, le premier, a décrit ceux qu'il appelle les « dyschroniques » : « *La pensée est syncrétique, intuitive et confuse. Ils sont incapables d'analyser la logique d'une situation, de classer et d'opérer des sériations. Ils sont surtout incapables d'ordonner des faits dans le temps et de se situer eux-mêmes dans la durée.*

Ils ignorent longtemps le nom des jours, des semaines, des mois, leur date d'anniversaire ; ils ne se situent dans la fratrie que d'une manière très approximative. Ceux d'entre eux qui, par hasard, savent lire l'heure, sont incapables d'utiliser cette connaissance pour organiser leur action dans la durée.

Ces difficultés se retrouvent sur le plan du langage, pour lequel les catégories du présent, passé, futur, « avant » et « après » semblent ne pas avoir de signification. »

J'ajoute à ce tableau quelques observations :

Ils ont beaucoup de mal à anticiper, en se projetant dans l'avenir – aussi bien dans un futur proche que lointain.

Le récit d'un film, d'un spectacle ou d'une histoire qui leur a été racontée est constitué de flashs en désordre, sans enchaînement de cause à effet.

En français, faire la différence entre nature et fonction des mots, donner du sens à la conjugaison est bien abstrait pour eux. En grammaire, comprendre des vocables comme « antécédent », « relatif », « subordonnée », « coordonnée », « s'accorde avec le complément s'il est placé avant », « se rapporte » s'avère épineux… Tous ces termes qui définissent si précisément des liens entre les mots déclenchent chez eux un brouillard qui peut étonner un adulte non averti.

Quant à l'attitude qu'ils présentent dans la vie, elle peut être de deux sortes.

Soit ils manifestent un désintérêt total pour les emplois du temps, se rendant totalement dépendants d'autrui lorsqu'il s'agit de suivre un horaire – or, il faut bien le constater, tout le monde, en Occident, est sommé de s'adapter à un horaire… C'est la maman qui doit répéter sans cesse : *Dépêche-toi de mettre tes chaussures, on va être en retard… Presse-toi de finir ta soupe, on va en être au dessert !* Et les parents de se plaindre : *Il a toujours le temps ! Il faut sans cesse le bousculer…*

Soit, à l'inverse, ils développent une grande anxiété qui leur fait craindre d'arriver en retard. Ils n'auront de cesse de demander : *Il est quelle heure ? On va être en retard…*

C'est notre métier d'identifier ces troubles, pour diffus qu'ils soient. Nous pouvons déterminer les trois grands autres versants de ces troubles – structures logico-mathématiques, apprentissage des conventions et opérativité sur les données – lors d'un véritable échange avec l'enfant ou l'adulte en souffrance – le fameux bilan…

Au cours de cet échange, nous explorons les différents domaines du raisonnement, dans le but de découvrir le fonctionnement de la pensée de la personne et de déceler l'origine des troubles. De repérer, par le questionnement, les points posant problème, de tendre alors des perches sur ces aspects difficiles pour voir s'il a la capacité de s'en saisir et d'évoluer grâce à cette aide ciblée. Certes, il existe une telle charge affective dans la construction des notions temporelles que le « psychologique » joue beaucoup. Cette partie ne relève pas des techniciens de la rééducation que nous sommes : lorsque nous pressentons un problème psychologique, nous orientons l'enfant vers un psychologue ou un médecin spécialisé dans les troubles de la personnalité, pour un travail en amont ou en parallèle.

Pour en revenir à ma jeune patiente, lorsque nous avons cessé la rééducation, l'évolution était notable sur plusieurs points. Elle connaissait la date, savait se repérer sur plusieurs types de calendriers et maîtrisait le sens du jour, des mois, des semaines, de ses vacances, des week-ends... Elle pouvait même opérer sur des organisations simples (dans 3 jours, il y a 2 semaines). Avec l'horloge, elle gérait sa vie quotidienne professionnelle. Elle n'était plus anxieuse par rapport à ses horaires...

Ne vous y trompez pas : si cet ouvrage relate mon expérience de « rééducatrice du temps », auprès d'enfants qui n'avaient pas ou mal acquis le sens du temps, il raconte aussi, et surtout, mon expérience avec des enfants de tous âges, dans des classes de maternelle, de primaire, dans des maisons de la culture... Dans un cas comme dans l'autre, il raconte l'apprivoisement de cette dimension magique qu'est le temps.

Ce que je souhaite vous faire comprendre, c'est que l'évolution de *tout* enfant se fait *dans le temps, avec le temps*, et que cette évolution sera d'autant plus harmonieuse que nous, parents, pédagogues, aurons pris conscience et nous serons posé les questions suivantes : Comment l'enfant appréhende-t-il le temps ? Quels aspects le marquent dès le plus jeune âge ? Quand prend-il conscience de son pouvoir sur les temps d'attente ? À quels moments de l'enfance prend-il conscience d'exister ? Quand comprend-il ce qu'est la mort ?

Cet ouvrage n'apporte pas toutes les réponses à ces questions, mais il vous permettra d'accompagner l'enfant, de l'aider à se structurer en assimilant les rythmes de vie et en maîtrisant les outils grâce auxquels on peut naviguer sur le temps...

De guider ses pas dans l'existence...

Partie 1

Le domaine du temps

Mesurer l'insaisissable…

Pour introduire, sur un plan théorique, un livre sur le temps, il m'a semblé indispensable de vous faire prendre conscience de ce qu'impliquait sa *mesure*. Car le temps, aussi immatériel et insaisissable soit-il, se mesure. Sinon comment pourrions-nous nous situer dans le temps – exister, tout simplement ?

Cela va être un petit peu technique, mais il est important que vous puissiez faire, en connaissance de cause, la différence entre le comptage (spécifique du domaine que je qualifie de « discontinu ») et la mesure (spécifique du « domaine du continu »). Vous serez alors à même d'apprécier en quoi la mesure du temps n'est pas une mesure comme les autres…

Discontinu et continu, deux domaines différents

Le temps fait partie du domaine du continu. Avant de poursuivre cette lecture, arrêtons-nous un moment pour nous demander ce que cela signifie… À quoi pourrait-on opposer ce terme de « continu » ? À discontinu, peut-être ?

Une illustration concrète va nous permettre de situer chacun des deux domaines, et de les différencier.

Dylan, 6 ans, est en train de goûter avec sa petite sœur. Il y a deux bols sur la table de la cuisine : l'un rempli de sucre en morceaux, l'autre de sucre en poudre. En montrant le premier bol, je lui demande : *Donne m'en 3, s'il te plaît.*

Sans hésitation, il prend un à un les 3 morceaux de sucre et me les tend. Je lui propose de les déposer dans une assiette.

Le comptage réalisé sous nos yeux associe un geste à l'énumération successive des nombres « 1, 2 et 3 ».

Les morceaux de sucre, dans ce cas, représentent le discontinu (aussi appelé « discret », du latin *discretus*, « séparé ». Ainsi une quantité discrète est-elle composée d'éléments séparés, à l'inverse d'une quantité continue).

En montrant le second bol, celui du sucre en poudre, je pose la même question : *Peux-tu m'en donner 3, s'il te plaît ?*

Dylan est désarçonné, je le sens réfléchir intensément et il finit par secouer la tête négativement : *Je ne peux pas !*

Je lui propose alors une cuiller à soupe :

– *Et avec cela, peux-tu m'en donner 3 ?*

– *Oui, dans quoi faut-il les mettre ?*

Je lui tends une autre assiette et il exécute trois gestes successifs en remplissant 3 cuillerées plus ou moins équivalentes de sucre en poudre, qu'il verse dans l'assiette.

– *Il y en a trois là ?*

– *Oui, tu as bien vu que j'en ai mis trois !*

– *Oui, mais dans l'assiette, je ne vois pas les 3…*

– *Elles sont mélangées.*

La véritable différence se manifeste ici. Elle est double.

Tout d'abord, pour réaliser le 3, il a été nécessaire de proposer une cuiller, c'est-à-dire un contenant arbitraire. Ensuite, lorsque les gestes ont été réalisés, l'action terminée, les trois cuillerées ont fusionné pour ne plus faire qu'un petit tas homogène de matière.

La maman des enfants arrive à cet instant, sans avoir assisté à la scène. Je lui pose la question :

– *Que voyez-vous dans les deux assiettes ?*

– *Dans celle-ci, il y a 3 sucres, dans celle-là un petit tas de sucre en poudre.*

– *Dans celle-là, voyez-vous « 3 quelque chose » ?*

– *Non.*

Étonnée par ma question mais intéressée, la maman demande la permission de suivre la suite de l'expérimentation. Elle s'assied à côté de nous.

Cette fois, je propose à Dylan une cuiller à café, en lui demandant : *Peux-tu m'en donner 3, s'il te plaît ?*

Il s'exécute et pose le sucre dans une troisième assiette que j'ai poussée devant lui.

Je lui propose alors une tasse en l'invitant à en donner toujours 3. Amusé, il commence à trouver l'expérience intéressante. Il remplit les tasses en faisant un geste horizontal pour que chacune soit bien à ras bord. Il les verse dans une autre assiette.

Enfin, c'est avec une minuscule dosette, telles celles qu'on trouve dans les flacons d'oligo-éléments, que je l'invite à faire de même. Consciencieusement, il effectue les 3 gestes.

La manipulation est achevée. Je soustrais du regard les deux bols de sucre, les cuillers, la dosette et la tasse.

Le questionnement commence. Je demande pour chacune des assiettes : *Combien il y en a ?*

Dylan n'a aucun mal à répondre « 3 » à chacune des quantités désignées. Prenant un air très étonné, je questionne :

– *Il y a bien 3 partout ?*

– *Oui.*

Je cache alors les assiettes pour poser la question piège : *Alors, où y a-t-il le plus de sucre ?*

Dylan répond : *Il y a 3 dans toutes les assiettes : c'est partout pareil.*

La petite sœur qui a tout suivi de la manipulation et des questions posées à son frère explose : *Mais non ! J'ai bien vu. Il y a plus avec la tasse, elle est plus grosse que les cuillers !*

Dylan s'appuie sur ses propres réponses numériques qui, elles, sont identiques : « 3 ». Son raisonnement est concentré sur le nombre et non sur la réalité de la matière qu'il n'a plus sous les yeux. La cadette, elle, a conservé la réalité perceptive de la manipulation qu'a effectuée son frère.

Le nombre est, dans le continu, subordonné au choix de « l'unité » ; il est dépendant des contenants utilisés. C'est ce qui caractérise l'action de « mesurer ».

À l'école primaire, sept thèmes sont abordés à propos du continu. Quatre relèvent du domaine de l'espace : il s'agit de la mesure à 1 dimension qui traite des longueurs, à deux dimensions (les aires), à trois dimensions (les volumes) et, enfin, les angles. À ces quatre champs s'ajoutent les masses, les capacités et celui qui nous concerne dans ce livre : le temps.

Si des points communs réunissent les six premiers thèmes, ce septième présente des particularités (liées au domaine du continu mais aussi intrinsèques, liées à l'abstraction qui le caractérise) qui vont apporter maintes difficultés et compliquer son assimilation par l'enfant... et compliquer notre tâche par la même occasion ! Celle-ci va donc consister à matérialiser un concept qui ne relève pas du tout du concret, pour le rendre assimilable par les enfants.

Mesurer...

D'où nous vient ce besoin de mettre un nombre sur quelque chose qui, intrinsèquement, n'en a pas ?

Pour pouvoir comparer la masse de deux personnes, connaître, entre deux flacons de formes différentes, celui qui contient le plus de liquide, comparer deux terrains éloignés l'un de l'autre... l'œil ne pourra, dans chacun des exemples, donner que des évaluations très approximatives. C'est pourquoi le rôle des physiciens a toujours consisté à vouloir chiffrer l'un et l'autre éléments, et ce suivant des conventions communes, d'où la création du système métrique. En déterminant la masse des personnes de 57 et 59 kg, la capacité des flacons de 7 et 8 litres et l'aire des terrains de 420 et 427 mètres carrés, on supprime toute équivoque. Ces mesures, très proches, inestimables à l'œil nu, le deviennent sans ambivalence grâce à la comparaison des nombres.

Pour cela, il a fallu adopter un étalon commun servant de «un» de référence, puis créer des instruments gradués pour opérer cette transformation de la matière continue en résultat numérique. Le nombre de ces instruments de mesure – qui, généralement, ont pour suffixe «... mètre» – est très impressionnant et montre la grande variété des domaines évalués par les physiciens, les techniciens, les médecins (ampèremètre, hygromètre, potentiomètre, pluviomètre...).

Dans cette famille, le temps a son instrument : le chronomètre, auquel tant de sportifs sont rivés. Il fait basculer des vies entières en départageant, au centième de seconde près, des milliers d'heures d'entraînement et porte au pinacle celui qui a pu grignoter d'infimes fractions d'unités.

Nature des étalons

Dans le discontinu, les «uns» se voient, ils sont indépendants les uns des autres. Il n'y a aucune ambiguïté à en prendre un dans la main, à en faire une photo. C'est ce que nous appelons «l'entité». Ce sont des objets autonomes : morceaux de sucre, billes, tables, tulipes, livres... Ils peuvent être déplacés individuellement et ils ne perdent pas leur intégrité au cours du déplacement. Leur nombre relève du dénombrement par pointage.

Dans le continu, nous avons vu qu'il fallait choisir un objet que nous appelons «étalon» pour chiffrer de la matière. Chacun des six domaines d'étude va demander des objets-étalons différents. Pour les longueurs, on pourra utiliser un bâton, une allumette, une ficelle... Pour les aires, un carré, un triangle... Pour les volumes, un cube, un savon de Marseille... Pour les angles, un secteur angulaire de carton, un compas... Dans le domaine des capacités, des récipients, verre, bouteille, boîte étanche, sont utilisés pour contenir le liquide. Quant aux masses, c'est la balance ou le peson qui permettront de chiffrer la matière. Ces objets peuvent être tenus dans la main, photographiés et rangés dans une boîte.

Pour le temps, le problème est beaucoup plus complexe puisqu'il s'agit de créer un étalon temporel pour chiffrer des durées. Or l'unité, l'étalon choisi est évanescent, il ne peut être pris dans la main ni photographié, il n'est pas visible. C'est la vraie difficulté liée au temps : une durée c'est du vide, du rien, ce n'est pas maîtrisable.

Parvenir à découper le temps et à y mettre du nombre fut donc une affaire au long cours, au travers de multiples embûches, tout au long de l'histoire humaine. Chaque civilisation a, au cours de son évolution, trouvé des moyens géniaux pour créer ses unités d'après le soleil, la lune, les étoiles et le climat de son lieu de vie. Plusieurs de ces moyens cohabitent encore (calendriers juif, orthodoxe, chinois...), mais avec la mondialisation, les deux instruments du découpage occidental se sont généralisés : le calendrier grégorien et les horloges à numération sexagésimale. Le calendrier et les horaires sont les mêmes pour le monde entier. Nous les analyserons au fur et à mesure des sujets traités.

« 0 » ou « 1 » : d'où part-on ? Mesurer ou compter ?

Gwénaëlle (8 ans) arrive un jour en rééducation, nettement perturbée par le problème qui la tourmente et qu'elle exprime clairement :

— *Vous savez, la maîtresse, cette semaine, a commencé à compter par zéro. Vous trouvez cela normal ? Moi, je commence toujours à compter par « 1 ».*

— *Écoute, d'abord, tu vas lui demander toi-même pourquoi et puis tu vas bien l'observer et mardi prochain, tu me diras ce que tu as compris de cette question.*

La semaine suivante, j'interroge Gwénaëlle dès son arrivée :

— *As-tu demandé à ta maîtresse pourquoi elle comptait en commençant par zéro ?*

— *Je n'ai pas osé, mais j'ai bien regardé, il y a des jours où elle commence à compter par « 1 » et d'autres par « 0 »...*

Au cours des nombreuses formations que je dispensais auprès d'enseignants, j'avoue avoir utilisé cette question extrêmement pertinente de la jeune écolière : *Vous arrive-t-il de commencer à compter par zéro ? Si « non », pourquoi ? Si « oui », dans quelles circonstances ?*

Vous, lecteur, quelle serait votre réponse ?

La réponse est la suivante : dans le discontinu, on commence à compter par « 1 ». Comptons les tables de la classe, les verres pour mettre la table. Personne ne penserait à taper dans ses mains en énonçant « zéro », pour ensuite pointer les tables en les dénombrant 1, 2, 3, 4... Dans le continu, en revanche, on commence toujours à compter par « zéro ».

Définir une origine

L'origine varie suivant la matière étudiée. Chacun des différents domaines du continu a la sienne propre. Pour les longueurs, c'est un point noté « 0 » sur la règle graduée. Pour les aires, un angle qui fixe la limite du quadrillage. Un coin dans le fond d'une boîte sert d'origine pour les volumes. Une demi-droite représentée par un compas fermé montre l'image d'un angle nul – « zéro degré ». Pour les masses et les capacités, le plateau de la balance et le flacon vides définissent l'origine pour mesurer la matière.

Contrairement à chacun de ces domaines où c'est l'être humain qui crée le zéro en partant de rien, il n'en va pas de même pour le temps, qui, inexorablement, poursuit sa marche. Il va nous falloir accrocher notre origine, en prenant le train en marche ! C'est une façon de fixer un point sur une ligne infinie. Tout au long de la vie, de la journée, des années, une multitude de points de départ définissent l'origine : l'instant de la naissance pour une vie, la sonnerie pour l'heure de la récréation, le feu rouge qui passe au vert pour redémarrer la voiture, la détonation pour le départ de la course, le sablier que l'on retourne… À chaque fois, c'est une action ou un événement qui marque l'origine d'une durée.

Les trois aspects du « un »

L'origine étant définie, ce qui est le plus difficile à comprendre, c'est ce « un ». Non seulement il n'est plus, comme dans le discontinu, matérialisé par l'objet lui-même, mais ce qu'il symbolise recouvre simultanément trois aspects.

1° : Un intervalle, une durée, une quantité de liquide, un segment…

Prenons l'exemple du nouveau-né :

– *Quel âge il a le petit frère ?*

– *Zéro an.*

– *C'est pas possible, il existe bien…*

Des jours et des mois passent, le petit frère a toujours zéro an. C'est ce qui trouble tellement le plus grand.

– *Quand est-ce qu'il va avoir un âge ?*

– *Le jour de son anniversaire.*

– *C'est pas vrai. Il a toujours zéro, pourtant il y a longtemps qu'il est né…*

– *Il a 7 mois, après il aura 8 mois, 9 mois… quand il aura 12 mois, alors ce sera la bougie de son 1 an.*

Avouez déjà qu'il n'est pas aisé de comprendre pourquoi 12 devient 1 !

Le jour attendu arrive enfin. La fête, le gâteau, la bougie… Il a un an ! Quel soulagement pour le grand ! son petit frère existe enfin…

2° : Mais aussi un point sur lequel va être inscrit le « 1 ».

Le temps, cette fois, se matérialise. Le nombre « 1 » est visible, la bougie est là. Il faut bien comprendre qu'une durée qui s'est écoulée depuis la naissance, ce n'est pas une bougie. Durée et point ne sont pas de même nature. Le véritable « 1 » est dans la durée, mais il sera noté sur un point.

Sur le dessin ci-dessous, nous voyons bien les deux « 1 », celui de l'intervalle et celui du point :

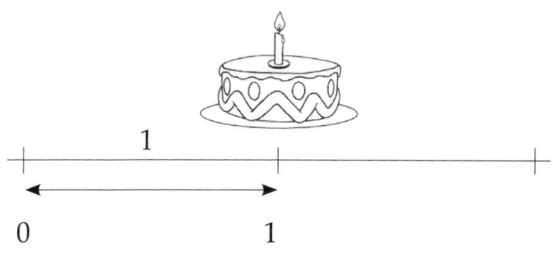

Autre exemple pour illustrer cette ambivalence : demandez à un adulte de montrer une heure sur une horloge à aiguilles placée devant lui. La réponse sera un déplacement circulaire depuis le 12 avec retour au point de départ, pour ceux qui pensent au parcours de la grande aiguille ; ou un mouvement de 12 à 1 ou bien de 3 à 4 pour ceux qui pensent au parcours de la petite aiguille. Dans les deux cas, c'est un intervalle qui est montré par un geste circulaire ou un arc de cercle.

Demandez la même chose à un enfant. *Montre-moi une heure.* Que va-t-il vous montrer ? Il va désigner un point, celui sur lequel il est marqué « 1 ». *C'est écrit !*

C'est que, selon ce dont on parle, et selon la question posée, la réponse sera soit un mouvement qu'il est possible de filmer puisque c'est du temps, soit un point à l'aspect statique, qui relève de l'espace – et qu'une photo pourra représenter.

Voici d'autres exemples :

Trace un trait de 1 centimètre, l'exécution est un mouvement.

Le train part à 1 heure, c'est un point.

J'ai besoin de 1 kg de sucre pour mes confitures. Le fait de verser le sucre sur le plateau de la balance, c'est un mouvement. Le coup d'œil jeté sur les nombres qui défilent et je stoppe lorsque le 1 apparaît dans la fenêtre : c'est un point.

Les enfants ne sont pas les seuls à buter sur la difficulté de mesurer un intervalle. Madame R travaille comme femme de ménage chez Madame X.

– *Vous savez, Madame X n'est pas correcte : elle me paye deux heures, et pourtant j'arrive à 9 heures et je repars à 11 heures !*

– *Et alors ?*

– *Neuf, dix, onze* (en comptant sur les doigts), *ça fait bien trois…*

3° L'intervalle suivant, qui portera le nom de « un… et quelque chose ». Pendant tout l'intervalle entre le « 1 » et jusqu'à la dernière limite avant le « 2 », c'est le « un » qui est utilisé verbalement.

Quel âge a votre enfant ?

Un *an et demi.*

Guillaume, combien mesures-tu maintenant ?

Un *mètre soixante-deux.*

À quelle heure est le train ?

À **une** *heure cinquante-huit.*

Dans mon travail de lutte contre l'illettrisme, j'ai rencontré des personnes qui ne pouvaient prendre en compte que les heures exactes. Dans le cas du train partant à 1 h 58, il leur était impératif d'être sur le quai à 1 heure, faute de quoi ils avaient le sentiment qu'ils allaient manquer le départ…

Cardinal et ordinal

Rappelez-vous : l'adjectif numéral cardinal, c'est le nombre – un, deux, trois, quatre… –, et l'adjectif numéral ordinal, c'est le rang, la place unique dans une suite.

Lorsque l'on compte des voitures, cardinal et ordinal sont en symbiose. La première nous fait déclarer « un ». En désignant la deuxième, on énonce « deux », et ainsi de suite.

En reprenant l'exemple du nouveau-né qui a zéro an, on peut affirmer simultanément qu'il est dans sa première année. Il n'y a donc pas d'accord entre l'ordinal et le cardinal, ce dernier étant décalé en position suivante. Ainsi les faire-part de décès ont-ils étonné plus d'un enfant, en annonçant la mort du grand-père dans sa 83e année alors que les petits-enfants venaient de fêter ses 82 ans…

Il en est de même en histoire. Chacun doit réfléchir une seconde avant de pouvoir situer l'an 732 au VIIIe siècle et l'an 1515 au XVIe siècle, toujours à cause de ce décalage dans le continu entre le nombre et le rang. Il est intéressant de poser la question aux élèves de collège pour se faire une idée de leur compréhension de ce problème.

Le nombre est exact ou non

La façon de mettre un nombre sur du discontinu est sans ambiguïté. Nous sommes dans les nombres entiers naturels. La réponse est précise et exacte.

Il en va tout autrement en physique, dans le continu, et c'est un problème supplémentaire et universel : dès qu'il est question de mesure, nous savons que la réponse n'est jamais exacte. Les physiciens, les techniciens, les praticiens qui œuvrent avec de la matière le savent bien. Ils sont confrontés à cette réalité de l'« à peu près », dont ils vont tous tenter de réduire les approximations. Les scientifiques n'ont de cesse de repousser les limites de l'infiniment petit, afin de donner des réponses de plus en plus fines. Au cours des dernières décennies, le développement des techniques a fait exploser les moyens pour tendre de plus en plus vers des mesures donnant des marges d'erreur infinitésimales. Quelques exemples suffisent à nous plonger dans ce monde de précision jamais atteinte, jamais satisfaisante.

Tout d'abord, la définition du mètre. Quatre définitions officielles se sont succédé depuis 1793, passant par des phases de plus en plus rigoureuses. Je n'évoquerai que la première et la dernière.

Au moment de la Révolution française, elle correspondait à la dix millionième partie du quart du méridien terrestre. Cette définition reposait sur des notions exclusivement spatiales. En 1983, à peine deux siècles plus tard, le mètre est la longueur du trajet parcouru dans le vide par la lumière pendant une durée de 1/ 299 792 458ᵉ de seconde. La définition est transformée en un rapport espace-temps.

Pour la mesure du temps, l'horloge atomique qui régit certains de nos réveils précise que la marge d'erreur s'établit à moins d'une seconde tous les 3 000 ans !

Il n'y a pas que l'infiniment petit qui peut dépasser notre entendement : il y a aussi l'infiniment grand. Les moyens qui permettent la datation sur des fossiles chiffrent en milliards d'années. La distance entre la Terre et l'étoile Alpha Proxima du Centaure est de 39 734 100 000 000 cm. Transformons cette distance en un rapport espace/temps en nous demandant combien d'années il faudrait pour l'atteindre à la vitesse actuelle des fusées...

Nous venons de voir que le temps, immatériel et insaisissable, se mesurait pourtant. Tournons-nous maintenant vers l'enfant qui se trouve dès sa naissance (et même dès sa conception) plongé dans le temps. Comment sa relation au temps s'élabore-t-elle au fil des jours, des mois, des années ? Sur quelles structures logico-mathématiques repose-t-elle ? Par quelles étapes doit-elle passer pour être harmonieuse ?

Pour se repérer entre discontinu et continu

Discontinu	Continu	Continu – Temps
Sucre en morceaux billes, perles, tables, voitures…	**Sucre en poudre** lait, beurre, distance, contenu d'une citerne…	un moment / une petite heure / dans une minute
Associé à l'article défini « le » « les » le sucre, les sucres / à l'article indéfini « un », « des » un sucre, des sucres	Associé à l'article partitif « du » « de la » : du sucre, du pain d'épices, de la farine, de la bière	la durée Associé à l'article partitif « du » du temps
Donne-m'en trois La réponse correspond à trois gestes successifs : 1, 2, 3	*Donne-m'en trois* La réponse est « trois quoi ? »	*Donne-m'en trois* La réponse est « trois quoi ? »
Le « un » existe, il est visible.	Il faut définir le « un » : cuiller à soupe, petite cuiller, tasse, kg. Le contenant est visible, défini. Il se tient dans la main.	Il faut définir le « un » : minute, heure, mois, siècle. L'unité n'est pas visible. Il faut une horloge ou un calendrier.

On compte.	On mesure soit avec n'importe quel « un » soit avec les étalons du système métrique.	On mesure soit avec une bougie ou un sablier soit avec l'horloge en système sexagésimal.
Le nombre de « uns » est toujours un nombre exact d'entiers.	Le nombre n'est jamais exact.	Le nombre n'est jamais exact.
On ne fractionne pas le « 1 ».	On fractionne les « uns » soit par les fractions soit par la virgule en système décimal.	Utilisation soit du système en base soixante : l'horloge soit en fractions décimales — dixièmes de seconde, centièmes de seconde. Pas de système pour le calendrier.
On commence à compter par 1.	On commence à compter par zéro.	On commence à compter par zéro.
Accord entre cardinal et ordinal. Le « 1 », c'est le premier.	Désaccord entre cardinal et ordinal : De zéro à 1 — cardinal zéro, ordinal premier ; De 1 à 2 — cardinal un, ordinal deuxième.	Désaccord entre cardinal et ordinal : De zéro à 1 — cardinal zéro, ordinal premier ; De 1 à 2 — cardinal un, ordinal deuxième.

La logique et le temps

Sans que nous en ayons réellement conscience, les raisonnements qui régissent nos actes de la vie quotidienne, comme remplir la machine à laver la vaisselle, mettre la table… reposent sur deux structures logico-mathématiques qui sont les classifications et les sériations. Les classifications s'organisent autour de ce qui « est pareil », de ce qui constitue des classes, des groupements. Dans la machine, je mets les verres en haut, les assiettes en bas, les petites d'un côté, les grandes de l'autre… Je mets ensemble ce qui est semblable. Ce rangement s'appuie principalement sur de l'espace. Je réalise une classification.

Les sériations s'ordonnent quant à elles sur ce qui « n'est pas pareil ». Pour mettre la table, j'installe la nappe, puis les assiettes, ensuite les verres. Dans cet exemple, nous sentons bien que ces actions se déroulent spécifiquement dans le temps, selon un ordre. Il y a une première action, puis une autre, puis une autre… Je réalise une sériation.

Ces structures sont omniprésentes dans tous les domaines de la pensée, en particulier dans le langage. Chaque mot fait partie d'une classe. Mon « pull » fait partie de la classe des vêtements. Dans mon armoire, ils sont tous empilés. Et dans la phrase, les mots se succèdent selon un ordre. Chacun connaît la phrase de Molière dans *Le Bourgeois gentilhomme* : « *Belle marquise, vos beaux yeux me font mourir d'amour* » devient « *Vos yeux beaux d'amour me font, belle marquise, mourir* », « *Me font vos yeux beaux mourir, belle marquise, d'amour* » et d'autres successions plus ou moins valables dans la langue.

Les mathématiques sont elles aussi imprégnées de ces deux raisonnements logiques. Prenons « 3 » par exemple. « 3 roses » : ce peut être le cardinal d'un nombre (adjectif numéral cardinal), qui désigne la classe dans laquelle on peut ranger tous les ensembles qui comportent « 1,1,1 » éléments. Ce peut être également l'ordinal du nombre : la troisième rose cueillie. Nous sommes alors dans la sériation.

Ces structures interviennent également dans le domaine du temps, mais le côté immatériel de ce dernier les rend plus difficiles à appréhender. Cela peut, en retour, avoir des conséquences sur l'élaboration de notre rapport au temps, et entraîner inévitablement des incompréhensions constantes dans la vie sociale, scolaire et professionnelle. Les agendas, les emplois du temps, les programmations sont autant de domaines qui réclament la synthèse de ces deux structures…

Les classifications

Constituer des catégories ou ranger des objets requiert de mettre ensemble ce qui possède un caractère commun. Les classifications président aux rangements et les quelques

exemples qui suivent vous montrent que cette activité logique repose particulièrement sur des notions spatiales :
– établir un fichier pour ranger des recettes de cuisine en catégories : entrées, légumes, viandes, desserts ;
– organiser d'une manière fonctionnelle une armoire en tiroirs et rayonnages pour ranger le linge ;
– aménager les étagères d'un magasin pour disposer les articles par taille et par couleur

Toutes ces activités relèvent d'une « relation d'équivalence » permettant de créer ce qui, en mathématique, s'appelle « une classe ».

Qu'est-ce qu'une relation d'équivalence ?

C'est un groupe verbal qui relie deux objets. En voici quelques exemples à propos du temps : « … est né la même année que… », « … a mis le même temps que… », « …a le même âge que… ». Dans le domaine du français, « …a la même première lettre que… » (pour ranger des mots par ordre alphabétique), « … a la même nature que… » (pour le masculin et le féminin). En mathématiques, « …est parallèle à… », « …a le même nombre de chiffres que… », « …a la même ouverture d'angle que… ». Autant de relations qui constituent des classes ou boîtes de rangement.

Les classes peuvent aussi être incluses les unes dans les autres. Par exemple l'ensemble des chats est inclus dans l'ensemble des félins, lui-même inclus dans l'ensemble des animaux, lui-même inclus dans l'ensemble des êtres vivants… Un des buts de toute science est ainsi de créer des classes hiérarchiquement incluses, d'après des critères plus ou moins visibles. La zoologie, la botanique, la génétique en sont des illustrations usuelles. Certaines classifications vont demander des études de critères de plus en plus pointues : la botanique, les minéraux, la gemmologie…

Dans la vie de tous les jours, des ambiguïtés se présentent. Par exemple, dans la classe des poissons, on pourrait imaginer y trouver la baleine en se basant sur le critère visible « vit dans l'eau » ; or elle se situe dans la classe des mammifères, du fait qu'elle possède des mamelles et par la façon dont elle met au monde ses petits – un critère qui n'est pas visible au premier abord.

Et l'imaginaire des hommes a créé des personnages fabuleux, en transgressant ces classes naturelles : la sirène, personnage mythique du monde marin, fait simultanément partie de la classe des êtres humains et de celle des poissons… Le centaure au buste et au visage d'homme et au corps de cheval fait-il partie des animaux ou des humains ?

Les propriétés de la relation d'équivalence

Ces relations possèdent des propriétés caractéristiques dont deux d'entre elles, la symétrie et la transitivité, sont intéressantes à définir.

Prenons un exemple. Dans un groupe scolaire, il est nécessaire de faire un regroupement des enfants par date de naissance. La relation «…est né la même année que… » est la relation appropriée pour cette classification. Il s'agit d'énoncer une phrase sur le mode « si... alors... » avec le nom d'un enfant comme sujet du groupe verbal et d'un autre comme complément. « Si Kévin est né la même année que Gilles, alors Gilles est né la même année que Kévin ». En permutant le sujet de la phrase avec son complément, la première partie exprimée étant vraie, la fin l'est aussi. Dans ce cas, on en conclut que « ...est né la même année que... » est une relation *symétrique*.

Voici des exemples pour lesquels la symétrie ne fonctionne pas. « Mange » : « Si le chat mange la souris alors la souris mange le chat » ; la première partie de la phrase est vraie, mais la seconde ne l'est pas. Un autre exemple, « est le père de... » : « Si Pierre est le père de Jonathan alors Jonathan est le père de Pierre ». Cette phrase, vraie dans un sens, ne l'est pas dans l'autre. Ces deux relations, n'étant pas symétriques, ne sont pas des relations d'équivalence.

La *transitivité* est une autre propriété intéressante à étudier. Il s'agit d'un raisonnement à rebondissements qui concerne trois personnes et pour lesquelles il faut construire une phrase sur le mode « si... et que... alors... », en conservant trois fois de suite le même groupe verbal. Les deux premières affirmations doivent être justes ; la question qui se pose est de savoir si la troisième est vraie.

Exemple : « Si Kévin est né la même année que Gilles et que Gilles est né la même année que Benjamin, alors Kévin est né la même année que Benjamin ». L'ensemble du texte étant juste, il est possible d'affirmer que la relation est transitive. Prenons un autre exemple, cette fois dans le temps, avec la généalogie : « Si Gabrielle est la mère de Françoise et que Françoise est la mère d'Emma, alors Gabrielle est la mère d'Emma. » Ici, il n'est pas possible d'affirmer que la relation est transitive puisque Gabrielle est la grand-mère d'Emma.

Les sériations

Les classifications s'organisent donc autour de ce qui « est pareil », par la création de boîtes ; le nombre d'éléments de chacune d'elles n'a pas d'importance, pas plus que les relations des éléments entre eux dans la classe. Mais il faut bien ordonner ce que l'on aura regroupé : c'est là qu'interviennent les sériations. La manière dont les éléments vont s'organiser les uns par rapport aux autres est fondamentale. La place de chaque élément est unique et s'instaure sur une relation relevant d'une différence. Les sériations s'ordonnent en effet sur ce qui « n'est pas pareil ». Cette différence s'exprime en termes de « … est plus que… » ou bien « … est moins que… ».

Reprenons l'exemple du magasin et de ses étagères où sont rangés / classés les différents articles : pour faire essayer un chemisier, la vendeuse sortira le modèle du dessus, bien *en ordre*.

Qu'est-ce qu'une relation d'ordre ?

Comme pour la relation d'équivalence, il s'agit d'un lien verbal entre deux noms, c'est-à-dire deux objets, l'un étant sujet, l'autre complément. Les relations d'ordre peuvent relever de l'espace – « est à l'ouest de », « est à droite de »,

« est plus haut que… » – et sont repérables visuellement. Mais c'est dans le temps qu'elles deviennent primordiales pour notre travail. Voici quelques exemples : « précède », « est avant », « dure plus longtemps », « est antérieur », « est la conséquence ».

Une première constatation laisse apparaître que chacun des membres de la relation s'accorde avec un autre qui lui est opposé : ouest-est, droite-gauche, haut-bas, précède-suit, avant-après, plus-moins, antérieur-postérieur, est la conséquence-a pour conséquence.

De ce fait, toute sériation visant à mettre en ordre offrira deux manières de fonctionner, allant depuis le plus… jusqu'au moins… ou, inversement, du moins… jusqu'au plus…

Les propriétés de la relation d'ordre

Reprenons les deux propriétés décrites précédemment, la symétrie et la transitivité, dans la relation d'ordre. Construisons la phrase avec le verbe « précède ». On se souvient qu'il faut utiliser deux fois le groupe verbal en inversant sujet et complément sous la forme « si… alors… ». « Si le tracteur précède la voiture alors la voiture précède le tracteur. » Cette phrase est fausse et l'on comprend que, quelles que soient les relations citées, le remplacement du sujet par son complément donnera une phrase absurde. La relation d'ordre est *antisymétrique*. Elle institue une graduation dans laquelle chaque élément a une place unique comparativement à celui qui précède et à celui qui suit.

En revanche, la relation d'ordre est *transitive* : « Si le tracteur précède la voiture et que la voiture précède le camion, alors le tracteur précède le camion. » Toute relation d'ordre obéit à cette propriété. Classifications et sériations sont toutes deux transitives.

Dans la construction de la phrase, il est très important que le complément du premier groupe verbal soit le même que le sujet de sa seconde utilisation (ceci est d'ailleurs valable tant pour la sériation que pour les classifications) :

si… a R b	Si Jean est un descendant de **Pierre**,
et… b R c	et que **Pierre** est un descendant de Paul,
alors… a R c	alors Jean est un descendant de Paul.

Les relations d'ordre sont donc antisymétriques et transitives.

Les procédures pour travailler l'ordre : les reconstitutions

Le temps est une suite d'événements, d'actions ou de réalisations qui se déroulent en temps réel. Une fois vécus, ils constituent un ordre inexorable, sans réversibilité possible.

Comme l'a écrit Jean Piaget, « le temps est, par sa nature, lié a des événements qui n'existent plus ou n'existent pas encore, à part une petite zone mobile de présent, inutilisable à elle seule. Toute recherche sur les perceptions ou les interprétations notionnelles relatives au temps porte donc sur des réalités aussitôt dépassées et n'a par conséquent pour objet que des reconstitutions. »

Cette phrase, et particulièrement son dernier mot, constitue le fondement du travail de ce livre. Pour chaque thème, le grand principe des activités qui visent à construire des notions temporelles se base sur ce mot : « reconstitution ».

Que cela veut-il dire ?

Il s'agit de vivre de multiples situations en temps réel en créant des représentations graphiques et mobiles qui vont symboliser chacune des étapes vécues successivement. L'ensemble des symboles ainsi créés permettra, par reconstitution, d'« opérer » sur ces outils visibles. Sachant que nous donnons à « opérer » un sens large qui laisse de côté les opérations arithmétiques. À chaque étape, il sera donc question de mobilité de pensée, d'anticipation, de raisonnement, de déduction, de questionnement, de rétroaction, de verbalisation…

Imaginons par exemple une recette de gâteau que nous avons décidé de réaliser avec un enfant. En dehors des préparatifs – achat des ingrédients, sortie des ustensiles, lecture de la recette –, qui sont autant de pôles de travail qui relèvent du temps, l'activité réelle commence. Dans ce cas, l'appareil photo sert à créer les représentations symboliques dont il est question. À chaque phase, chaque geste opérateur, nous effectuons un cliché, et ce jusqu'à la mise au four du mélange. Une douzaine ou quinzaine de photos sont ainsi réalisées sur du vécu, véritables étapes de la réalité. Le travail opératoire commence alors. Les clichés ne sont pas fixes et permettent la mobilité de la pensée. Certes, l'irréversibilité du temps ne nous permet pas de revenir en arrière réellement. Ce qui est fait est achevé, et le gâteau dégusté! Mais le fait d'avoir rendu visible chacune des phases de l'activité va nous offrir toutes les possibilités de retour en arrière, de récit, de reconstitution de la succession, de jeu sur l'«avant» et l'«après», et, surtout, nous permet de nous arrêter en cours de reconstitution sur une photo, de la traiter en tant que présent avec :

Qu'est-ce que nous sommes en train de faire ?

Que faisions-nous juste avant ?

Qu'allons-nous faire aussitôt ?

La première activité à réaliser avec la collection de photos est une remise dans l'ordre de l'écoulement des actions. Ceci est à travailler de deux façons. D'abord en ligne horizontale gauche/droite (ou en ligne verticale). Dans ce cas, toute la sériation temporelle est visible d'un seul coup d'œil, par balayage des yeux. Tous les temps sont visibles simultanément.

Une autre manière de travailler le temps, plus complexe, c'est l'empilement, comme dans un livre dont on tourne les pages. Dans ce cas, un temps chasse l'autre et ce ne sont que des présents successifs, une seule photo à la fois reconstituant le présent. Le passé se situe dans la pile de gauche, le futur – symbolisant «l'à venir», l'avenir – sous l'unique image visible.

Les différentes sortes de successions

Les sériations temporelles s'appellent des successions. Celles-ci se présentent sous trois formes.

1°) *Les successions conventionnelles* qui ont été instaurées une fois pour toutes. L'adoption de leur suite aurait pu être autre. Elles sont utilisées d'un commun accord, par tout le monde, et sont indispensables dans la vie sociale. Il nous faut les admettre et les apprendre par cœur. Les enfants les acquièrent par répétitions. Certaines sont cycliques, d'autres infinies.

La date en est un exemple, avec quatre séries qui se déroulent simultanément sans être synchrones :
– les jours de la semaine, algorithme régulier cyclique à base sept ;
– le quantième du mois, algorithme irrégulier numérique (+1), cyclique à 28, 29, 30 ou 31 ;
– les mois, algorithme régulier cyclique à base 12 ;
– les années, algorithme numérique (+1) infini dans Z (les entiers relatifs), relatif au zéro (Jésus-Christ pour les chrétiens, l'hégire pour les musulmans (– 622), naissance du monde d'après les écrits pour les juifs).

L'alphabet est lui aussi une sériation conventionnelle à apprendre.

Chacune de ces suites est née d'un souci de communication entre les hommes et relève d'une histoire passionnante qu'il est intéressant d'approfondir pour en découvrir l'origine et l'évolution.

2°) *Les successions imposées par les causalités et conséquences :*
Certaines relèvent du récit d'événements réels passés. Elles racontent ces événements dans l'ordre dans lequel ils se sont déroulés. C'est ce que l'on fait en étudiant l'histoire,

celle de la planète Terre, celle de chaque pays. Pour la France par exemple, nous avons la liste des rois qui se sont succédé sur le trône, celle des présidents de la Ve République…

D'autres ont un lien avec des phénomènes : ainsi les notes de musique sont-elles liées aux différentes hauteurs des sons…

D'autres encore suivent un ordre imposé. Si je veux sortir ma voiture du garage, je vais avoir à exécuter une suite de gestes, dont l'ordre est inéluctable :
– ouvrir la porte du garage,
– ouvrir la porte de ma voiture,
– m'installer au volant,
– mettre le moteur en route,
– débrayer,
– passer la marche arrière,
– reculer.

3°) *Les successions totalement libres :*

Une troisième catégorie de successions consiste en des actes qui n'ont pas de lien de cause à effet entre eux.

Par exemple : une liste d'appels téléphoniques à passer, l'ordre des activités à exécuter pour le rangement ou le nettoyage de la maison…

Les activités n'ayant pas de lien de causalité entre elles, la façon de procéder sera strictement personnelle. Il sera alors intéressant de questionner chacun sur son mode de fonctionnement.

Il nous fallait aborder ces fameuses successions qui reposent sur des relations d'ordre pour appréhender toute la suite des chapitres. À propos de chaque thème traité, nous retrouverons en effet les principes suivants :

1°) Tout d'abord, vivre réellement une succession et en symboliser simultanément chaque étape.

2°) Parcourir à nouveau la succession dans un ordre, puis dans l'autre, à l'aide des symboles. C'est la reconstitution de la suite vécue.

3°) Raconter l'histoire au présent en respectant l'ordre des événements.

4°) Créer des exercices en vue de travailler la mobilité de la pensée. Le but est d'aider l'enfant à s'organiser dans le temps – à « opérer » : être capable d'anticipation, de rétroaction, de réversibilité, de déductions…

Partie 2

Temps subjectif,
temps objectif

Moi, la « Petite Chronique »

Bonjour, je m'appelle « Petite Chronique ».

La première partie de cet ouvrage était théorique, mais à partir de maintenant, nous abordons la partie « pratique ». Or, le temps est un domaine d'une telle richesse, aux si nombreuses ramifications thématiques, que je tiens à vous guider dans leur dédale. Je vais donc vous raconter mon histoire, d'une manière chronologique, depuis ma conception – le moment où je suis littéralement « tombée » dans le temps ! – et en suivant les étapes importantes de ma vie, au cours desquelles j'ai appris et compris tel concept, telle notion liés au temps. C'est une évolution normale, que suit chaque enfant qui ne présente pas de problèmes particuliers. Et, vous le verrez, de thème en thème, les chapitres épousent cette progression.

Je ne vous cacherai pas les joies que j'ai éprouvées lorsque je maîtrisais le temps, mais aussi certaines difficultés que j'ai rencontrées dans le cas où je devais le subir !

J'ai été entourée par mes parents et accompagnée par des pédagogues, et tous ont toujours essayé de donner du sens aux choses et, surtout, de matérialiser ce « dieu Khronos » si mystérieux. Pour me permettre de le visualiser.

Je souhaite que mon histoire détaillée serve à aider d'autres « Petites Chroniques », dont les histoires seront à la fois semblables et différentes – mais toutes passionnément ancrées dans le temps.

La conception

Instant fabuleux, si bien chanté par Ricet Barrier dans « Les spermatozoïdes, la course en tête ». À peine la rencontre advenue, je suis là, enfant en puissance. J'essaie de comprendre à la fois ce que sont mes pouvoirs et ce que je subis. J'existe.

Dans le sein de ma mère, la vie est belle. Je sens bien des régularités dans les durées. Je sais lorsque ma mère/ habitacle est pressée, quand elle est cool. Quand elle se repose. J'ai mon heure de grand chahut où je gigote ; ça, c'est moi qui gère. Un moment que j'adore, lorsque mes parents ont suivi des cours d'haptonomie, c'est le rendez-vous à trois. On discute, je leur obéis, je me laisse caresser. S'ils laissent passer l'heure, je rappelle ma mère à l'ordre.

La naissance

Arrive un moment où j'ai envie de voir le jour. Parfois j'arrive trop tôt, je le paye par un moment de flottement : la couveuse. En général, pour cet « heureux événement », c'est moi qui décide du grand jour et de l'heure. Tout le monde doit se plier à mon bon vouloir. Je suis puissante.

Il y a parfois des Petites Chroniques qu'on a privées de ce pouvoir de décision. Ils appellent cela «déclencher l'accouchement». C'est triste pour elles.

Ce ne fut pas mon cas. De cet événement, de ce jour, tout le monde en parlera longtemps et régulièrement. Ils appellent cela «la date de naissance»! J'en porte l'entière responsabilité. Quel pouvoir!

Je me suis même aperçue par la suite qu'à cette date, annuelle, j'étais fêtée comme une reine: des cadeaux, des fêtes, et même un gâteau avec un nombre de bougies qui augmente à chaque fois. C'est merveilleux! Ils appellent cela «l'anniversaire». Je le répète: ce fut mon bon vouloir. Et je suis ravie qu'on s'en souvienne…

Commence pour moi une période faste au cours de laquelle je prends conscience de quantité de choses: tout m'intéresse! Dans le même temps, je prends conscience du rapport cause/conséquence: j'ai faim, je pleure… les conséquences sont en général satisfaisantes. Je gère ainsi les durées à ma convenance. Je suis la reine du temps. Je me fais dorloter. C'est doux! C'est bon! Cependant, je sens bien qu'à certains moments, mes ordres n'ont pas l'air de plaire à ceux qui m'entourent; Bénabar m'en a inventé une berceuse. Je comprends qu'il ne faut pas que j'exagère. Mes parents voudraient que je «fasse mes nuits». Je m'adapte petit à petit, ça leur fait tellement plaisir. Je gère mon pouvoir.

La crèche

C'était trop beau! Voilà qu'un jour, tout bascule. Je perds d'un seul coup toutes mes prérogatives, on m'impose des tas de contraintes: réveil en plein sommeil paradoxal, habillage dans la fébrilité, promenade nocturne dans la poussette et abandon dans un lieu stupéfiant, «la crèche». En un jour, j'ai perdu tous mes droits. Mon pouvoir est réduit à zéro. Je dois m'adapter coûte que coûte. Je me trouve avec plein d'autres Petites Chroniques. Je me croyais maîtresse et responsable de mon monde, eh bien non! Et ça va durer – j'ai entendu – jusqu'à «la retraite»… Je ne cherche pas à savoir ce que cela veut dire, mais je tombe de haut. Je dois attendre mon tour pour manger, je suis un numéro. Je dois m'adapter. Même si je suis chez une «nounou», ces réveils matinaux, vous savez, c'est dur, dur. On découpe «Mon temps» en tranches, imposées par ces adultes qui ont les yeux fixés sur des petites bêtes qui font «tic, tac». Il y en a partout, c'est pire que les termites! Je les repère. Je les entends. La majorité des grandes personnes en portent une au bras. C'est un parasite nuisible, croyez-moi! Dans les gares, c'est de la folie, des foules entières se bousculent comme un tsunami lorsque apparaissent sur un écran quelques pattes de mouches. C'est sûr, le dieu Khronos est puissant. Et moi je suis vraiment toute petite!

Je dois me faire à la dure réalité, je vais devoir composer. Heureusement, j'ai repéré certains jours heureux, ils reviennent régulièrement au fil des semaines. Ça, je l'ai compris très tôt à la crèche. J'accepte ces rythmes de fous, c'est la force des choses!

À la crèche, il y a des activités communes qui occupent les intervalles de temps et qui commencent à m'intéresser sérieusement. Cela me fait réfléchir beaucoup. Certaines personnes disent que je suis «philosophe». Je crois que c'est un compliment.

Question physique, je tiens la forme, je fais du sport continuellement. Et ça marche! J'ai découvert toute seule comment me retourner, puis ramper, m'asseoir, me dresser sur mes pieds. Je ne suis pas loin de savoir marcher… Plus je me motorise, plus j'explore. Plus je découvre de choses et plus cela me donne matière à penser, et plus je pense, plus j'ai envie de découvrir. Ils appellent cela le «cognitif». C'est fabuleux.

Je maîtrise bien.

Tout ce que je sais déjà

Quand Papa a dû partir cinq jours, on a fait une sorte de calendrier avec Maman, et j'ai géré son absence. Un jour, j'ai créé moi-même un événement important pour la maîtrise de mon temps: j'ai contrôlé mes sphincters! Plaisir de l'alternance action/durée.

Mais, catastrophe pour mes raisonnements déductifs, ce progrès fait basculer ma vie à nouveau. Je sentais bien qu'il se tramait quelque chose de définitif. Dis «*au revoir*»: on me fait quitter la crèche…

J'y ai appris tant de choses! J'ai même compris les saisons, les jours qui rallongent quand on ne met plus de manteau. Une fête à cadeaux, c'est quand il fait froid. Je sais que les vacances, c'est quand on me couche et qu'il fait encore jour, et qu'enfin Papa s'occupe de moi toute la journée...

Question langage, je me débrouille pas mal. Je comprends plein de choses. Je ne tiens plus en place quand j'entends : « on va aller », « on va faire », « après le dodo », « demain »... Je saisis l'imminence lorsque j'entends « tout de suite », « allons-y », « vous êtes prêts ? », et ça m'amuse d'entendre raconter « on a visité », « on a mangé une glace »... Il y en a qui me fâchent : « tout à l'heure », « plus tard », « pas maintenant », « attends un peu que j'aie fini »... Dans ces cas, je n'hésite pas à me fâcher tout rouge, à faire des colères ; j'ai même essayé de me rouler par terre comme j'avais vu faire un jour à la crèche. Histoire d'évaluer le fameux raisonnement cause/conséquence. Je gère.

L'école maternelle

Depuis un petit moment, on me parlait d'école, que j'étais une grande, que j'allais me faire plein de petits amis... et patati et patata... Je sentais venir l'imminence d'une catastrophe temporelle : le beau cartable, les chaussures neuves, tout cela c'était pour me faire passer la pilule... Ah, ils m'ont entendue ! J'ai hurlé ce fameux jour de septembre. J'ai ameuté toute l'école ! J'ai fait ça plusieurs jours de suite. Puis j'ai compris que c'est moi qui devais céder. Je me suis pliée aux volontés.

J'en ai vu qui étaient heureux d'arriver en classe. J'ai appris par la suite qu'ils étaient venus en juin, durant plusieurs après-midi pour jouer dans le sable pendant que leurs mamans papotaient. Ainsi, ils étaient déjà « du milieu ».

J'ai surmonté mon traumatisme. J'ai bien tenté, à l'issue du deuxième jour, de dire à mes parents : « Vous avez voulu que j'aille à l'école, j'y suis allée, j'ai vu ce que c'était, maintenant ça suffit. J'ai tout compris... ». Ça les a plutôt fait rire. Je n'ai pas compris pourquoi.

J'avais mal estimé le pouvoir inouï de Khronos ; je n'avais pas compris que, sous son emprise, débutait une durée qui allait être longue, longue... Mais je m'y suis faite et j'ai décidé de m'intéresser à ce dieu tout-puissant.

Tout ce que je comprends à cet âge. C'est incroyable !

La maîtresse nous a fait des séances qui m'ont fait sentir plein de choses.

« Le cahier de vie » : c'est grâce à lui que je peux vous raconter toutes ces choses.

Avec « Les huit horloges », je maîtrise parfaitement l'heure des mamans dans la journée.

Avec « Les trois boîtes », j'ai compris la différence entre les projets, ce que je suis en train de vivre et ce dont je me souviens et que je peux raconter.

« L'heure inoubliable » : j'ai adoré ! Les termites à tic-tac qui me faisaient peur il y a encore quelque temps, voilà qu'elles m'intéressent. Je pose plein de questions.

Tous les matins, quand commence la journée à l'école, je passe par le « coin du Temps » – que j'appelle « Temps-Temps ». Je peux passer d'un calendrier à l'autre. « Les

5 éphémérides » me plaisent beaucoup, surtout la première. Je vois toute la période que j'ai passée avec ma maîtresse et celle qui me reste dans la classe de grande section avant d'entrer à la grande école.

Quand on fait « les jeux sur la suite des jours », si je tire au sort le carton « mercredi », le jaune, je cours me mettre derrière le rouge, « mardi », où qu'il soit dans la série.

Puisque je parle de série, je peux vous dire que je suis devenue une championne dans tous les exercices de sériation avec les papiers ou les photos qui racontent les histoires, et qu'il faut remettre dans l'ordre après les avoir vécues : le glaçon qui fond jusqu'à devenir une flaque d'eau, la recette du flan aux myrtilles, la sortie au parc d'attractions ou encore la visite chez les pompiers… et qu'est-ce qu'on s'est bien amusés à les raconter !

Les jeux de sériation, c'est toujours pareil quand on a compris le truc : remettre dans l'ordre chronologique – vous ne trouvez pas qu'il est joli, ce mot ? Tiens, à vous de me montrer que vous êtes aussi à l'aise que moi dans ce type d'exercice : je veux habiller ma poupée Julie ; les vêtements étant disposés sur la chaise, que faut-il poser en premier ? Je vous donnerai la réponse à la fin de l'histoire de ma vie. Il faut bien que je vous fasse un peu… « atempsdre ».

Avec mon Papa, je fabrique un arbre généalogique, dont je suis le tronc. Je sais qu'il en existe aussi un dont je suis l'une des multiples branches…

Je m'exerce à la combinatoire et trouve toutes les solutions avec trois lettres. Regardez : « C,A,R » ; « C,R,A » ; « A,R,C » ;

«A,C,R»; «R,A,C» et «R,C,A». Je suis mûre pour apprendre à lire…

Même si je ne sais pas encore les déchiffrer, je suis capable de classer des mots qui ont la même première lettre pour en faire des tas – les adultes vous diront que je «classe». J'ai bien progressé pour tout cela. La famille participe à tous ces jeux. Cela me fait raisonner.

Vous avez vu la liste de choses que j'ai assimilées cette année? Vous rendez-vous compte des progrès que je fais et ce qui se construit dans ma tête? La maîtresse était géniale. Elle m'a donné envie d'aller à la grande école.

Les récits de vacances

Quand je pars en vacances avec ma grand-mère, elle m'achète un grand cahier et arrache d'une éphéméride les jours que je vais passer avec elle. Comme cela, je regarde chaque feuille où je ne vais pas voir Papa et Maman. Sur chaque double page, on colle la feuille avec la date, des documents/ souvenirs, des photos de tout ce qu'on fait: les entrées à la piscine, tout ce qu'on récolte au McDo avec le menu enfant, les cartes postales de ce qu'on visite… Quand je vais revoir mes parents, je leur raconterai tout dans l'ordre. Ça complète mon «cahier de vie» fait avec mes parents.

Pour ses 70 ans, ma Mamie a offert à toute la famille un voyage aux États-Unis. Mes parents, mon oncle, mes tantes, mon cousin et mes cousines: on a tous fait un cahier pour raconter le voyage! Moi, je ne savais pas écrire, j'ai fait des dessins et collé des documents. Même au camping du

Grand Canyon, j'ai fait mon cahier ! Avec les films, l'album de photos de mon oncle et tous nos cahiers, c'est un « Voyage inoubliable ».

Avec Papa, on a fait « la bande des âges » de la famille. Chacun a choisi sa couleur et a collé ses gommettes. Et personne n'a oublié sa gommette blanche !

La grande école

Là, c'est sérieux !

Désormais, les horaires scolaires, je m'y suis bien faite. J'ai compris le nombre et la numération, donc je sais ce que je fais lorsque je compte. Sur le premier calendrier annuel des « 5 éphémérides », que je retrouve dans ma nouvelle école, je comprends d'un seul coup d'œil ce qu'est une année scolaire. J'apprends à opérer sur toutes sortes de calendriers et j'ai au-dessus de mon lit un calendrier perpétuel que je mets à jour en me réveillant chaque matin.

Le maître nous aide à nous représenter « comment *mesurer* le temps ». C'est là que se situe ma grande découverte de cette année sur le plan opératoire : j'acquiers « l'équivalence numérique ». J'ai eu du mal à assimiler que 7 jours c'est égal à 1 semaine et que 10 unités = 1 dizaine. Pour moi, je ne voyais pas que 7=1 ou 10=1. C'est fou, ça… Je peux maintenant classer les durées, de la seconde au millénaire !

En cours élémentaire

Désormais, je ne veux plus qu'on m'appelle « Petite Chronique ». Appelez-moi simplement « Chronique ». Durant ces deux années de cours élémentaire, j'« opère » sans sourciller.

Je maîtrise « les conjugaisons », je sais chercher un mot dans le dictionnaire.

Je suis en passe d'assimiler « L'heure inoubliable » sur l'horloge digitale.

Je me repère sans problème dans l'arbre généalogique où il y a plein de monde : mon papa a trois frères et sœurs, qui, tous, ont des enfants. Ce sont mes cousins. « La famille Bontemps » m'aide à me situer dans le temps de la généalogie.

J'explore activement les nombreux aspects qui lient les mathématiques au temps. Plus j'y serai à l'aise, et plus ma scolarité se fera sans à-coups. Addition, soustraction, multiplication et division, chacune de ces différentes opérations prend sens – au sens propre du terme – grâce au temps. Je prends aussi conscience que le temps habite les énoncés des problèmes que nous donne le maître, et qu'il faut savoir l'y dénicher pour trouver la solution… Bref, je gère. La preuve en est que je peux jouer avec « Le jeu de cartes des durées ». Et j'utilise le jeu complet !

En CM, 6e et 5^e

Je grandis et mes raisonnements sont de plus en plus élaborés. Je pense que c'est ce que les adultes entendent lorsqu'ils disent que j'aborde la « pensée préformelle ». Je contrôle parfaitement mon emploi du temps. J'adore faire la différence entre les façons de dire l'heure en anglais – vous savez *« for »*, *« since »*, *« ago »*. En français, je repère « les mots qui précèdent le mot heure ». Tout cela fonctionne bien dans ma tête.

En mathématique, j'aborde les opérations avec les nombres sexagésimaux ; je sais dorénavant résoudre ces fameux problèmes de trains qui partent à telle heure et qui arrivent à telle autre ! J'étudie les fractions de l'heure. Il n'y a que les proportionnalités avec lesquelles j'ai encore un peu de mal. En physique, la vitesse, le débit, la consommation, le rendement, la puissance, le travail… tous ces rapports sont donnés en relation avec le temps en heures, minutes ou secondes. En ce qui concerne la vitesse, j'ai compris ce qui liait cette notion à deux autres : la distance et le temps. C'est déjà ça !

Je m'intéresse aux décalages horaires, à la lune et aux marées, à l'astronomie et aux astrolabes des anciens pirates – plein de choses que Khronos régit. Quand je serai grande, je pense que je serai chercheuse en « théorie de la relativité » et en « physique quantique ». Vous pouvez constater que la « Petite Chronique » a bien évolué !

Réponse à la question de l'habillage de la poupée : il faut commencer par poser la fin de l'habillage, c'est-à-dire le sac, le bonnet, le manteau, le pull, la jupe, le tricot de corps et enfin la culotte, puisque cette dernière sera la première chose à enfiler.

Le cahier de vie

Formant, à l'Institut national des jeunes sourds (INJS) de Paris, les enseignants à «la construction des structures logico-mathématiques chez l'enfant», mes interventions étaient basées sur le principe de classes-démonstrations. Chaque semaine, j'intervenais à trois niveaux d'âge, dans trois classes, faisant travailler moi-même les enfants. Les enseignants assistaient à ces leçons et reprenaient, dans la semaine, le thème abordé par des exercices et des applications. En conclusion de ces classes-pratiques, je dispensais la théorie des structures logico-mathématiques, sur lesquelles étaient conçues les activités. J'en discutais avec les enseignants, en partant des observations sur le terrain.

Une des premières observations faites chez les enfants sourds, c'était que leur handicap auditif ne les empêchait pas de raisonner normalement. Les activités fonctionnaient dans de nombreux domaines, à condition de mettre les enfants dans des situations pratiques dans lesquelles ils avaient à faire, d'une manière autonome, des déductions. Ainsi, dans les domaines du nombre, des classifications, de la sériation, de la combinatoire, de la réversibilité, des proportionnalités… ils montraient leur intelligence et leurs capacités de raisonner. Il n'était pas nécessaire d'utiliser le langage oral, ni la langue des signes (qui n'était pas réintroduite en France à l'époque). Durant huit années, mon seul objectif a consisté à réussir ce challenge : faire raisonner les enfants au travers de situations pratiques. Il s'agissait de prouver que toute écriture mathématique est l'aboutissement d'un enchaînement d'étapes, d'une longue construction, analysée et réfléchie, la progression tout entière reposant sur du sens.

Le domaine qui m'est apparu très vite comme ayant un statut à part, c'est le temps. Les carences étaient évidentes, nous le constations sans cesse. Ce qui faisait le plus défaut dans l'évolution de ces enfants était bien un problème «existentiel». Pour que se construisent les notions qui sont le fondement de ce domaine, il est indispensable que la personne à qui l'on s'adresse ait conscience «d'être» – d'exister dans le temps –, tant à ses propres yeux qu'aux yeux des autres. Chez un entendant, une grande partie de ce sentiment d'habiter sa propre personne en tant qu'être «unique», «autonome», «responsable» et «moteur de son évolution» se construit petit à petit, particulièrement grâce au langage. Puisque celui-ci faisait défaut, il fallait tenter de pallier ce déficit. C'est l'origine du «cahier de vie».

Parallèlement, je découvrais chez quelques-uns de mes patients une dépendance intellectuelle à l'adulte dans toute situation où il fallait émettre un raisonnement – *exister* en tant qu'*être qui raisonne*. En conséquence, la pensée de ces sujets était, comme le décrit le docteur Bernard Gibello, «syncrétique, intuitive et confuse». Ce qui apparaissait comme la conséquence d'une carence chez les enfants sourds indiquait, chez les entendants, une pathologie à propos du temps. Pathologie d'autant plus difficile à découvrir et à rééduquer que le temps est, comme nous le montrons tout au long de ce livre, totalement invisible. Comment raisonner sur du non-visible ? Dans ce cas aussi, j'ai commencé à pratiquer ce «cahier de vie» qui est l'objet de ce chapitre.

Ce thème m'a toujours passionnée. Déjà, pour chacun de mes propres enfants, dès avant qu'ils naissent, j'ai tenu un cahier pour leur raconter leur histoire. Cahier de vie sur lequel la naissance tenait une place conséquente. Au fur et à mesure qu'ils grandissaient, lorsque l'envie m'en prenait, je faisais un bilan de leur développement sous différents aspects. Le niveau psychomoteur, comme je l'avais appris durant les études de psychomotricité. Je relevais des observations sur le développement intellectuel, comme cela m'avait été enseigné durant les études de pédagogue. La naissance du langage me concernait alors que je suivais les études d'orthophonie. Comblée en tant que maman, suivant chaque progrès de mes petits, tout concourait à ce que je prenne des notes, que je mette en pratique tout ce que j'avais découvert d'une manière livresque. J'y ai également inclus leurs «perles langagières». J'avais en vue de leur offrir leur cahier lorsqu'ils quitteraient le nid familial. Ils possèdent maintenant ce qui constitue pour eux un trésor inestimable. Les observations faites avec mes yeux de mère, mes sentiments de cœur à leur égard, leurs bons mots si riches de candeur les touchent beaucoup.

Mes trois enfants ne participaient pas à l'écriture de ce cahier de vie, mais cette expérience m'a permis d'imaginer une autre formule : un cahier de vie dont les enfants seraient les auteurs.

À cette époque, certains pédagogues comme Vincent de Gaulejac, Georges Pineau et Guy Jobert publiaient des articles, éditaient des livres, décrivant le rôle des « récits de vie », des « histoires de vie ». Ces écrits ont contribué à me convaincre de l'importance des liens qui existent entre l'histoire de chaque individu, et le fait d'en parler. De l'intérêt aussi de fixer ces échanges oraux sur papier. La construction d'une pensée individuelle et autonome en dépend. Et, en juillet 1992, le congrès des enseignants de maternelle, centré sur le thème du temps, avait décrit des expériences faites en classe avec des petits, en montrant toute la richesse de ces activités.

Je me suis donc lancée dans ce projet dans trois cadres différents :

– celui de l'INJS, avec des classes d'enfants âgés de 6 et 7 ans, pour la plupart internes, dont une partie étaient des étrangers qui ne retournaient chez eux qu'aux vacances ;

– avec mes patients qui présentaient des troubles dyschroniques ;

– dans des classes ordinaires de maternelle au cours des stages pratiques pour la formation de pédagogues.

Mon cahier, pourquoi ?

Les raisons en sont multiples et j'en parle au nom de l'enfant.

– C'est **Moi** le sujet d'étude et je suis digne d'intérêt.

– Je **Me** projette dans un cahier qui me permet de me voir de l'extérieur.

– Dans ce cas, je suis visualisable.

– **Je** peux, si **je** le veux, le montrer à d'**autres** (membres de la famille, amis de classe, personnes qui me sont proches).

– Tous les sujets qui me concernent peuvent être abordés si j'en ai envie. Les personnes qui s'occupent de moi peuvent aussi me faire des suggestions.

– Quand je travaille sur mon cahier, je ne mets pas de date, puisque, lorsqu'il s'agit du verbe « être », les sujets traités sont permanents. Être, c'est exister…

– Pour ce qui est des événements ponctuels (anniversaire, voyage, etc.), la date exacte est notée quand l'événement aura ou a eu lieu.

– Mes parents doivent être au courant et d'accord, parce que j'aurai peut-être le désir de leur poser des questions auxquelles ils seront libres de répondre.

Ce contrat est primordial pour commencer ce cahier. Avec les enfants sourds, ce contrat a été simplifié.

Le cahier de vie : théorie

Les grands points structurants concernent la permanence du « Moi ».

1° **Le temps existentiel**, dont nous venons de parler ci-dessus.

2° La notion de la **permanence** du temps, pour tout le monde. Ce temps, on ne peut s'en détacher et il poursuit son chemin inexorablement. (Chaque année, tout le monde a un an de plus.)

Dialogue entre Florence, 5 ans, et Alexandre, 50 ans :

Tu sais, je t'aime beaucoup, je voudrais me marier avec toi.

Je suis vieux.

Tu n'es pas si vieux que ça, tu n'es pas vieux du tout !

Bientôt je serai vieux.

Je voudrais avoir un anniversaire tous les jours.

Pour qu'on te le fête ?

Non. J'aurais un anniversaire tous les jours, tu aurais un anniversaire tous les ans et à ce moment-là, on pourrait se marier.

Le « *je voudrais* » du dialogue laisse sous-entendre qu'elle a bien compris que ses désirs ne sont pas réalistes…

3° La notion de **l'écoulement de mon existence**. J'ai eu un début et j'ai tout l'avenir devant moi, j'aurai une fin. C'est toute la durée de ma vie que je trace.

Pourquoi, avant d'être, il faut ne pas avoir été ?

Pourquoi il faut que tout le monde meure ?

Ces questions philosophiques posées par les enfants sont fréquentes et mettent souvent les adultes mal à l'aise. Cependant, lorsqu'un enfant pose de telles questions, c'est qu'il est déjà un « enfant philosophe », habité par le véritable questionnement du sens de la vie et du temps.

4° La notion de **l'irréversibilité du temps.**

Maman ! Tu verras quand je serai grande et toi petite !

Petit Jésus, faites que j'aie 42 ans parce que Maman a 36 ans, et elle serait bien obligée de m'obéir.

5° La notion de la **différence entre « je suis » et « j'ai »**, c'est-à-dire la différence entre « être » et « avoir ». La plupart des pages du cahier ont trait au premier de ces deux auxiliaires.

Pourquoi je ne suis pas un garçon ?

Comment j'ai fait pour vous choisir pour être mon Papa et ma Maman ?

Pourquoi je suis sourd ?

Pourquoi ma Maman m'a abandonné ?

Certaines pages pourront concerner le fait de posséder quelque chose, mais ce sera justement pour comprendre que la possession, qu'avoir, peut subir des aléas (contrairement au verbe être).

6° Ce cahier permet de **me souvenir et de garder des traces** de ce qui m'arrive. Il offre la possibilité de parler d'événements dont je ne peux pas me rappeler parce que j'étais trop petit mais par lesquels je suis forcément passé pour en être là aujourd'hui.

Tu as appris à marcher à 13 mois.

C'est pas vrai, je me rappelle pas !

7° **La projection dans l'avenir** est un point tellement important dans la construction du « Moi » qu'elle fait partie intégrante des objectifs du cahier de vie.

Plusieurs « formules »

La création de ce cahier peut prendre plusieurs formes.

Celui de mes propres enfants était totalement linéaire dans le temps et avançait sans leur participation – même lorsqu'ils avaient acquis la lecture, je ne les faisais pas participer à sa rédaction. Je notais tous les « bons mots » dont ils se régalent encore actuellement avec leurs propres enfants. Cette forme est à commencer dès la conception, si j'ose dire. Le papa peut y participer – cela fut le cas pour mes enfants. Pour ces derniers, c'est aux environs des 10-12 ans que l'écriture s'est interrompue.

Je note ceci pour donner envie aux futurs parents de commencer ce style d'écrit. Plusieurs de mes amies ou stagiaires ont adopté cette idée et m'en ont remerciée bien des années après.

Une autre forme (tout aussi passionnante) de cahier de vie est celle que nous avons réalisée à l'INJS et en maternelle. L'activité étant collective, le contenu en est beaucoup moins intime. Son démarrage, le choix des thèmes abordés et la forme qu'adopte chaque thème sur le cahier, seront, par la force des choses, plus directifs[1].

Cette forme de cahier peut très bien être débutée à n'importe quel âge. En classe, c'est plutôt en maternelle qu'il est réalisable, les programmes scolaires en primaire ne permettant pas les libertés horaires que ce projet réclame.

Une troisième forme de cahier de vie peut être débutée : celle écrite par des parents avec leur enfant. Ce cahier peut commencer à n'importe quel âge. C'est, pour l'enfant,

---

1. « L'Association française pour la lecture » a édité un très joli livret intitulé « Cahier d'écrit, cahier de vie ! », qui s'adresse aux enseignants comme aux parents. Il se présente sur le mode « une idée par page, une page par idée ». Les idées y foisonnent, car *Quand ils perçoivent, les enfants conçoivent...*

l'occasion d'un contact privilégié, par exemple à l'occasion de vacances calmes avec un parent qui s'absente souvent pour son travail, mais aussi lors de l'annonce de l'attente d'un petit frère ou d'une petite sœur – les liens du « grand » avec ses parents passeront alors à un mode symbolique, très enrichissant pour lui.

Tout peut être l'occasion de lancer ce projet. La formule que je décris ici est celle que j'ai adoptée avec mes patients dyschroniques en guise d'outil thérapeutique. Sa réalisation a toujours été d'une très grande souplesse et, bien souvent, ce sont les patients eux-mêmes qui réclamaient de le sortir. Dans le laps de temps d'une séance, j'y consacrais un court moment (la durée des séances étant relativement courte, ce travail ne devait pas être trop gourmand de temps en face de la densité d'une séance de rééducation en mathématiques), pas forcément à chaque séance. En individuel, les choses étaient d'autant plus faciles pour moi que les parents participaient à la rééducation, assistant aux séances dans la plupart des cas. Mais le cahier restait en général chez moi, surtout au début de son écriture (seule condition si l'enfant l'emportait : la promesse du retour). Cette décision confirmait l'aspect confidentiel du contrat entre l'enfant et l'accompagnateur.

Comment va se structurer mon cahier ?

Que l'activité soit collective (comme cela fut réalisé à l'INJS ou dans les classes) ou individuelle (en famille ou en rééducation), les grandes lignes de l'organisation de ce cahier sont les mêmes.

Le choix du format du cahier revient à l'enfant; cependant il est préférable qu'il soit de grand format 24 × 32. Les filles préfèrent, en général, des cahiers intimes avec serrure. Dans ce cas, la taille est plus petite et les documents qui vont y être collés vont le faire grossir démesurément et empêcher la fermeture à clé... Mais c'est un choix raisonné.

On ne commence pas l'écriture sur les premières pages. Celles-ci sont destinées au passé de l'enfant. Or, ce qui est important au début de ce travail, c'est «Moi, Ici, Maintenant». Les réflexions sur le début de sa vie, la remontée dans son histoire arriveront ultérieurement.

Il faut donc laisser en pages blanches autant de feuilles doubles, selon l'âge de l'auteur, avec quelques-unes supplémentaires pour ce qui a trait à sa naissance. Pour un enfant de 7 ans par exemple, il faudra compter une double page par année, plus deux, ce qui donne $2 \times 7 + 2 = 16$ pages. L'enfant sait déjà qu'à chaque année vécue, des réalités visuelles vont naître et seront représentées. C'est la tranche de vie dont le récit est chronologique. Cette partie a laissé peu de souvenirs à l'enfant – pour cause: il était trop jeune –, mais ces années ont malgré tout été vécues. Le cahier a pour but de révéler ces années nébuleuses de la petite enfance, de leur donner une consistance.

On commence donc en laissant ces premières pages vierges de côté. C'est le présent qui est alors abordé, et la priorité concerne la carte d'identité. Elle va jouer un rôle essentiel dans cette tâche et nous verrons pourquoi.

Quant aux autres thèmes, ils seront tous abordés sans priorité d'un domaine sur l'autre, la succession des centres d'intérêt n'ayant pas de réelle chronologie, puisqu'il s'agit de domaines différents, vus sous forme de présents «maintenant». Le «Moi» physique, «Moi» au sein de ma famille, «Moi» habitation/adresse, «Moi» dans les différents lieux (école, activités sportives), «Moi» qui aime ou qui n'aime pas telle ou telle chose ou activité… tous ces champs de réflexion vont être l'occasion de «centres d'intérêt» vraiment dignes… d'intérêt!

Quant à l'avenir lointain, comment le faire entrer dans un cahier sachant que certains enfants en rempliront plusieurs? La fin du cahier n'est pas la fin de la vie…

Les séquences ayant trait à l'avenir sont de deux ordres: l'une pour les «18 ans, la Majorité», l'autre «Moi, Adulte». Durant une période, nous écrivions ces deux thèmes à la fin du cahier. Ceci s'est avéré très embarrassant pour l'intéressé lorsqu'il fallait démarrer un nouveau cahier, le premier étant achevé. Nous avons modifié la procédure en imaginant le travail sur des feuilles volantes pliées et rangées dans deux enveloppes mobiles, placées à la fin du tome 1. Ceci laissait la possibilité d'en écrire plusieurs. Avec cette solution, les enveloppes subissaient des transferts en fonction de l'achèvement des différents tomes[2].

---

2. Certains stagiaires qui avaient suivi mes formations sur le temps et mis en pratique le «cahier de vie» me disaient avoir utilisé un classeur pour contourner ce problème. Je préfère le principe du cahier dont la succession des pages demeure invariante. L'idée d'une dispersion des feuillets et de leur remise en ordre est, pour moi, presque angoissante!

Dans l'organisation de son cahier, l'enfant sait que les premières pages sont consacrées à son passé, que celles du présent commencent un peu plus loin, par la carte d'identité, et qu'ensuite il va remplir, petit à petit, les feuilles suivantes sur des thèmes abordés avec son accord. Il sera aussi question de son avenir, qui se situera dans la partie droite, sans être fixé définitivement.

La description qui va suivre est le résultat de nombreuses expériences, sous les différentes formes précitées. Elles ne sont décrites que pour donner des idées.

Les effets de ce cahier

Chaque fois qu'un tel travail a été mis en chantier, les effets m'ont paru probants, spectaculaires pour certains.

Une constatation, notamment, unanimement reconnue, c'est l'attachement affectif très profond à ce « Cahier–Moi ». À l'INJS, tous les élèves étrangers, qui retournaient chez eux une fois par an pour les grandes vacances, emportaient avec eux leur cahier tel un trésor et, fait remarquable, revenaient avec, en bon état, pour la rentrée.

Que sont devenus ces cahiers qui datent, pour les premiers, des années 1980 ? Leurs auteurs ont grandi et sont maintenant des adultes ! Sont-ils ancrés dans le temps ? Comment vivent-ils ces trois points de vue – passé, présent,

---

Le principe me paraît aller à l'encontre du but recherché de cette œuvre : créer, par ce travail, la projection de mon « moi », unique et indéfectible.

avenir ? Ont-ils conservé leur cahier de vie ? Mes propres enfants sont les seuls qui peuvent me répondre aujourd'hui. Le bilan est positif.

Les sujets abordés
dans le cahier de vie

Naissance	Passé	Présent	Futur
Le début de ma vie	**Mon enfance passée**	voir le tableau suivant…	**Mon avenir**
• Attente de mes parents	• *Une double page pour chaque année*		• *L'anticipation*
• Ma naissance	• *On peut le raconter*		• Ce que je veux devenir
• Parrain et marraine	• *Des photos, faire des dessins*		• Je me projette
• Le choix de mon prénom	• *Présentation plutôt linéaire, historique*		• Comment je me vois à 20 ans, 30 ans, 50 ans…
• Découverte de mon sexe	• Gâteau avec bougies		
	• Âge de tous les éléments de la famille		**Quand je serai MAJEUR, à 18 ANS**
	• Nounou ou crèche		• Indépendance Responsabilité
	• Acquisition de la marche		• Citoyen, droit de vote
	• L'entrée à l'école		• Vis-à-vis de la banque
	• Le langage		• Permis de conduire
	• Vélo sans petites roues		
	• Arrivée des frères et sœurs		
	• L'entrée à la grande école		

Carte d'identité	Physique	Famille Généalogie	Situation géographique	Géographie élargie	École	Intérêts
Nom	Dessin de lui-même par lui-même	Arbres généalogiques	Adresse, localité, code postal	Carte du monde, du pays, région, département	Le nom	Mes goûts alimentaires
Prénoms	Taille (toise)	Dessin de la famille	Photocopie de l'annuaire	Carte de la ville	L'adresse	Mes activités sportives
Nom d'usage	Mensurations	Photo	Première page du journal local	Drapeau du pays – hymne national	Nom du directeur	Mon journal
Signature, paraphe, initiales	Poids	Dessin réalisé par tous les éléments de la famille	Dessin de la maison ou de l'appartement	Royauté ou président de la République	Niveau de classe	Mes vacances
Surnom	Photocopie des mains, des pieds	Bande des âges	Plan de la chambre	Fête nationale	La classe	Mes jouets et jeux préférés
Âge	Droitier ou gaucher	Travail des parents	Emplacement de son lit, de ses affaires	Monnaie	Nom du maître	
Date de naissance	Dents définitives, appareil dentaire	Carte de famille nombreuse	Téléphone fixe et mobile		Plan de la classe – place dans la classe	
Lieu de naissance	La perte des dents		Maison secondaire		Les élèves	
Sexe	Oreilles percées				Mes meilleurs amis	
Nationalité	Pointure					
Photo	Cheveux (mèche)					
Langues parlées	Couleur des yeux, lunettes					
Signe zodiacal	Groupe sanguin					
	Activités physiques (aisance ou non)					
	Photo					
	La santé					

Réalisation pratique du cahier

Il est là. Il a été choisi et acheté par l'enfant.

En entretien individuel, j'écris moi-même sur ce cahier. Dans le cas où je veux un document manuscrit par l'enfant, je lui donne une carte de bristol sur laquelle il effectue sa tâche, laquelle est ensuite collée en bonne place.

J'ajoute que la réalisation est sur le principe : « *Une idée par page et une page par idée* ». Certaines pages seront peu remplies, leur rédaction ne prendra pas beaucoup de temps ; d'autres, au contraire, demanderont une double page en vis-à-vis et nécessiteront plusieurs mini-séances.

L'enfant sait qu'il va être l'auteur et le centre d'intérêt de ce cahier de vie, qu'un moment de la séance va être consacré à l'un des aspects de sa personne, pour le représenter, l'illustrer, le projeter sur ce cahier. La carte d'identité en est la pièce maîtresse. C'est par elle que va débuter le travail et elle va être l'occasion de plusieurs mini-séquences pour l'élaborer.

La carte d'identité

C'est ce qui constitue la première séquence.

En tête à tête, il est bien sûr important que l'adulte montre sa propre carte, afin que le mot « identité » prenne du sens étymologiquement – « identité », cela veut dire « à l'identique ». L'enfant voit simultanément la personne qui dirige l'activité et sa représentation authentique et officielle. Il est même préférable qu'il puisse identifier d'autres personnes.

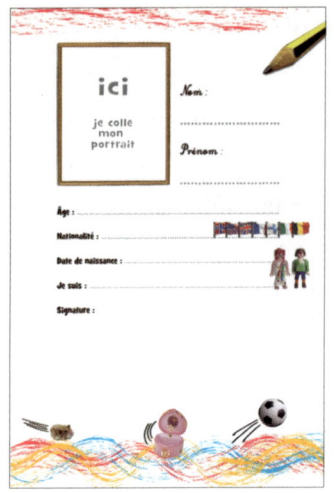 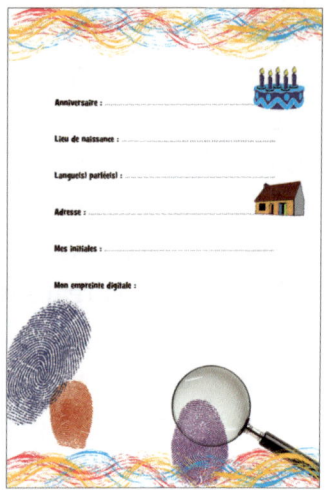

En groupe, à l'INJS, la première séance du cahier de vie avait été mémorable. J'avais mis dans le coup différentes personnes que les enfants de la classe connaissaient et rencontraient quotidiennement : le censeur, la personne de la loge d'entrée, la professeur de rythmique, les enseignantes et une stagiaire. Je les avais prévenues qu'un enfant allait venir leur emprunter leur propre carte d'identité pendant une petite heure. À l'issue de ce temps de travail où chacun allait pouvoir en comprendre toute la portée, ils la leur rapporteraient en main propre.

Chaque enfant est allé la leur demander et les adultes se sont exécutés, en leur recommandant d'en prendre bien soin, la carte leur étant très précieuse : avant de la leur confier, ils insistaient sur le fait qu'ils devaient la respecter et surtout la leur rapporter très vite, cette carte étant unique et personnelle. Au retour dans la classe, chacun était très fier de présenter la personne dont il était le messager. L'exposition des cartes a vraiment déclenché un intérêt pour les symbolisations officielles des personnes de leur entourage.

À l'époque où les appareils photo numériques n'existaient pas encore dans le grand public, c'est au Polaroïd que nous avons réalisé, pour chacun des enfants, une photo en pied, et, pour imiter les cartes d'identité officielles, un cliché de leur tête.

L'avancée des techniques photographiques a largement contribué à la simplification de cette activité. Ce moyen de symbolisation, très proche de la réalité, est devenu un outil de choix. Collée dans mon cahier, ma photo vous permet de me voir, de penser à moi, de parler de moi en mon absence. Pour la construction du temps chez l'enfant, c'est un atout majeur. Je recommande d'ailleurs aux jeunes parents de prendre l'habitude de photographier leur enfant, toujours au même endroit, le jour de son anniversaire, pour en faire un dépliant qui se construit pas à pas chaque année... Ponctuer l'anniversaire par une ritualisation photographique est une coutume que les enfants apprécient beaucoup et qui leur permet de se voir grandir. Les écoles font annuellement de superbes photos de classe collectives et individuelles qui marquent tellement bien l'évolution de l'enfant.

Le nom de famille

Nous arrivons au monde avec une «étiquette», inscrite en mairie sur le registre des naissances. Cette étiquette comporte deux volets. L'un, qui est commun à certaines personnes, le nom de famille, qui nous situe socialement; l'autre, personnel, le prénom.

Au début de mes recherches sur les questions d'identité, j'ai été étonnée de constater combien toutes les conventions liées au nom de famille étaient confuses pour l'enfant (et ce même au-delà de la maternelle). Or, aujourd'hui, le sens de la famille est en pleine mutation, et les questions des relations familiales de plus en plus complexes... Il y a encore quelques décennies, c'est le père qui, traditionnellement, transmettait le «nom de famille», formant une lignée représentée par un arbre généalogique de ce nom – lorsqu'il y avait mariage, la femme abandonnait son nom dit «de jeune fille» pour prendre celui de son mari. Ce modèle est de moins en moins adopté actuellement. Les noms doubles, ceux qui diffèrent pour les deux parents, les noms dans les familles recomposées, le nom des enfants adoptés... autant de cas qui constituent, dans la tête des enfants, un flou artistique qu'il est intéressant de clarifier. S'il est de plus en plus difficile de travailler ce thème dans les classes (même ayant eu au préalable l'accord des parents), en famille ou en rééducation, cette séquence est l'occasion d'aborder ces questions qui éclairent bien les enfants. Elle leur permet de se situer au sein d'un groupe de gens liés par un nom/étiquette.

Deux questions nous renseignent sur les connaissances de l'enfant:

Le mot Dupont est-il à toi tout seul? Y a-t-il d'autres personnes qui ont le même autour de toi? Si oui: *Pourquoi?* Si non: *Pourquoi?*

Le mot Thomas est-il à toi tout seul? Y a-t-il d'autres personnes qui ont le même autour de toi? Si oui: Pourquoi? Si non: Pourquoi?

Le fait de formuler ces questions (qui, bien souvent, ne leur ont jamais été posées) clarifie bien les choses. Le travail sur les arbres généalogiques (voir le chapitre suivant) contribuera à élargir ces éclaircissements.

Les prénoms

Le prénom d'un enfant mérite une mini-séquence très réjouissante.

J'ai pu constater que la différenciation nom/prénom, qui nous semble évidente, à nous adultes, n'est en fait pas simple pour le jeune enfant. En France, nom et prénom sont deux mots fréquemment confondus – confusion dans laquelle le préfixe «pré-» joue un rôle.

En maternelle, les petits sont invités à écrire leur prénom suivant la consigne de la maîtresse: *Écrivez votre nom sur la feuille.*

C'est à partir du CP que la distinction entre le nom de famille et le prénom s'instaure. La consigne devient: *Vous écrivez vos nom et prénom dans la marge.*

Un véritable travail d'échange et de questionnement est nécessaire pour que les choses soient claires. Le prénom est strictement individuel, choisi par les parents à la naissance. Cette découverte est, pour certains, une véritable surprise, en particulier chez les enfants sourds. Une de mes collègues de l'INJS me racontait que, pour une de ses élèves, connaître le rôle de ses parents dans le choix de son prénom fut une révélation. Elle pensait que celui-ci était défini et imposé à la naissance, comme son nom de famille.

Il est bon que des parents racontent à leur enfant ce qui a prévalu au choix de son prénom, de ses prénoms. C'est pour lui d'une grande importance que lui soient décrites les circonstances de ce choix, en fonction de la connaissance du sexe, avant ou au moment de sa naissance. *Si j'avais été un garçon, je me serais appelé…*

Voilà une prise de conscience de la parité des genres, mais aussi de la différence entre *Je suis* et *J'aurais pu être*.

L'intéressé est en général passionné par les nombreux paramètres qui ont joué dans ce choix : le poids de l'un ou l'autre des parents, les coutumes familiales, les influences religieuses ou ethniques sont autant d'éléments qui renforcent la valeur personnelle de l'enfant à ses propres yeux et aux yeux de la communauté dans laquelle il vit.

Connaît-il ses autres prénoms ? Pourquoi possède-t-il ceux-là ? Le deuxième prénom correspondait souvent, chez les filles, au prénom de la marraine et, chez les garçons, au prénom du parrain.

Certains enfants n'ont qu'un seul et unique prénom, d'autres en ont quatre. Pour les noms de famille très usités, plusieurs prénoms sont indispensables afin d'éviter les litiges et les confusions (dans les affichages de listes de lauréats aux examens, par exemple).

Un autre point que la plupart des enfants ignorent : à leur naissance, ils ont fait l'objet d'une déclaration à la mairie. Cette démarche est obligatoire dans les quarante-huit heures qui suivent l'arrivée du bébé. Le fait d'en parler enracine l'enfant dans la société. Il se sait alors inscrit en un lieu, qui lui sera demandé de nombreuses fois dans sa vie.

Les diminutifs ou les surnoms

C'est un thème qui demande une double page. À gauche, les dénominations familières dont l'enfant fait l'objet.

Ma grande sœur m'appelle « Mon bébé chéri », mais cela ne me plaît pas du tout, je ne suis plus un bébé.

À droite, ce qui concerne d'autres éléments de la famille ou amis.

Ma grand-mère, je l'appelle « Mamie », c'est pas bien que je l'appelle Christine…

Ou bien :

Comment s'appelle ton papa ?

Papa.

Son prénom ?

Xavier.

Pourquoi ne l'appelles-tu pas Xavier ?

Parce que c'est mon papa à moi !

La signature

C'est un sujet qui, je trouve, est capital pour l'identité d'un enfant. On y consacre une double page.

Peux-tu signer sur ce carton ?

L'enfant, en s'appliquant, écrit son nom.

Tu as écrit ton nom. Je peux l'écrire aussi. C'est bien, mais tu n'as pas signé. As-tu une signature ?

Non.

Une signature, c'est personnel. Je ne pourrai jamais signer à ta place. Regarde la mienne. Pourrais-tu faire exactement la même chose ?

Non.

Dans ce cas, je sors une nappe, appelée « nappe de l'amitié », sur laquelle, depuis un grand nombre d'années, je fais signer, à l'issue du repas, chaque invité reçu pour un déjeuner ou un dîner. Avant de laver la nappe, je brode la nouvelle signature, augmentant ainsi une superbe collection qui me permet de me remémorer chacun ou chacune de mes amis, amies, membres de la famille. L'enfant prend tout son temps pour observer la grande variété de noms brodés. Je lui explique que ce sont des gens que j'aime bien, qu'ils ne sont pas présents, mais que je les reconnais dès l'instant que j'aperçois leur signature, mot qui vient de « signe ». Je souligne que, pour certains, ni le nom ni le prénom ne sont lisibles. Il décrypte celles qui sont déchiffrables… Je lui montre à nouveau ma signature en lui indiquant que c'est à la fois le signe de mon nom et de mon prénom, et en lui demandant s'il me reconnaîtrait au cas où je lui écrirais. La semaine suivante, je lui adresse une lettre en évitant tout signe de repérage, tant sur l'enveloppe qu'en en-tête, afin qu'il puisse me dire :

Je vous ai reconnue !

Tout ceci a pour but de lui donner l'occasion de créer sa signature, marquant sa personnalité. Je lui propose de s'essayer durant plusieurs semaines à la concevoir, de la manière la plus personnelle et authentique possible. J'insiste, d'une part, sur le fait qu'il est entièrement libre quant au style graphique et, d'autre part, que sa signature pourra évoluer d'ici sa majorité, mais qu'elle devra être permanente par la suite. Je lui fais comparer la signature de mes filles lorsqu'elles étaient jeunes et celle pour laquelle elles ont opté définitivement.

Après de nombreux essais et de multiples avis, il doit décider quel modèle lui convient le mieux. Ce sera «sa signature». J'insiste sur le fait qu'il s'entraîne pour qu'elle garde toujours la même allure. Il signe alors devant moi sur une jolie carte de couleur qu'il colle sur la page de gauche du cahier ainsi que le carton sur lequel son nom a été écrit précédemment. La différence nom/signature est ainsi scellée sur le cahier de vie.

Page de droite sont apposées, sur des cartes de bristol, les signatures de chacun des parents ainsi que la mienne, accolées à nos trois noms. Le but est, toujours, de marquer la distinction entre:

– à gauche, la vue de l'enfant par lui-même: «*Moi, unique, projeté par moi-même, acteur et spectateur, cheminant vers l'âge adulte*»;

– à droite, à l'identique: «*les autres, eux-mêmes uniques pour chacun d'entre eux*».

Le passé

Maintenant que sont travaillés ces trois points fondamentaux – le nom, le prénom et la signature –, nous pouvons poursuivre de deux façons possibles. Soit nous continuons les différents développements de «Moi, ici et maintenant», notés dans le tableau de sept colonnes ci-dessus, soit nous retournons dans «Mon passé» pour explorer les différents âges qui se sont réellement succédé et qui constituent les étapes de ma propre vie.

En collectif, il est plus aisé de choisir la première solution, plus anodine, plus générale. En individuel, lorsque le cahier est réalisé par les parents avec leur enfant, ou par moi-même en rééducation, je préfère opter pour la seconde solution, puisque la carte d'identité comporte la mention «date de naissance».

La remontée dans le passé jusqu'à la naissance va permettre de remplir les feuilles qui précèdent la page aux deux photos – celle en pied et celle de la tête seule (pour la carte d'identité). Chaque année est représentée par une double page; celle de gauche étant à chaque fois occupée par un gâteau d'anniversaire, avec le nombre de bougies correspondant à l'âge de l'enfant. Qu'il soit dessiné par l'enfant ou découpé dans des catalogues de publicité, le gâteau marque l'anniversaire tout en symbolisant l'année entière. J'ai souvent eu des patients qui ne faisaient pas le lien entre la date d'anniversaire et la date de naissance.

Ainsi de Karim, s'exclamant au cours de cette activité : *Alors mon anniversaire ça veut dire que c'est à cause de mon jour de naissance ?*

Il suffit de demander à un enfant :
C'est à quelle date ton anniversaire ?
Le 17 mars.

Qu'est-ce qui se passe le 17 mars ?

C'est mon anniversaire.

Qu'est-ce que cela veut dire « anniversaire », anniversaire de quoi ?

Prenons l'exemple de Gladys qui a huit ans, et qui est née un 17 mars.

Gladys dessine son gâteau d'anniversaire, découpe et colle ses huit bougies. Juste dessous, elle inscrit :

| 17 mars 2011 | 8 ans | CE2 |

À la page précédente, l'inscription est sur le même mode :

| 17 mars 2010 | 7 ans | CE1 |

et encore avant :

| 17 mars 2009 | 6 ans | CP |

Ainsi de suite…

Dans la page de droite sont inscrits des faits qui se sont déroulés dans l'année des huit ans ; ils peuvent être consignés par des écrits, des collages ou des dessins.

En remontant le cours du temps : « J'ai passé ma première étoile au ski », « Je perds ma première dent », « J'apprends à lire », « Je sais faire du vélo », « Je passe à la grande école », « Je rentre à l'école maternelle », « Je commence à bien parler », « Je sais courir », « Je marche tout seul »… Même si les faits ne sont pas notés en leur date exacte, c'est au cours de *cette année-là* qu'ils se sont passés.

Les enfants sont enchantés de représenter ces événements par lesquels tous les enfants passent approximativement au même âge. Ainsi le travail est-il réalisable collectivement. Il n'est pas indispensable d'obtenir des photos de chaque élève, ce qui pose toujours problème : il est possible de découper dans des catalogues des modèles d'enfants, plus ou moins grands selon l'âge dont il est question, et de coller, pour chaque année, la même photo d'identité sur la silhouette découpée.

Menée par les parents, l'activité du cahier de vie est forcément plus intime, plus riche et plus personnelle. Les photos sont authentiques, les événements familiaux enrichis de commentaires, les faits survenus racontés avec force détails, alors que leur enfant était trop petit pour s'en souvenir.

Cependant, le but est le même pour tous, comme le montre la couverture du livre : l'enfant survole le temps mesuré des horloges et des calendriers, progresse d'année en année, bougie après bougie, d'une manière visible.

La remontée du temps jusqu'à 1 an exige d'avoir bien calculé le nombre de doubles pages.

Étonnement ! Entre le début du cahier et la double page du 1 an, il y a un blanc !

Que représente cet espace vide ? Qu'étais-je à ce moment-là ?

Sur la page d'introduction, il va y avoir ma naissance. Mais cette double page... Quel était mon âge ?

Mais oui, c'est l'année de mes « zéro an » ! Chacun, après la naissance, a zéro an ! Quelle histoire !

Christelle (5 ans), prenant conscience de cette réalité, court voir sa grand-mère et lui demande : *Toi aussi tu as eu zéro an ?*

Les collages ou les photos de cette année zéro permettent une découverte étonnante pour tout enfant. Ils montrent la progression du tout petit bébé qui, en un an, un laps de temps très réduit, passe de la position couchée à celle assise, puis au déplacement en rampant, enfin à la station debout. L'enfant prend ainsi conscience de l'évolution fantastique de cette première année de vie, qui se compte en mois et non en années et dont il n'a pas de souvenir conscient. À cette occasion, il s'intéresse aux bébés, s'imaginant à cette période à travers eux.

La naissance

La première page, consacrée à la naissance, peut être plus ou moins riche de documents, de renseignements, suivant la personne qui la rédige. Elle diffère complètement s'il s'agit de la maman, du papa ou d'un membre de la famille, d'un enseignant, d'un éducateur ou d'une rééducatrice. Y figurent au minimum la date et le lieu de naissance.

La présentation physique

Revenons aux pages du milieu, où nous réalisons d'autres mini-séquences en nous intéressant à d'autres aspects de « Moi, ici et maintenant », qui influent grandement sur le regard que l'enfant porte sur lui-même, mais aussi sur celui que les autres portent sur lui.

Parler du corps, de l'apparence physique, de la santé, des sexes intéresse beaucoup les enfants. Il s'agit de bien définir qu'il existe deux sexes, le masculin et le féminin, et que l'enfant fait partie de l'un ou de l'autre. J'en ai parlé ailleurs, en évoquant les enfants sourds qui en imaginaient au moins cinq : ils pensaient que les gens se répartissaient d'après le temps, figé définitivement entre les papas, les mamans, les garçons, les filles et les bébés.

La taille

Les mensurations méritent des mini-séquences dont l'une concerne la fabrication de la toise. Laquelle peut être de deux sortes :

– soit elle est fixe : dans un endroit bien précis de la maison, tous les parents ou grands-parents ont, pour tous leurs descendants, noté rituellement à même le mur un trait avec le nom et la date ;

– soit elle est mobile, bel objet que l'on peut accrocher au mur (ma taille est alors partie intégrante de mon corps et non du mur !).

Quoi qu'il en soit, l'origine se situe obligatoirement au sol. Or, les jeunes enfants n'ont pas ce sens de l'origine lorsqu'il s'agit de mesurer. C'est pourquoi nous procédons ainsi pour fabriquer la toise :

Une bande d'un rouleau de papier machine est déployée à même le sol. C'est la maîtresse que l'on mesure en premier. Elle s'allonge sur la bande de papier. Les enfants, habitués à regarder toutes les grandes personnes en levant la tête, dominent cette fois la véritable longueur d'un adulte. Ils prennent alors conscience que la toise qu'ils fabriquent eux-mêmes est la projection de cette longueur. Ils tracent la marque du haut de la tête et celle des pieds, découpent ensuite d'après ces tracés et dressent la bande le long du mur. La toise de chacun est ainsi confectionnée. Elle est ensuite

pliée en accordéon et placée dans une enveloppe collée sur le cahier. Cette opération est à refaire quelques mois plus tard pour comparer les deux toises. Je recommande même de découper le morceau qui montre la différence entre les deux toises. Ainsi l'enfant peut-il dire : *J'ai grandi de cette longueur en 6 mois.*

Rendre visible le fait de grandir, voilà du temps qui devient de l'espace, mesurable en centimètres ! Les élèves y sont très sensibles.

Autres thèmes de l'aspect physique

Chacun des sujets notés dans le tableau précédent offre un intérêt avec des développements infinis :

– le poids, autre désignation de la masse, à la frontière de la physique et des mathématiques ;

– la photocopie des mains, qui mérite une double page ; on peut aussi noter si l'on est droitier ou gaucher, et qui, dans la famille, fait partie d'une catégorie ou de l'autre… L'empreinte des pieds nus permet quant à elle un travail sur la pointure et le dessin des chaussures ;

– les dents, dont la chute est toujours un événement, marqué par la visite de la petite souris – un événement rassurant cependant, puisque les dents repoussent et sont alors définitives. Les beaux sourires édentés sur les photos de classe ! Il peut être question des appareils dentaires dont les adolescents sont dotés à leur grand désagrément…

Les autres domaines pour « ici et maintenant »

D'autres thèmes tels que les arbres généalogiques ou la « bande des âges », longuement traités au chapitre suivant, trouvent leur place à cet endroit dans le cahier. Dans les classes, un domaine

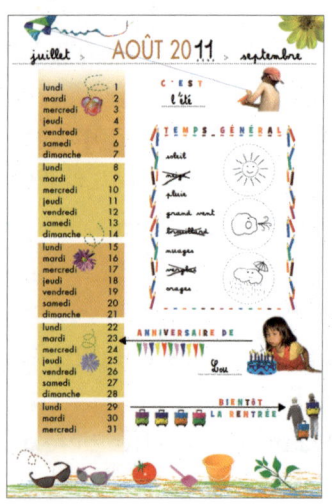

très riche concerne l'observation de la nature et du climat, selon les saisons, avec le repérage des durées du jour et de la nuit d'après le calendrier mensuel, la prise de température, le dessin de l'arbre dans la cour de récréation… Excellente manière de s'inscrire dans notre vie en climat tempéré. Un autre travail intéressant concerne la situation géographique proche, centrée sur l'adresse postale de l'enfant et la topologie de sa maison. Un travail de repérage géographique à l'échelle du pays et du monde plus éloigné est aussi possible. Ces deux activités relevant plus de l'espace que du temps, nous n'entrerons pas dans leurs détails, bien qu'elles soient tout aussi passionnantes à mener et à inscrire dans ce cahier !

L'activité à la Cité des enfants de Paris

À l'époque où mon fils avait à peine 10 ans, il y avait, à la Cité des enfants, une activité s'adressant aux 6/12 ans et intitulée : « Fais ta carte d'identité ».

Une feuille descriptive leur était donnée sur laquelle il fallait cocher, parmi huit modèles, la couleur des cheveux, celle des yeux, de la peau, la forme des empreintes digitales, parmi deux modèles, le lobe de l'oreille… Il fallait aussi noter s'il savait rouler la langue, quelle vitesse il pouvait atteindre en démarrant une course… (Des appareils permettaient de mesurer le rythme cardiaque, la taille et le poids, etc.)

Le circuit s'achevait par une machine dans laquelle l'enfant déposait la feuille où il avait consigné toutes ces données. Laquelle machine concluait : *Tu es unique au monde.*

Unique au monde ? Je revois l'impression qu'avait produite chez lui cette phrase. Étonnement ! Fierté ! Que la machine lui dise qu'il était « unique au monde » ne pouvait être que vrai ! Il l'avait bien entendue mouliner toutes ses données personnelles et s'illuminer pour donner sa conclusion. Il le répétait à qui voulait l'entendre… *Je suis unique au monde.*

Le passage de l'enfance à l'adolescence et à l'âge adulte

Il peut être anticipé par le triptyque suivant :

année	classe	âge
2006	crèche	
2007	PS M	3 ans
2008	MSM	4 ans
2009	GSM	5 ans
2010	CP	6 ans
2011	CE1	7 ans
2012	CE2	8 ans
2013	CM1	9 ans
2014	CM2	10 ans
2015	6e	11 ans
2016	5e	12 ans
2017	4e	13 ans
2018	3e	14 ans
2019	2de	15 ans
2020	1re	16 ans
2021	terminale	17 ans

Le futur, mon avenir

Qu'est-ce que tu veux faire quand tu seras grand ? la question est régulièrement posée à l'enfant au fur et à mesure qu'il grandit. Sa réponse évolue avec l'âge. Car travailler sur le temps, c'est aussi anticiper. Or, prévoir, pour les jeunes, est assez aléatoire... Parler de l'avenir permet à l'enfant de se voir «ado», puis considéré comme adulte.

C'est bien la charnière des 18 ans qui s'avère être un repère. Âge magique qui donne au jeune le statut de majeur, avec des droits et des devoirs dont il est bon de parler avec les petits, et la possibilité de passer son permis de conduire. Nous n'en sommes pas encore là, mais ça viendra...

Ces deux volets (anticipation, majorité) correspondent à deux doubles pages volantes que l'on rangera dans des enveloppes, à la fin du cahier – dans l'avenir. Si le travail nécessite un second cahier, il suffira de déplacer les deux enveloppes de la fin de l'ancien cahier au nouveau.

Si ce chapitre peut offrir des idées à de jeunes parents et leur donner l'envie de consacrer du temps (le revoilà !) et des moments d'échanges intimes avec leurs enfants, j'avoue que c'est une des missions de ce livre.

Mon histoire dans l'Histoire

Il existe deux sortes d'arbres généalogiques, correspondant à deux niveaux logico-mathématiques différents.

L'arbre généalogique « arrêt sur image »

Il correspond au plus jeune âge – 4, 5 et 6 ans.

Dans cet arbre, l'enfant est le tronc et les ramures représentent les ascendants, parents et grands-parents. Je l'appelle « arrêt sur image » : c'est une photo de l'enfant avec ses parents et ses grands-parents. Il offre une vue figée, à un instant donné. La temporalité n'apparaît

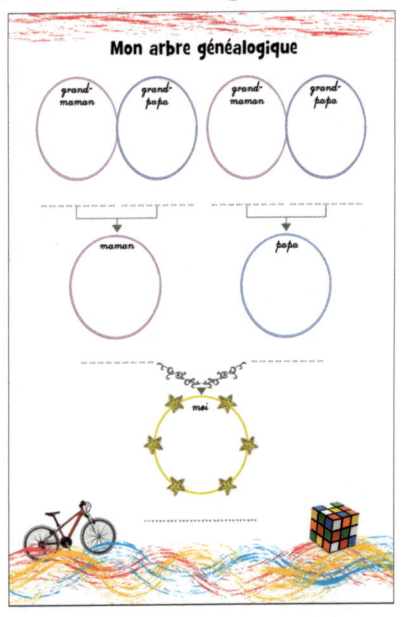

que via la différence d'âge entre les trois générations aujourd'hui. Généralement bifide (deux parents, quatre grands-parents, huit arrière-grands-parents), il se présente de plus en plus arborescent dans les familles recomposées.

Tout l'intérêt consiste à l'élaborer en famille avec papa, maman, en faisant participer, dans un second temps et dans la mesure du possible, les grands-parents. C'est l'occasion de parler, de raconter, de montrer des photos, de se souvenir d'événements, d'aborder de nombreuses notions qui sont très structurantes pour l'enfant.

À cette occasion, il est aisé de savoir ce que le petit comprend du temps en lui posant quelques questions. A-t-il compris que ses parents ont été enfants ? Est-il capable de pressentir la succession des générations ?

Est-ce que tu crois que j'ai été bébé ?

À ce moment-là, j'étais un garçon ou une fille, une future maman ou un futur papa ?

Est-ce que tu sais dans le ventre de qui j'étais avant ma naissance ?

Avec qui je jouais à la maison étant petit(e) ?

Sais-tu où j'allais à l'école ?

Qui me grondait lorsque je faisais des bêtises ?

Quand on me demandait « comment s'appelle ton papa ? », qu'est-ce que je répondais ?

Est-ce que tu connais ce monsieur ?

Si c'est la maman qui questionne :

À l'école, quand on me demandait d'écrire mon nom et mon prénom, qu'est-ce que j'écrivais ?

Avez-vous souvenir du moment où vous avez donné une existence «propre» à votre mère (jeune, avec un nom et un prénom propres)? Avez-vous pu l'imaginer vivant dans un environnement différent de celui de votre père avant leur rencontre?

Des questions de ce genre, posées dans une ambiance chaleureuse et détendue, tout en feuilletant un album de photos de l'enfance de chacun, apportent beaucoup aux uns comme aux autres.

Il est important que le père et la mère parlent de leur enfance, de l'environnement familial, de la fratrie, des amis ou amies qu'ils ont conservés. S'ils commentent les différences entre l'époque de leur jeunesse et celle que l'enfant est en train de vivre actuellement, ils construisent de nombreuses notions temporelles. Les récits des joies et des peines qu'ils ont éprouvées non seulement passionnent l'enfant, mais lui permettent, par transfert, de se construire sur un plan affectif et cognitif. Ce retour dans le passé permet au petit de comprendre les faits suivants:

1° Ses parents ont été enfants.

2° Le temps est le même pour tout le monde.

3°La succession – naissance, nourrisson, enfance, adolescence, adulte, senior, mort –, au cheminement inexorable et irréversible.

4° Les générations se succèdent et l'on peut en faire un arbre qui s'appelle «arbre généalogique».

5° D'imaginer ce qu'a été la vie des parents, grands-parents, et même arrière-grands-parents.

6° D'imaginer l'avenir en fonction des récits des parents par rapport à leur avenir.

7° De travailler tout ce qui se rapporte au nom de famille selon les coutumes françaises.

On imagine la variété de sujets qui peuvent être abordés. Il faut cependant garder à l'esprit que cette activité touche à la quintessence du noyau familial. Secrets de famille, zones d'ombre, souffrances liées à un décès... autant de sujets délicats que l'on n'a pas forcément envie de voir affleurer. C'est donc une activité qui nécessite beaucoup de prudence et ne peut être généralisée dans une classe de maternelle au risque de soulever des phénomènes réactionnels non maîtrisés.

Le langage lié aux relations généalogiques

Dans le cas le plus simple concernant ce premier arbre, six personnes entrent en jeu lorsqu'on fait parler l'enfant : ses deux parents et ses quatre grands-parents, si tout le monde est encore vivant et proche.

Dans ce cas, le langage lié aux relations généalogiques est assez réduit. Les six dénominations directes, Papa, Maman, Papy X, Mamie X, Papy Y, Mamie Y ou autres petits mots désignant les grands-parents, sont utilisées dès le plus jeune âge. C'est à cette époque qu'apparaît, dans le discours de l'enfant, un début de distanciation, révélée par certains termes ou certaines explications.

Qui est ce monsieur ? : C'est Papa va être remplacé par *C'est mon père.*

– Et cette dame, qui est-elle ?

– C'est ma grand-mère.

– Mais ta grand-mère, qui est-ce pour ta famille ?

– C'est la maman de mon papa.

Cette dernière réponse révèle une bonne capacité à raisonner sur une double liaison relative, associant trois personnages, dont l'enfant lui-même. Substituer le mot « père » à « papa » est la marque d'une décentration très élaborée. Relever, auprès des petits de cinq ou six ans, les réponses à nos questions dans ce domaine, c'est lire à livre ouvert le développement logique qui s'organise dans la tête de chacun à cet âge.

Beaucoup plus difficile, et qui arrivera évidemment plus tard, sera le fait de pouvoir répondre à la question : *Tu es qui pour ce monsieur qui est ton père ?*

La réponse étant : sa fille ou son fils.

Et qui es-tu pour cette dame qui est ta grand-mère ? Sa petite-fille ou son petit-fils.

Cela exige de se mettre à la place du père ou de la grand-mère, afin d'employer, par décentration, des termes tout à fait inhabituels pour l'enfant.

Se décentrer, c'est naviguer en esprit dans la pensée d'une autre personne que soi-même. Opération mentale qui exige à la fois empathie et analyse d'une situation dans laquelle le sujet n'est pas impliqué directement. C'est aussi imaginer plusieurs solutions à un problème ou plusieurs réponses à une question.

Cette décentration gouverne les raisonnements de transitivité tels que : « *Si Karine est la fille de Jeanne et Jeanne la fille de Caroline, alors Karine est la petite-fille de Caroline.* » Dans les relations généalogiques, la transitivité existe seulement dans certains termes généraux comme « est ascendant » ou « est descendant ». La symétrie se présente dans certaines situations entre personnes du même sexe : « Si Jordan est le frère de Guillaume alors Guillaume est le frère de Jordan » ; il en est de même de : « est la sœur de… ».

Tout ceci est très difficile à assimiler pour un petit, qui s'appropriera ces termes au fur et à mesure de son évolution, à condition qu'il s'y intéresse et que ces relations lui soient expliquées.

L'arbre généalogique « nom d'une famille »

Le second arbre est tout à fait différent. Il peut être étudié un peu plus tard, vers 6, 7 et 8 ans. Dans ce cas, le tronc de l'arbre est un couple et il s'agit de mettre en lumière l'histoire d'un nom à travers la descendance de ce couple. Vont apparaître sur les branches tous leurs enfants, leurs conjoints et leurs petits-enfants. La représentation de cette descendance raconte des événements qui ont eu lieu au cours d'une durée longue. Entre le tronc de l'arbre et l'extrémité des branches, il s'est passé beaucoup de temps.

Ce n'est donc plus une vue figée, mais un film de la famille qui pourrait être visionné, si une caméra était restée branchée en permanence depuis le mariage des ancêtres.

Cet arbre n'est compréhensible par un jeune que dans la mesure où il est capable de se décentrer. Tout d'abord, de remonter en pensée dans le temps et de s'arrêter au niveau du couple géniteur. Puis, sur un plan logico-mathématique, de reprendre le cours des événements dans le sens passé-présent, avec les naissances successives, les «appariements», les avènements des petits-enfants. La complexité de cette

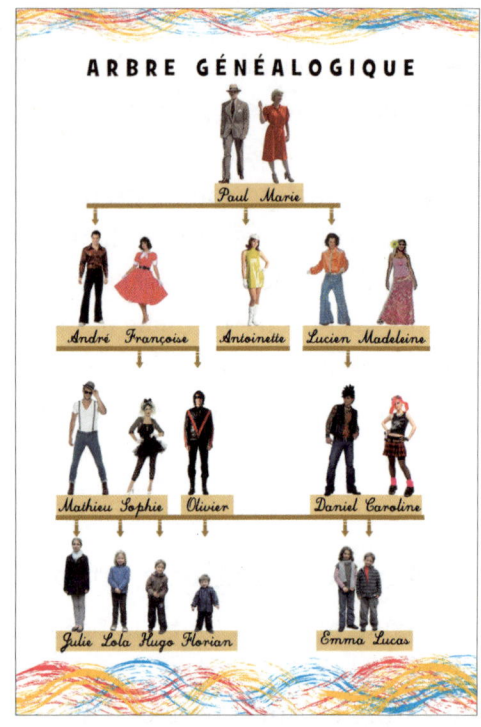

ARBRE GÉNÉALOGIQUE

représentation est variable suivant les familles, surtout si elles sont recomposées. Il faut aussi parfois tenir compte des décalages qui peuvent exister entre les générations… En outre, si l'on remonte avec l'enfant à la période de ses grands-parents, il n'est pas évident de comprendre que ce sont deux arbres différents qui le concernent: celui du couple du côté paternel, du nom qu'il porte en principe, et celui du couple du côté maternel, dont il ne connaît pas forcément le nom de famille si la maman n'a pas conservé son nom de jeune fille. (Certains enfants ne connaissent pas ce nom, faute de l'avoir vu écrit ou entendu prononcer.)

Si les deux arbres sont disjoints, l'enfant lui-même apparaît en double, une fois dans chaque arbre. Pour être inscrit en un seul exemplaire sur la feuille, il est nécessaire de jouxter les deux arbres : alors seulement l'enfant se trouve à l'intersection.

Quoi qu'il en soit, à chaque anniversaire, il y a simultanéité de chacune des vies, du fait que tous les éléments des rameaux de l'arbre avancent au même rythme d'une année supplémentaire.

Le langage de la généalogie se complexifie

Les personnes situées dans le schéma de cet arbre entretiennent des relations linguistiques très compliquées les unes vis-à-vis des autres. Pour que les enfants puissent manier des mots tels que tante, nièce, cousine, grand-oncle, belle-sœur… il faut qu'ils soient capables, en pensée, de prendre n'importe quelle place relative – d'avoir atteint une grande capacité d'abstraction.

On retrouve la même observation que précédemment : ces relations ne sont pas symétriques. «Si Pierre est le père de Colin, Colin n'est pas le père de Pierre».

Du fait de leur complexité, il est bien difficile de travailler ces relations généalogiques avant le niveau de CM1, CM2 – avant le stade dit «préformel».

Ajoutons que ces termes, qui situent les relations des personnages d'une même famille d'une manière aussi précise, sont typiquement occidentaux (voire typiquement français). Nous allons en reparler avec «la famille Bontemps». Il est bien d'autres pays du monde dans lesquels les liens sont beaucoup plus ambigus.

Le jeu des mots de la famille

Dans une classe ou un club de vacances, à partir de 8-9 ans, il est très amusant de monter un jeu de rôles de la famille Bontemps. Le but est de se familiariser avec les mots très particuliers et très précis des liens familiaux. Tout ce vocabulaire relationnel a toutes les chances d'être compris au travers de ce jeu.

On prépare 18 petits cartons et l'on note sur chacun les 9 prénoms masculins et les 9 prénoms féminins des personnages de la famille Bontemps. On fait tirer au sort parmi les garçons un prénom masculin, parmi les filles un prénom féminin. Chacun endosse le prénom du personnage qu'il va jouer et se repère dans l'arbre généalogique de la famille (représenté à la page 96). Les autres membres de la classe ou du groupe sont les spectateurs (tout le monde a l'arbre sous les yeux).

Lors d'une première étape, quelques-uns désignés doivent se présenter sous la forme «je suis...», sans dévoiler le prénom. Par exemple: «j'ai eu trois enfants, un garçon et deux filles...». Le public doit trouver de qui il s'agit.

Une seconde scène est très amusante. On prend deux personnes au hasard et chacune d'elles doit dire sa relation avec l'autre sur le mode «Je vous présente mon...». Par exemple, en prenant Lucas et Daniel, du premier au deuxième: «Je vous présente mon...». Le public doit trouver le mot qui les relie. Dans ce cas, c'est le mot «père» – dans l'autre sens c'est le mot «fils» – qui convient.

Questionnaire sur la famille Bontemps

– Comment s'appelle le mari de Caroline ?

– Olivier est le frère de qui ?

– Comment s'appellent les cousins de Lucas et Emma ?

– Est-ce qu'Emma a une sœur ?

– Qui peut dire « voici ma belle-sœur », et en parlant de qui ?

– Comment s'appelle la femme de Paul ?

– Antoinette a-t-elle des frères et sœurs ?

– Combien d'enfants y avait-il dans la famille quand Antoinette est née ?

– Qui va dire à Daniel « voici mon oncle » ?

– Comment s'appelle le mari de Madeleine ?

– André et Françoise ont combien d'enfants ?

– Comment s'appelle le frère d'Emma ?

– Mathieu est-il marié ?

– Y a-t-il des célibataires dans la famille ?

– Comment s'appelle l'aîné de Daniel et Caroline ?

– Donne un âge approximatif à Caroline, Marie, Lola et Madeleine.

– Sophie a-t-elle des descendants ?

– Dans le ventre de qui Olivier était-il avant sa naissance ?

– Qui peut dire « je suis mère de famille nombreuse » ? (Il faut au moins 3 enfants.)

– Daniel dit de Paul et Marie : « voici mes... »

– Comment s'appellent les parents de Lucas et Emma ?

– Donne les noms de tous les benjamins.

– André et Françoise invitent tous leurs neveux et petits-neveux : combien y a-t-il de personnes invitées ?

– Qui peut dire « voici ma grande sœur » ?

– Madeleine dit à Françoise : « Voici la…… de mon……

– Fête de famille, tout le monde est là. Combien de couverts faut-il ?

– Antoinette dit à Emma : « Voici la…… de mon ……

– Marie invite toute sa descendance féminine. Qui est là ?

– Florian peut dire : « J'ai… sœurs et…. frère. »

– Lola peut dire : « Nous sommes… enfants dans la famille. »

– Qui, dans la famille, peut dire : « Je suis………unique » ?

– Hugo peut dire : « j'ai… oncles et… tantes. »

– Les enfants de Mathieu et Sophie reçoivent leurs cousins. Combien de couchages faut-il prévoir pour les invités ?

– Antoinette reçoit ses frère et sœur et conjoints. Elle met la table pour combien de personnes ?

– Marie fête son anniversaire. Elle invite tout le monde, mais ses arrière-petits-fils ne peuvent pas venir. Combien seront-ils à table ?

– Avec son mari, Marie offre un séjour au Futuroscope à ses arrière-petits-enfants, dont le plus âgé n'est pas majeur. Pour la réservation, elle doit remplir cette fiche :

Combien de   seniors ❑

adultes ❑

enfants ❑

Rallye sur la famille Bontemps

Ce thème peut être l'occasion d'un rallye, genre jeu de piste avec des énigmes, des messages codés, des recherches d'indices, des courses de vitesse et autres épreuves au cours desquelles les enfants, en groupe, doivent chercher, décoder, utiliser les mots à bon escient, raisonner mathématiquement...

À propos de l'âge, par exemple, on peut faire dire à Mathieu : « Mon fils Florian a 10 ans. Il est né 3 ans après sa sœur qui, elle, a 7 ans de plus que son jeune frère, et 8 ans de plus que sa petite sœur. » Il faut, d'après l'arbre généalogique, trouver les âges respectifs de Julie, Hugo et Lola.

Florian a 10 ans. S'il est né 3 ans après sa sœur Julie, c'est que sa sœur a 3 ans de plus que lui. Julie a donc 10 + 3 = 13 ans.

Julie a 7 ans de plus que son jeune frère Hugo. C'est que son jeune frère Hugo a 7 ans de moins qu'elle. Hugo a donc 13 − 7 = 6 ans.

Julie a 8 ans de plus que sa petite sœur Lola. C'est que Lola a 8 ans de moins qu'elle. Lola a donc 13 − 8 = 5 ans.

Une seule situation, deux façons de l'exprimer suivant la personne qui parle. Ces jeux amènent à des raisonnements qui vont beaucoup aider, en mathématiques en particulier.

Il est également très amusant (et instructif) de demander l'âge approximatif d'un tel ou d'une telle. « Quel âge pourrait avoir l'aïeule Marie ? » : chez des enfants entre 6 et 8 ans, les réponses oscillaient entre 27 et 150 ans !

Autre énigme, à laquelle peu d'enfants peuvent répondre avant 10 ans. En France, la famille prend en général le nom du père. Lucas demande : « Pourquoi n'ai-je pas le même nom de famille que Florian ? Pourtant, c'est mon cousin… » : il faut comprendre que la grand-mère de Lucas, qui est la sœur du grand-père de Florian, a pris le nom de son mari, ce qui donne à cette branche un autre nom de famille – celui de Lucien.

Dans un club de loisirs, voici ce que peut donner un après-midi sur la famille Bontemps. Les enfants sont répartis en équipes de 4 à 5 personnes, chacune ayant l'arbre généalogique et une liste de questions choisies dans la série ci-dessus. Cette liste peut être la même pour toutes les équipes. Est gagnant le groupe qui a été le plus rapide à répondre sans erreurs à toutes les questions.

On peut aussi imaginer de multiples scénarios sous forme d'enquêtes. Les noms de 16 personnages (sur les 18 de la famille) sont attribués en cachette aux enfants : d'un côté, ceux du sexe masculin, de l'autre, ceux du sexe féminin – il manque donc une personne de chaque côté. Le but du jeu de piste consiste à trouver les deux éléments manquants de la famille.

Futur-présent-passé,
une trilogie énigmatique

Ces trois mots, maintes fois utilisés par les adultes, sont tout à fait énigmatiques pour les enfants. Certes, dès que le langage est un peu élaboré, ils utilisent d'une manière adéquate le présent, le passé composé et le futur immédiat. Mais ce n'est pas pour autant qu'ils arrivent à décomposer le temps d'après ces trois données, structurées de part et d'autre de ce point mobile qu'est le présent. Pour eux, un seul des trois existe, c'est, précisément, le présent. Ils y sont, ils le vivent, ils le voient, et ils exigent bien souvent que leurs envies soient satisfaites sur-le-champ...

De la petite enfance à la fin de l'adolescence, on se rend compte de la prégnance du rôle de l'immédiateté. Se retourner sur le passé pour en tirer des conséquences et des déductions n'a aucun intérêt pour eux et il leur semble saugrenu qu'on veuille les y amener. Quant à se projeter dans l'avenir : quel problème ! quels problèmes !

Ce qui crée la confusion entre futur et passé vient du fait que ces deux données ne sont pas ou plus visibles, elles n'ont donc d'existence que dans la tête. Se pose alors la question : comment travailler cet aspect spécifique ?

Quels exercices adaptés faut-il créer pour que s'organise dans leur tête cette trilogie abstraite et pour que cette notion devienne limpide ? C'est ce que nous allons réaliser dans « Les trois boîtes du temps ».

Cette séquence, à la fois ludique, constructive et adaptable, peut être pratiquée dans différents cadres de travail ou de vie :
– dans des clubs de vacances avec un programme d'activités de loisirs ;
– dans une famille qui décide d'organiser une journée « construction du temps » ;
– dans les centres de déficients intellectuels pour lesquels les phrases sont dites et dessinées au lieu d'être écrites. Cette activité contribue d'une manière efficace à structurer le déroulement des activités chez les jeunes ne sachant pas lire ;
– et bien sûr dans une classe ordinaire telle que nous la décrivons maintenant.

Les trois boîtes du temps

Matériel :

3 boîtes de trois tailles et trois couleurs différentes :
– la première verte et de taille moyenne par rapport aux deux autres ;
– à côté de cette boîte, des petits papiers verts ;
– la deuxième rouge et petite ;

– à côté de cette boîte, des petits papiers rouges ;
– la troisième, bleue, la plus grande, de taille A4 ;
– à côté de cette boîte, des petits papiers bleus, une agrafeuse, un tampon dateur.

Déroulement de la séquence

L'enseignante décide de pratiquer cette activité en vue de préparer les enfants à l'étude des conjugaisons. Elle a tout prévu.

Le matin, à l'entrée en classe, tout le monde se réunit autour de la boîte verte, placée dans un angle, au fond de la classe.

L'enseignante annonce : « *Nous allons mettre dans la boîte le programme de la journée. Ce matin, dans un premier temps, nous allons lire la page 37 du livre de lecture, Aujourd'hui, c'est "L'histoire de François le rêveur"* ».

Elle prend un papier vert et note :

> 1°) Nous allons lire « L'histoire
> de François le rêveur ».

Ce papier est glissé dans la boîte verte.

Puis elle définit ce qui est prévu dans un second temps, l'annonce à haute voix puis l'inscrit sur un deuxième papier vert.

> 2°) Nous travaillerons les mots difficiles
> du texte et nous ferons un résumé.

Celui-ci est aussi glissé dans la boîte verte.

Elle continue : « *Après la récréation, comme tous les jours, ce sera le temps des mathématiques.* »

Et elle note :

> 3°) En mathématiques, nous étudierons les nombres pairs et impairs.

Le papier prend place avec les autres.

« *Cet après-midi, trois activités vont se succéder :*
– *gymnastique,*
– *anglais,*
– *géographie.* »

> 4°) Nous irons dans la salle de gymnastique faire une course d'obstacles.

> 5°) En anglais, nous jouerons « la scène du téléphone ».

> 6°) En géographie, c'est la page 18, « Les cours d'eau en France ».

Six papiers sont ainsi glissés dans la boîte, décrivant à la fois précisément le programme de la journée et la succession dans le déroulement des activités.

Commence alors la première activité. À la demande de la maîtresse, un enfant désigné va extirper le papier n° 1, le déchire en grande pompe, met les morceaux dans la corbeille à papiers posée sur le bureau. Puis il s'approche de la boîte rouge qui jouxte la corbeille et, après avoir discuté avec la classe, introduit un papier rouge sur lequel il a inscrit :

> Nous lisons « L'histoire de François le rêveur ».

Celui-ci y demeure tout le temps de l'activité. Lorsque la lecture est achevée, un autre enfant le sort, le déchire ostensiblement et met les morceaux dans la corbeille. Guidé par l'enseignante, il se dirige vers la boîte bleue, située au fond de la classe, dans l'angle opposé à la verte. Il note sur le papier bleu :

> 1°) Nous avons lu « L'histoire de François le rêveur ».

Il marque la date du jour à l'aide du tampon dateur et agrafe la photocopie de la page lue que lui donne la maîtresse. C'est à la fois une preuve de l'activité exécutée et un document servant de mémoire collective.

La fin de cette première activité est l'occasion d'analyser la différence d'énonciation sur les papiers de couleur, associée aux trois étapes : projection, réalisation et récit de l'exécution.

Est-ce que les phrases écrites sur les trois papiers étaient les mêmes ?

Quelle était la différence ?

Pourquoi a-t-on déchiré le papier vert et le papier rouge ?

Combien de temps le papier rouge est-il resté dans la boîte rouge ?

Combien de temps le papier bleu va-t-il rester dans la boîte bleue ?

La phrase du papier n° 2 retient maintenant l'attention et va suivre la même voie que le papier n° 1.

Un nouvel enfant est désigné. Il va à la boîte verte pour le sortir et le déchirer comme cela a été réalisé avec le papier précédent et reproduit, sur un papier rouge, la phrase au présent :

> Nous travaillons les mots difficiles du texte et nous en faisons un résumé.

Le document est déposé dans la boîte rouge, tout le temps de l'activité. Puis il subit le même sort – direction la corbeille à papiers – afin de devenir, pour la boîte bleue, sur un papier bleu, une nouvelle phrase :

> 2°) Nous avons travaillé les mots difficiles du texte et nous en avons fait un résumé.

Il ne faut pas omettre de dater le papier et d'y agrafer le document du résumé en question, preuve de l'authenticité de sa réalisation.

La matinée se poursuit. Vient l'activité n° 3, dont la phrase se transforme au présent dans la boîte rouge :

> Nous étudions les nombres pairs et impairs.

puis au passé composé dans la bleue :

> Nous avons étudié
> les nombres pairs et impairs.

avec un document référent comportant deux pages : l'une avec les nombres pairs, l'autre avec les nombres impairs.

L'après-midi se déroule d'une manière similaire.

La feuille référence pour la gymnastique indique le gagnant de la course, pour l'anglais on agrafe le dialogue du téléphone et pour la géographie la carte des fleuves français.

Les six papiers verts prévisionnels du matin se sont transformés en six papiers bleus souvenirs, après avoir séjourné l'un après l'autre dans la boîte rouge.

Les conjugaisons utilisées dans chacune des phrases – au futur, puis au présent, enfin au passé composé – ont acquis une valeur réelle : a été réalisé un accord parfait entre le vécu et le langage énoncé puis écrit. Les passages d'un temps à l'autre ont été assimilés par l'action sans retour du déchiquetage des papiers. Le « c'est fini » a aboli toute ambiguïté à l'égard du temps.

Tout au long de la journée, les cheminements d'une boîte à l'autre dans le sens vert → rouge → bleu sont vécus d'une manière ritualisée par les enfants de la classe, qui en comprennent vite le but. L'activité est ainsi renouvelée plusieurs jours de suite et sert de tremplin à un travail spécifique sur les conjugaisons.

Modification des procédures de la séquence

La pratique de l'atelier peut subir des changements.

Précédemment, l'ordre était imposé par l'enseignant : il fallait suivre la succession numérotée des papiers verts. C'est la situation scolaire classique, où l'on suit le programme imposé par l'emploi du temps.

Il est tout aussi intéressant de proposer un déroulement plus original, qui va beaucoup marquer les enfants. L'enseignant décide de nommer, pour la journée, un élève de sa classe « maître du temps ». C'est lui qui a la responsabilité de choisir la succession des activités pour la journée en organisant les papiers de la boîte verte. Ceux-ci n'ayant pas été numérotés, c'est à lui qu'incombe cette tâche en début de journée. Toute la classe doit alors suivre l'ordre qu'il a décidé et qui est en réalité... un désordre.

L'étonnement que provoque une telle proposition de modifier un ordre institutionnalisé enrichit beaucoup la réflexion à propos de ce travail sur les successions : le rituel est chamboulé, les cartes modifiées, il faut s'adapter, restructurer les repères, réfléchir à la nouvelle situation. C'est le principe même de notre travail : mobiliser la pensée au travers de parcours différents !

Quant à l'élève qui a, bien sûr, été choisi pour ses difficultés en chronologie et en mathématiques, les effets sont étonnants. Investi d'une telle mission, il en assume l'entière responsabilité.

Il est aisé de comprendre la place que, dans la succession des papiers, il va donner à la phrase suivante :

> En mathématiques, on va apprendre les opérations en système sexagésimal.

Elle est reléguée en fin de journée…

Une troisième façon de procéder consiste à adopter le principe du «au petit bonheur la chance» en tirant les papiers à l'aveugle pour construire la sériation. C'est un moyen de faire prendre conscience aux enfants du côté aléatoire de certaines situations.

Analyse du rôle de chacune des trois boîtes

Notons tout d'abord pourquoi, contrairement à l'habitude qui énonce «passé, présent, futur», nous pratiquons le sens inverse, passant du futur au présent et du présent au passé. Si l'on veut suivre chronologiquement n'importe quelle action sensée, celle-ci est d'abord projetée dans le futur, puis exécutée dans le présent; enfin, elle peut être racontée au passé.

1° La boîte verte

Son contenu évoque l'anticipation, **le futur**, les projets.

Comme tout projet, ce sont des idées qui se situent dans la tête, on ne peut pas savoir si tout se déroulera comme prévu. Cette liste de travaux à réaliser correspond, pour Antoine de La Garanderie*, à la «mise en projet», principe fondamental de sa théorie de la «gestion mentale». Volontairement, la boîte est placée hors de la vue immédiate,

---

* Antoine de La Garanderie (1920 – 2010) est le fondateur de la Gestion mentale. Grand chercheur, philosophe de formation et pédagogue, il a travaillé toute sa vie sur le fonctionnement cognitif de la pensée, à mettre en évidence les différents gestes mentaux intervenant dans la réflexion et l'apprentissage.

mais on pourra, pour travailler, y retourner autant de fois qu'il sera nécessaire. Dans une classe, en fin de journée, elle est vide. Il arrive, et c'est bien, qu'une des activités n'ait pu être réalisée le jour même. Elle peut être reportée. Les enfants sont à même de le comprendre.

2° La boîte rouge

Posée sur le bureau, bien en vue, elle symbolise le **présent**. Si sa taille est réduite, c'est qu'elle ne comporte jamais qu'un seul papier à la fois et qu'elle est toujours vide en dehors de la présence effective des élèves en classe. Dès que l'activité est achevée, le papier est déchiré, le présent de cette activité est dépassé, symbole d'un présent éphémère et punctiforme.

3° La boîte bleue est aussi placée hors de la vue – ce qui fait partie du passé n'est plus visible. Contrairement à la boîte verte où les papiers disparaissent à tout jamais, ici, les preuves s'accumulent. Le souvenir de chaque activité y prend place. C'est pourquoi elle doit être grande. Chaque document indique que l'activité a été vécue, les papiers qui l'accompagnent sont des justificatifs. Il est possible de s'en souvenir, d'y faire référence, d'en parler, de dire ce qu'ils nous ont permis d'apprendre.

Faire tomber la boîte bleue et mélanger intentionnellement l'ensemble des documents offre l'occasion d'un travail à la fois de classification et de sériation, très proche de celui qui nécessite de ranger des mots par ordre alphabétique (décrit au chapitre «Le temps du dictionnaire»…) ou d'ordonner des nombres par ordre croissant.

1° Classification : faire un premier classement, c'est-à-dire des tas suivant la relation « à la même date ». Il faut regarder les traces du tampon dateur et mettre ensemble ce qui est identique.

2° Sériation : mettre en ordre les tas constitués suivant la relation « a eu lieu après ». Cette sériation réclame la capacité de se repérer dans n'importe quel calendrier, d'y localiser les jours notés sur les papiers bleus et de les ordonner dans une sériation par date.

3° Sériation : dans la suite constituée, prendre le premier tas et l'ordonner suivant la numérotation 1, 2, 3, 4… C'est la relation « a été exécuté après ».

On retrouve dans cette activité les structures travaillées continuellement au cours de cet ouvrage.

L'activité « les trois boîtes » en rééducation

Ce n'est pas seulement sur le plan du langage que cet outil est intéressant. En élargissant les procédures, il permet de travailler les notions d'anticipation, les imprévus, mais surtout le concept de causalité-conséquence qui fait tellement défaut chez certains enfants et adolescents.

Ceux qui présentent une carence notable et justifiée à propos de cette notion d'anticipation, ce sont les enfants sourds. La raison en est simple : ils sont privés d'une partie des discussions à propos de ce qui s'est passé, des récits de ce qu'ils ont vécu, tout comme leur échappent les débats sur les projets d'avenir, conçus comme autant d'éventualités. On sait combien les notions temporelles sont portées par le langage chez les petits... eux n'ont pas cette possibilité de profiter de l'aspect structurant du discours parlé. Travailler l'activité des trois boîtes avec la participation de la famille a toujours eu des effets très structurants.

L'exercice des trois boîtes et la dissociation futur-présent-passé est compris très jeune. J'ai eu l'occasion de le pratiquer avec une enfant qui n'avait pas trois ans. Le matériel de chacun des cinq exercices prévus était aligné au sol ; le déroulement exécuté exactement suivant la description précédente, à la seule différence que les phrases écrites étaient remplacées par des dessins. Dès la troisième semaine, elle exigeait, avant de commencer, de voir la série ordonnée qui allait constituer la séance. Elle dirigeait alors elle-même la succession des jeux prévus et prenait un plaisir fou à déchirer successivement les papiers verts et rouges, montrant ainsi qu'elle avait tout compris sans aucune expression orale.

Pour les plus grands, cet atelier construit les prémices indispensables à l'étude des conjugaisons, lesquelles font l'objet d'une activité temporelle que nous analysons plus loin dans cet ouvrage.

L'anticipation

Actuellement, une multitude d'événements morcelle le temps des jeunes et les durées ne sont jamais vacantes, parce que occupées par la télévision, l'ordinateur, les communications avec le portable et les jeux vidéo.

Ma longue pratique rééducative m'a montré que, de ce fait, cette opération mentale d'anticipation s'avère de plus en plus difficile à structurer. Je me garderai bien de faire preuve de nostalgie ! Je ne peux que constater et me dois de concevoir des procédures pour aider les enfants, puisque cet outil de pensée joue un rôle important dans l'adaptation à la vie sociale.

Jusqu'à une époque récente, ce problème n'était pas prégnant... *Le Château de ma mère*, merveilleux texte autobiographique de Marcel Pagnol, met en lumière la différence entre l'enfant de son époque et celui de maintenant quant à la gestion du temps. Le plus grand plaisir de Marcel résidait dans l'acte d'anticiper la période des vacances. Riche des souvenirs des années passées, il projetait les prochaines. Puisqu'il s'agissait d'un même lieu, d'une même longue durée de *vacance*, vide d'événements, cela lui permettait d'organiser et de gérer, en toute liberté, son temps par anticipation. Lorsque les vacances arrivaient, il vivait, pleinement, au présent, ce qui avait été anticipé dans les détails – avec, cependant, ce côté aléatoire que sous-tend le futur. Il se créait des souvenirs qui alimentaient l'année scolaire suivante, construisant le lien futur-présent-passé. Le protocole qui se renouvelait comme un rituel chaque année facilitait beaucoup les possibilités d'anticipation.

C'était lui le maître de son organisation. À aucun moment, il n'aurait dit ce que nous entendons si souvent actuellement :

Maman, je m'ennuie, qu'est-ce qu'on fait aujourd'hui ?

On ne peut plus dire que ce soit un trouble ou une pathologie puisqu'on le constate chez la grande majorité des enfants.

À ce propos, il est amusant de faire s'exprimer des adultes sur leurs souvenirs de vacances durant leur enfance. Les plus beaux témoignages sont souvent ceux qui sont empreints d'une certaine ritualisation dans le temps.

La boîte verte pour l'anticipation

Concernant les intentions notées dans cette boîte, je m'arrange toujours pour qu'il y ait plus de papiers que d'activités réalisables au cours des trois quarts d'heure que dure une séance de rééducation. Le but est de montrer que l'on peut avoir des projets que le temps ne nous permet pas de réaliser. Je glisse toujours, dans la liste, le papier :

> On jouera à
> « Puissance Quatre ».

Bien évidemment, il reste souvent dans la boîte verte et symbolise les intentions, les projets qui sont les marques de notre projection dans un avenir proche ou lointain.

La prochaine fois, on aura peut-être un peu plus de temps pour faire une partie de Puissance Quatre.

Il est facile d'imaginer ce que choisit l'enfant lorsque c'est son tour d'organiser la séance : les jetons sont immédiatement disposés pour la partie ! Sa responsabilité de gestionnaire du temps lui offre enfin ce plaisir.

Très fréquemment aussi, ayant achevé un travail nouveau ou une notion qui n'ont été qu'effleurés, nous rédigeons ensemble le papier :

> La prochaine fois, nous retravaillerons
> avec le jeu du temps.

Le travail des imprévus

L'activité peut aussi être pratiquée « au hasard ». Les papiers sont dans la boîte verte, mais l'enfant tire à l'aveugle un des papiers. La succession va donc être donnée par le hasard. Cela nous permet d'aborder l'aspect des événements qui viennent bouleverser l'ordre préétabli.

J'ai pu, chez mes patients, observer une incompréhension suivie d'anxiété dans le cas d'un événement perturbateur du déroulement habituel d'une succession quotidienne.

En famille, ce matin, « panne d'oreiller », le réveil n'a pas sonné : c'est la panique à bord. Les parents bousculent les enfants, les pressant.

Le réveil n'a pas sonné, dépêchez-vous, on va être en retard !

Faisons l'analyse de cette phrase entendue par les enfants et posons-nous la question du pourquoi elle n'est pas comprise.

Jean Piaget a, dans ses écrits, montré les liens existant entre la « causalité-conséquence » et la temporalité.

D'ordinaire, la durée nécessaire à l'enchaînement des actions qui doivent se succéder entre l'éveil et l'arrivée en classe est fixe. Elle a été anticipée en fonction des enfants, de

leur autonomie, de leur rythme, des activités parentales…
C'est un rituel dans lequel le nombre d'actions coïncide avec
la vitesse d'exécution de chacun.

Un réveil tardif a pour effet un changement d'origine sur
une durée dont l'instant final, lui, demeure invariant puisqu'il
est lié à l'heure de la rentrée des classes. Si l'on veut arriver
à l'heure, il faut donc soit accélérer la succession des actions,
soit réduire le nombre d'actions. Cette déduction, si évidente
pour l'adulte, ne l'est pas pour l'enfant. Petite démonstration
à travers l'exposition de trois stratégies possibles :

A. On choisit d'accélérer l'enchaînement des actions. Du
point de vue de la logique, cela implique trois paramètres :
– le nombre d'actions ;
– la durée de chacune ;
– la vitesse d'exécution.

Vu sous l'angle causalité ⇨ conséquence, nous pouvons
raisonner en faisant le parcours de tous les possibles suivants :

1° La durée est invariante :
nombre d'actions réduit ⇨ réduction de la vitesse
réduction de la vitesse ⇨ nombre d'actions réduit
2° La vitesse est invariante :
durée réduite ⇨ réduction du nombre d'actions
réduction du nombre d'actions ⇨ durée réduite
3° Le nombre d'actions est invariant :
durée réduite ⇨ augmentation de la vitesse
augmentation de la vitesse ⇨ durée réduite
vitesse réduite ⇨ augmentation de la durée
augmentation de la durée ⇨ vitesse réduite

Dans ce troisième cas, les déductions réciproques de la durée et de la vitesse sont inversement proportionnelles, c'est ce qui fait qu'elles sont difficiles à comprendre.

Tout le monde connaît cette phrase qui n'en finit pas de laisser pensif : « *Plus on pédale moins vite, moins on avance plus vite.* »

Elle est équivalente à : « *Moins on pédale plus vite, plus on avance moins vite.* »

Toutes deux jouent sur les oppositions « plus » et « moins », perturbant notre logique verbale.

B. On peut aussi décider de réduire le nombre d'actions, du moins celles qui sont possibles ! C'est très amusant d'envisager, avec l'enfant, les élisions possibles et celles qui ne le sont pas.

C. Une troisième solution est... d'assumer son retard et d'en prendre son parti. Lorsqu'il s'agit de l'école, cette décision a des conséquences réduites. Il n'en est pas de même s'il est question de prendre le train !

Les durées

Lorsque nous travaillons le temps, il est évident que la notion la plus complexe à appréhender, c'est la durée. Elle débute par un événement et s'achève par un autre événement.

De quels événements s'agit-il ? Comment matérialiser, entre deux événements, cet intervalle qu'est la durée ? Comment rendre concret du temps qui est ressenti comme vide puisqu'il ne se passe rien entre ces deux événements ? Comment comparer des durées ? Comment les symboliser ?

Après avoir étudié certains événements qui amorcent une durée et la clôturent, nous nous intéresserons à ce que ressentent les enfants dans les périodes qui leur sont imposées – les horaires scolaires par exemple. Puis, pour concrétiser des concepts temporels totalement abstraits, nous proposerons des activités qui concernent les durées emboîtées, les bougies et les sabliers. Enfin, nous aborderons les problèmes que pose la symbolisation des durées.

L'alternance événements – durées

Un des aspects d'une durée peut être assimilé à un «état».

La vie de chacun de nous s'écoule, ponctuée par des événements brefs, plus ou moins importants, qui marquent les changements d'état. Par exemple : l'état d' « avant la naissance » d'un enfant a commencé par sa conception et correspond à une durée de neuf mois. La «naissance» est l'événement qui transforme – ô combien ! – cet état en un autre, celui d'«après la naissance». C'est le début d'une vie nouvelle pour le nouveau-né, d'une durée aléatoire, qui aura une fin.

Pour les parents, la naissance du bébé transforme leur vie de couple sans enfant en vie de famille – deux états totalement différents !

Le jour de ses 18 ans, un jeune passe du statut de «mineur» à celui de «majeur», c'est l'événement déclencheur. Cet état perdurera jusqu'à la fin de sa vie.

La sonnerie du réveil modifie l'état du dormeur en personne éveillée. Cette durée d'état éveillé persistera jusqu'au moment où il s'endormira (le soir).

Ces événements engendrent des états qui relèvent du temps existentiel, que nous avons découvert avec le cahier de vie.

Toutes les durées ne sont pas des états. Certaines sont occupées par une activité à laquelle on «consacre du temps», par obligation sociale, intérêt ou plaisir. Le mouvement déterminé et énergique du chef d'orchestre, qui mobilise tous les musiciens sous sa baguette, marque le début de la symphonie ; la dernière note déclenche quant à elle les applaudissements et marque la fin de la durée du concert. Il en est de même pour un conférencier. Le coup de sifflet de l'arbitre tétanise, à la seconde même, l'équipe de foot pour 2 fois 45 minutes, plus la mi-temps. Le match, qui se termine par un second coup de sifflet, est suivi fébrilement par un public en délire.

D'autres durées sont subordonnées à des faits extérieurs, et sont indépendantes de l'activité choisie : fermeture et ouverture de la porte du four à micro-ondes délimitent une durée chronométrée pour réchauffer un plat. La durée d'un déplacement que l'on organise est déterminée par le mode de transport, la distance, les horaires.

Mais tous ces faits sont autant d'événements rapides, marquants, qui marquent l'origine ou clôturent une durée objective et irréversible.

Plus loin, nous aborderons la question de la synthèse de ces durées, la façon de les gérer et de les coordonner – en un mot, d'harmoniser temps subjectif, objectif et collectif.

La durée est surtout une notion subjective

Une durée est avant tout vécue subjectivement. L'attente d'un absent très cher peut semble durer une éternité, un moment de bonheur est toujours trop court. Est-il toujours possible d'aider les enfants à devenir objectifs vis-à-vis des durées ?

Les durées vécues par les enfants : le temps scolaire

Les durées que les enfants connaissent bien, qui leur sont imposées très tôt, ce sont les horaires de la crèche, calqués sur le travail des parents, puis les horaires scolaires.

La cloche ou la sonnerie de l'école en ponctuent les débuts et les fins, tout en faisant alterner travail et récréations. La manière dont les élèves vivent ces laps de temps est très variable, le sentiment de leur longueur excessive ou non est strictement personnel. Parmi les nombreux paramètres qui entrent en jeu, l'intérêt pour la matière abordée est le plus prégnant. La conscience de la durée d'un cours dépend du plaisir qu'il procure – sentiment de longueur et plaisir sont inversement proportionnels… On se souvient tous d'un professeur qui nous a fait estimer ou exécrer une matière, parfois à vie – allant jusqu'à influencer notre orientation professionnelle.

En mathématiques, la conscience de la durée dépend de l'accord entre le niveau logico-mathématique du sujet et la manière dont la matière est abordée. Quelle responsabilité nous incombe ! Quel bonheur lorsqu'un enfant s'exclame : *C'est déjà fini ?*

Bravo à l'enseignant qui raccourcit ce sentiment de durée en rendant ses cours intéressants. Bravo à celui qui personnalise des activités pour les enfants surdoués de sa classe afin qu'ils ne « s'ennuient » pas. Bravo à ceux qui, en mathématiques, donnent à manipuler à leurs élèves. L'acquisition d'une notion nouvelle a toutes les chances de se faire, si son explication est accompagnée d'activités matérielles sur des objets qui permettent d'éprouver l'opération, et de la prouver, une fois accomplie. Ce sera, nous le verrons plus loin, le cas des apprentissages de l'heure.

Bravo à ceux qui profitent des moments juste avant les vacances – où plus personne n'a envie de travailler vu l'imminence de la fin du temps d'école – pour innover : pour créer, composer, laisser s'exprimer, jouer dans un esprit pédagogique, mixer les classes, responsabiliser les grands vis-à-vis des petits…

En tant que parent ou grand-parent, n'hésitons pas à écrire à un enseignant qui a déclenché chez nos enfants ou petits-enfants un intérêt, une passion, un plaisir pour une matière, afin de les en remercier. Ces missives de reconnaissance sont de merveilleux encouragements au cœur d'un métier difficile. Ces enseignants ont su faire naître le plaisir d'apprendre.

Le jeu des 4 durées

Ce jeu, qui peut même se pratiquer avec des petits et des non-lecteurs, permet d'appréhender ce sentiment de durée, que celle-ci soit objectivement très courte ou vraiment longue – de la seconde à la journée.

Il repose sur un rangement d'activités connues. Chacune nécessite pour sa réalisation un temps correspondant approximativement aux durées suivantes : une ou quelques secondes, une ou quelques minutes, une ou quelques heures et une journée. Sans que les mots précis (« seconde », «minute», «heure» et «journée») soient utilisés, on propose aux enfants de répartir ces activités dans quatre boîtes. Pour l'enfant non lecteur, les activités lui sont lues. Dans une classe, le jeu est collectif. Celui ou celle qui a trouvé la bonne réponse l'argumente.

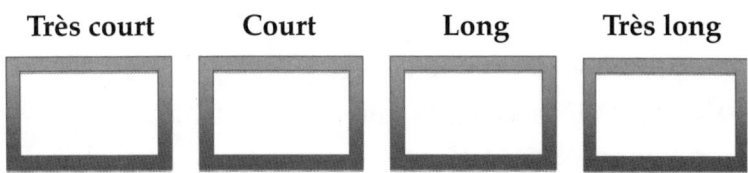

Très court	**Court**	**Long**	**Très long**

Chacune des activités suivantes est notée sur un petit carton. Il s'agit de la ranger dans une des boîtes ci-dessus :
– une pub à la télévision
– un grand voyage
– tirer la langue
– une séance chez le coiffeur
– repeindre une pièce
– une minuterie d'escalier
– un jour d'école
– appuyer sur une sonnette
– fermer la porte
– l'attente à un feu rouge
– une douche
– enfiler ses chaussures
– ouvrir la fenêtre
– se coiffer
– allumer l'ordinateur

– un tour de machine à laver la vaisselle

– un cours de mathématiques

– faire un gâteau

– faire les courses

– se laver les dents

– sauter de la troisième marche de l'escalier

– cligner des yeux

– monter en voiture et s'attacher

– un pique-nique avec des amis qui habitent loin

– un cours de gymnastique

– laver la voiture

– enlever la page d'éphéméride

– sauter en l'air

– un repas

– étudier une poésie

– un tour de trotteuse sur une horloge à aiguilles

Comparer des durées emboîtées

La grande majorité des exercices proposés par Piaget pour la construction du temps reposent à la fois sur du temps et de l'espace, mais il en est un qui repose exclusivement sur du temps : « les durées emboîtées ».

On fait apparaître deux personnages A et B (sur la table ou dans la pièce). Leurs déplacements vont, pour l'un et l'autre, varier de dix façons différentes. La question, toujours la même, sera la suivante :

Qui est resté présent le plus longtemps, A ou B ?

Ces comparaisons de durées ne réclament aucun langage, ce qui m'a permis d'expérimenter l'exercice avec des classes d'adolescents sourds. Le travail y a été d'autant plus amusant que les deux personnages étaient deux élèves choisis par eux. La classe comportant deux portes, les deux figurants entraient et sortaient, guidés par nous. Les autres devaient comparer les durées de présence, dans la classe, de leurs deux camarades.

Pour la clarté de l'exercice, une représentation spatiale accompagne chacune des dix manipulations.

1° Les deux personnages entrent en même temps et sortent en même temps.

Réponse : égalité des durées.   A ————————————

durée de A = durée de B   B ————————————

2° A et B entrent ensemble.

A sort le premier, suivi de B cinq ou six secondes plus tard.

    $d(B) > d(A)$ A ————————————

                                      B ——————————————

3° A entre le premier. Cinq secondes plus tard, c'est au tour de B. Ils restent un moment ensemble et sortent ensemble.

    $d(A) > d(B)$ A ————————————

                                        B   ————————

4° A entre, suivi de B. B sort, suivi de A.

    $d(A) > d(B)$ A ————————————————

                                        B   ————————

5° A et B entrent ensemble.

B s'absente un moment et revient.

Ils sortent ensemble.   _____

d (A) > d (B)   A _____   _____

                                           B

6° A et B entrent ensemble.

A doit s'absenter deux fois.

d (B) > d (A)   A _____   _____   _____

                                           B _____

7° A et B arrivent en même temps.

A sort le premier, suivi de B.

Ils reviennent ensemble et ressortent ensemble.

d (B) > d (A)   A _____   _____

                                           B _____   _____

8° A et B arrivent ensemble.

B sort, suivi de A. A revient le premier.

Ils sortent ensemble.

d (A) > d (B)   A _____   _____

                                           B _____   ____

9° A et B arrivent ensemble.

A s'absente un moment. Ils sortent et rentrent et ressortent ensemble.

d (B) > d (A)   A _____ _____   _____

                                           B _____   _____

Toutes ces durées sont emboîtées, les comparaisons sont sans ambiguïté. Seule la suivante pose problème :

10° A rentre suivi de B. A sort suivi de B

                              A _____

                              B   _____

Les deux durées n'étant pas emboîtées, comment les comparer ? Il y a deux façons de procéder :

– soit on compte régulièrement la présence de A jusqu'à l'arrivée de B, puis la présence de B lorsque celui-ci est seul (après le départ de A), et on compare les deux nombres ;

– soit il faut deux personnes qui comptent, à la même vitesse, les durées respectives de A et de B. On compare ensuite les deux nombres.

Des durées qui se voient

La graduation sur les bougies

L'objet le plus exploitable pour rendre visible des durées, c'est la bougie. Nous aurons l'occasion d'en parler dans «l'heure inoubliable», au chapitre suivant. J'ai beaucoup pratiqué en rééducation et conseillé dans les classes un procédé qui s'est avéré efficace. Je l'utilise pour les activités nécessitant une durée régulière – une séance d'orthophonie hebdomadaire, une leçon de lecture quotidienne en classe. Je plante côte à côte dans de la pâte à modeler deux bougies blanches standard. On allume, en grande pompe, une des bougies en début de séance. Sur l'horloge, on prévoit le temps de l'activité, en montrant l'endroit où sera l'aiguille bleue des minutes au terme de cette durée – on peut même mettre en marche un compte-minutes si l'on veut *mesurer* le temps. À la fin de ce temps préétabli, mon patient ou un élève va souffler la bougie et met sur celle qui n'a pas servi une marque indiquant la hauteur de cire consumée. Et on recommence à la séance suivante…

La ritualisation de cette activité crée une graduation du temps en séquences de trente ou quarante-cinq minutes, représentées en intervalles visibles sur la bougie «survivante». La marque, notée en fin de séance, indique en même temps le début de la séance suivante: l'intervalle entre les deux marques, c'est une durée.

Une bougie suffit à un enfant ou une classe pour comprendre un certain nombre de concepts:
– la durée, c'est-à-dire du temps non visible, devient de l'espace visible;
– la régularité: «à même temps, même espace», et inversement «même espace, même temps», pour des bougies de format identique (Piaget l'a montré: les enfants pensent que les instruments comme les horloges changent de vitesse suivant le sentiment qu'ils ont de la durée.);
– l'irréversibilité du temps: la bougie qui s'est consumée sous nos yeux ne reviendra pas;
– la bougie graduée est le symbole de celle qui a disparu. Le temps ne fait pas tout disparaître, la symbolisation permet de *se rappeler*, d'en parler *a posteriori*, de continuer à faire vivre ce qui a existé – d'où l'importance de la symbolisation. (La création de symboles sera essentielle pour «opérer», c'est-à-dire raisonner sur les symboles.)

Les sabliers

Comme vous allez le voir, la fabrication des sabliers permet une véritable étude des durées, chez les petits et les plus grands. Dans toutes les «fêtes du temps» lancées dans les écoles ou les clubs de loisirs, la création de sabliers a toujours été un atelier très enrichissant pour les enfants, et ce à deux niveaux, qui correspondent à deux stades d'évolution logico-mathématique.

Matériel par sablier :
– deux bouteilles d'eau vides identiques avec leur bouchon ;
– de la colle ;
– de la toile adhésive ;
– des matériaux divers : sable, sucre, sel, petites graines.

Les bouchons sont percés pour que le matériel fluide passe d'une bouteille à l'autre.

Pour les petits

Les enfants choisissent le matériau qu'ils vont utiliser. Ils remplissent à la hauteur de leur choix la première bouteille, qu'ils ferment avec les bouchons collés et percés. Ils fixent la seconde bouteille, goulot contre goulot, bouchon contre bouchon avec la toile adhésive.

Le sablier étant fabriqué, ils doivent définir eux-mêmes l'unité de mesure ainsi créée.

Le mien, il faut dire cinq fois « locomotive ».

Le mien, il faut sauter quatre fois sur un pied.

Moi, je claque dix fois de la langue pour que tout soit passé de l'autre côté.

Pour moi, j'ai juste le temps d'écrire mon prénom.

Pour les plus grands

Matériel supplémentaire :
– compte-minutes ;
– chronomètres ;

– horloges avec une trotteuse ;
– sabliers du commerce.

Le projet est de fabriquer des instruments mesurant des durées avec des unités de mesure légales (minutes et secondes).

Les enfants choisissent la durée : 30 secondes, 2 minutes, 5 minutes. Certains ont comme consigne, en se mettant à deux, de fabriquer des sabliers dont l'écoulement demande le même temps (2 minutes par exemple), mais avec des matériaux différents (l'un avec du sucre en poudre, l'autre avec du sable).

Les essais, les approximations font prendre conscience de la notion de vitesse, laquelle varie en fonction du diamètre du trou dans le bouchon, du matériau choisi et de la quantité utilisée. Réussir la consigne exige donc de concilier de nombreux paramètres. Il est passionnant d'observer les enfants au cours de ces essais : leur pensée déductive est en action et son observation nous renseigne bien sur leur capacité logique.

Lorsque chacun a fabriqué son sablier, de nombreuses questions peuvent être posées sur les comparaisons deux à deux, de plusieurs sabliers à la fois, simultanément ou successivement. Toutes les activités de comparaison sont possibles, même chez les petits.

Est-ce que tu crois que dire 5 fois « locomotive », c'est plus long que de claquer 10 fois de la langue ?

Toi, avec ton sablier, tu dois mettre 4 lentilles une à une dans la bouteille avec une pince à épiler, et toi, tu dois poser un haricot sur chacun des 5 boutons. Faites-le sans les sabliers pour voir. Et maintenant avec le sablier. Exécution, discussion…

Moi je veux que ma toupie tourne plus longtemps que mon sablier. À toi d'essayer…

Symboliser les durées

Papa doit partir pour 5 jours

Alexis, trois ans, suit les préparatifs de son père et commence à s'inquiéter :

– *C'est quand que tu pars, Papa ?*

– *Ce soir.*

– *C'est pour longtemps ?*

– *Pour 5 jours.*

– *C'est quoi 5 jours ?*

– *……..*

– *C'est beaucoup 5 jours ?*

– *C'est comme les doigts de ma main : 1, 2, 3, 4, 5, ça ne sera pas long.*

– *Je veux pas que tu pars.*

Visiblement, le comptage sur les doigts pour faire comprendre au petit ce que représente une durée n'est pas fait pour le rassurer. Quel lien y a-t-il entre les doigts, les jours et les nombres ?

Nous retrouvons là l'éternel problème de la représentation du temps : comment rendre visible une durée à un jeune enfant qui n'a conscience ni des jours, ni du nombre ?

Pour lui, à son âge, ce ne sont pas des durées auxquelles il peut se référer, mais des actions. Se mettre au lit, c'est une action/événement. Quand il dort, c'est une durée. Il connaît parfaitement les « dodos » :
– le « dodo » pyjama – la nuit ;
– le « dodo » habillé – la sieste.

Un moyen simple est de s'appuyer sur ces actions/ événements qui se renouvellent d'une manière cyclique et qu'il maîtrise bien, en y associant à chaque fois un symbole – ici une feuille.

Réunissons, à l'aide d'une grosse pince à dessin, le même nombre de feuilles que de « dodos » qui vont se succéder dans l'intervalle entre le départ et le retour du papa.

Cela constituera une sorte d'agenda que l'on accrochera à la tête du lit de l'enfant. En se levant, il aura pour tâche d'ôter une page sur laquelle il fera un dessin à offrir à Papa lors de son retour. Le paquet va diminuer, la dernière feuille marquant la date attendue. Quel que soit le moment pendant l'absence du papa, il peut consulter les feuilles du document à venir et celles qui sont détachées et dessinées, symbolisant le temps écoulé. (Ces feuilles détachées sont elles-mêmes reliées par une pince à linge.)

Je peux affirmer que ce « calendrier », doté d'un nombre fini de pages que l'enfant effeuille lui-même une à une, a tout pour le rassurer. Il tient en mains une durée marquée par des événements qu'il connaît. Il comprend qu'il s'agit d'un nombre défini et limité, qu'il peut évaluer d'après l'épaisseur du paquet, et qu'il maîtrise.

Une durée pour un accouchement

C'est au cours d'une expérience personnelle que m'est venue cette idée d'une liasse de feuilles liée au nombre de levers durant une absence.

Le terme de ma grossesse gémellaire approchait et mon fils aîné, âgé de trois ans à l'époque, était très angoissé à l'idée que j'allais m'absenter pour accoucher.

Il en exprimait les raisons. D'une part, il savait qu'il ne pourrait pas venir me voir pendant mon séjour à la maternité (ces services étaient interdits aux enfants) ; d'autre part, il vivait très mal le fait que j'allais disparaître d'un moment à l'autre, sans pouvoir prévoir quand cet événement allait se passer.

Il me questionnait inlassablement :

C'est quand la naissance des bébés ? Tu vas partir longtemps ?

Dans cette situation, le seul paramètre connu était la durée du séjour à la maternité. Cette durée était un nombre de jours, nombre que l'enfant ne maîtrisait pas encore. Étaient inconnues l'origine et la fin de cet intervalle.

Il était évident que le moyen pour le rassurer ne pouvait être verbal : il fallait rendre visible, et numérique, le seul paramètre connu, c'est-à-dire la durée de l'absence. Ceci en s'adaptant à son niveau de pensée.

Durant une semaine, sur un paquet de 14 feuilles allant d'un dimanche au dimanche suivant, nous avons, sans introduire de nombre (sans comptage, donc), ritualisé l'action d'arracher une page à chaque lever le matin et à la sieste. Cette expérience, qui avait pour but de le familiariser avec la gestion du temps, lui a beaucoup plu.

Aussitôt après, ensemble, nous avons créé cet album prévisionnel de doubles feuilles quotidiennes. Cette fabrication fut l'occasion de reprendre le cahier de vie que j'avais commencé pour lui dès avant sa naissance. À chaque feuille double prévue pour l'arrivée des bébés, je lui racontais comment il avait été lui-même le jour de sa naissance, puis à chaque feuillet ajouté, je lui parlais des premiers jours de sa vie, de ce que j'avais vécu, mon bonheur, les visites, les messages de félicitations. À chaque page accumulée, nous avons donc parallèlement raconté la véritable histoire de ses propres premiers jours et imaginé ce que seraient ceux des bébés à venir. De plus, comme à cette époque l'échographie n'existait pas encore, le mystère était complet et très excitant : garçons, filles ou les deux ?

Cet album fut accroché au-dessus de son lit à l'aide d'une pince à dessin, en attente du jour « J ». Sur ces feuilles, il savait qu'il aurait deux dessins à m'adresser chaque jour par l'intermédiaire de son papa.

Jouer à ordonner le temps : organiser sa pensée

Avant de démarrer ce chapitre, je tiens à dire que ce qui va y être décrit est le fruit d'un travail commun avec Francine Jaulin Mannoni*, avec laquelle j'ai beaucoup collaboré.

Dans le chapitre « La logique et le temps », nous avons abordé sur un plan théorique ce qu'est une sériation – laquelle, dans le domaine du temps, s'appelle une « succession ». Ici nous allons décrire, sous forme ludique, un exercice qui permet de naviguer au sein d'une succession : une reconstitution. Je vous renvoie à « La logique et le temps » pour bien vous remettre en mémoire les quatre principes d'une reconstitution.

Pour que l'enfant soit totalement partie prenante de l'exercice, nous élaborons ensemble une histoire, au cours de laquelle sept événements vont se succéder. Pourquoi sept et pas trois ou cinq ? Pour les raisons suivantes.

La série la plus simple est une succession de trois faits, mais ce nombre, qui convient à un niveau de deux ou trois ans, est insuffisant pour travailler efficacement. Cinq événements successifs forment déjà un dispositif intéressant, mais sept, c'est l'idéal pour que la pensée de l'acteur soit obligée de s'organiser : but premier de cette activité.

L'imagination offre une variété infinie de thèmes pour inventer une histoire au cours de laquelle sept événements vont se succéder (sans obligation chronologique entre eux) : une liste de courses, un voyage à travers différents pays, sept activités à réaliser dans une journée de vacances... Dans ce cas, un personnage unique (qui peut être l'enfant) vit les événements, dans un ordre de son choix. Mais on peut aussi inventer une histoire de laquelle l'enfant sera spectateur tandis que des personnages se succéderont les uns après les autres : les numéros d'un spectacle de cirque, une suite d'animaux se présentant à un portillon, les amis qui, à la queue leu leu, offrent leur cadeau d'anniversaire à l'enfant.

Au cours de l'histoire inventée avec Alban, différents types de documents / symboles seront créés, qui serviront de base pour la reconstitution proprement dite et les raisonnements sur les séries.

L'histoire au parc d'attractions

Alban me raconte qu'il va aller à la foire du Trône. Je profite de cette annonce pour lui demander : *Nous allons inventer une histoire où nous serions dans un parc d'attractions. Es-tu d'accord ?*

Alban est d'accord, bien sûr, son visage s'illumine.

On va partir avec ton sac à dos pour y mettre ce que l'on va gagner. Je vais faire le dessin de ton sac. C'est comme une photo qui te servira à raconter à tes parents. Il est vide pour le moment.

Je prends un papier bleu et dessine un sac à dos vide.

– *Quelle attraction veux-tu faire en premier ?*

– *Le jeu de fléchettes.*

– *Très bien. Je vais faire une photo de toi en train de lancer tes fléchettes.*

Sur un papier vert, je dessine une cible, avec Alban en action.

– *C'est ta photo au stand. Tu as gagné, bravo ! Quel cadeau vas-tu recevoir ?*

– *Un ballon.*

– *Oui, je le dessine.*

Sur un petit papier rose, je dessine un ballon : *On va le mettre dans ton sac à dos pour le rapporter à la maison.*

Je prends un papier bleu et dessine un sac à dos avec le ballon gagné. Nous avons alors trois papiers de couleurs différentes réalisés à l'aide de dessins sommaires.

– *À quel stand va-t-on maintenant ?*

– *Le grand huit.*

– *Tu n'as pas peur ? Moi j'ai très peur, je n'y vais pas.*

– *Même pas peur !*

Je dessine sur un papier vert un grand zigzag.

Je vais te prendre en photo dans la grande descente.

Je dessine un petit bonhomme sur le papier vert.

– *Qu'est-ce que tu vas gagner ?*

– *On ne gagne rien au grand huit !*

– Nous, dans notre histoire, on va recevoir partout un cadeau. C'est plus drôle. D'accord ?

– Bien sûr ! Je gagne un moulinet.

Sur un papier rose, je dessine un moulinet. On le met dans le sac à dos et, cette fois, je prends un papier bleu et demande à Alban :

– Que dois-je dessiner dans le sac à dos ?

– Un moulinet.

– C'est tout ce qu'il y a dans le sac ?

– Ah non, il y a aussi un ballon.

Je dessine le ballon et le moulinet.

– Où va-t-on maintenant ?

– Au manège.

– D'accord, je le dessine sur un papier vert pendant que le manège fait son tour. Tu attrapes le pompon surtout !

Le pompon est gagné. Je le dessine sur un papier rose et le met dans le sac à dos.

– Dis-moi ce qu'il y a dans le sac à dos maintenant, que je puisse tout dessiner sur le papier bleu.

– Un ballon, un moulinet, un pompon.

La fête continue.

– Veux-tu essayer le tir à l'arc ?

– Je n'ai jamais essayé. Pourquoi pas ?

Il gagne un insigne de la Compagnie des archers. Je dessine les trois papiers : le vert avec Alban et son arc, le rose avec l'insigne et le bleu avec le sac à dos où s'accumulent le ballon, le moulinet, le pompon et l'insigne.

– Je veux aller aux autos tamponneuses.

– *Que pourrais-tu gagner en sortant ?*

– *Un drapeau par exemple.*

– *D'accord !*

Le drapeau s'ajoute aux quatre objets qui y sont déjà.

– *Sais-tu ce que c'est qu'une centrifugeuse ?*

– *Non…*

– *C'est un cylindre qui tourne à toute allure avec un plancher qui monte et, en descendant, il laisse les gens collés au mur comme des mouches sur un carreau ! Ce n'est peut-être pas permis à ton âge, mais on invente une histoire. On imagine ce qu'on veut. Que veux-tu gagner ?*

– *Je gagne une toupie.*

Bonne occasion pour trois nouvelles photos, une d'Alban dans la centrifugeuse, une de la toupie seule et une de la toupie qui rejoint son butin dans le sac dont il faut dessiner tout le contenu : ballon, moulinet, pompon, insigne, drapeau et toupie. Le nombre de documents augmente et Alban commence à se passionner pour son histoire.

– *Et pour finir, que veux-tu faire ?*

– *La pêche à la ligne.*

– *Quel cadeau as-tu gagné ?*

– *Un canard.*

Dessinons Alban, le pêcheur, en action sur le papier vert, le canard qu'il a gagné sur le papier rose, et le sac à dos plein à craquer sur le papier bleu, avec le canard qui passe la tête hors du sac. Ces trois derniers dessins clôturent les documents de notre histoire.

En rentrant à la maison, nous faisons la liste, dans l'ordre, des événements, associés aux cadeaux reçus.

– le jeu de fléchettes	ballon
– le grand huit	moulinet
– le manège	pompon
– le tir à l'arc	insigne
– les autos tamponneuses	toupie
– la centrifugeuse	drapeau
– la pêche à la ligne	canard

C'est ce que nous appelons le « référentiel ».

Nous avons en main ce que nous appelons « les structures du réel ». Réel : ce terme est très différent de la réalité. Nous ne sommes pas allés *réellement* dans ce parc. Ce que nous venons de faire pendant cette demi-heure n'est pas la réalité, puisque nous n'avons pas quitté nos chaises. Mais dès l'instant où nous avons inventé l'histoire, point par point, et surtout que nous en avons fait des dessins, cela devient « notre réel », aucune ambiguïté n'est à déplorer. C'est essentiel pour exécuter un travail de logique, et mettre l'enfant en situation de raisonner sans équivoque.

Nous voilà à la tête d'une liste et de trois séries d'images. Une première série montre Alban en action dans les différents stands. Chaque image a été prise « sur le vif » et symbolise le début d'un état (celui de posséder un cadeau). Une deuxième série montre chacun des objets gagnés. La troisième série d'images est celle du sac à dos : tous les événements successifs y ont créé ce que nous appelons la « mémoire » de l'histoire. Les trois séries ont un rôle à jouer dans la reconstitution que nous allons effectuer – le référentiel étant le garant de l'ordre vécu.

La reconstitution

Comme pour tout ce qui concerne le temps, « ce qui est fait est fait », la succession a eu lieu, elle est irréversible. D'autres concepts logico-mathématiques comme le sens du nombre, de l'espace, de la mesure reposeront sur la réversibilité, mais pas le temps, c'est sa particularité. Nous avons constitué trois séries de symboles qui vont nous permettre de « procéder à la reconstitution » (selon l'expression adoptée dans les événements à caractère dramatique). Il faut savoir qu'à aucun moment dans cette procédure nous ne pouvons faire appel à la mémoire de l'enfant, encore moins lui suggérer ce qu'il devrait faire (il est tellement tentant, pour nous parents, enseignant ou pédagogue, de souffler à l'enfant la démarche qu'il doit adopter – « Tu n'as qu'à… »). Toute interrogation va faire appel à un raisonnement. C'est à travers l'utilisation de ses documents que son intelligence va s'exercer.

En rééducation, certains enfants ont beaucoup de mal à comprendre l'utilisation des documents, en l'occurrence l'utilisation de ces trois séries de papiers.

Mélangeons-les. Un premier tri par couleur donne :
– sept papiers verts mobiles, qui indiquent les 7 stands, mais ne renseignent ni sur leur place dans l'ordre de la succession, ni sur ce qu'ils offrent en cadeau ;
– sept papiers roses mobiles, qui indiquent les « cadeaux reçus », mais ne fournissent aucun renseignement d'ordre chronologique ;
– sept papiers bleus, qui montrent l'accumulation progressive des cadeaux et fournissent donc des indications

chronologiques sur le passage d'un événement au suivant (en comparant les papiers deux à deux).

Tu vas raconter à tes parents notre après-midi au parc d'attractions avec toutes les photos que nous avons prises.

C'est à cet instant que nous pouvons voir, d'après sa manière de procéder, le niveau logico-mathématique de l'enfant qui est en face de nous. Certains comprennent très vite que les photos du sac à dos montrent, sans ambiguïté aucune, la succession des différents événements par l'ajout régulier d'un objet. Entre deux papiers bleus, ils disposent l'activité qui a modifié le contenu et y accolent le cadeau qui a été offert à la sortie du stand. Ils racontent alors dans un ordre rigoureux l'alternance des actions qui entraînent des cadeaux, qui eux-mêmes modifient le contenu du sac. On voit d'une manière spectaculaire l'enchaînement des causes et des effets qu'elles entraînent, véritable raisonnement déductif prouvant une pensée structurée. À l'opposé, d'autres sont noyés dans la multitude de papiers, incapables de parcourir la suite des événements et d'ordonner tous ces dessins à travers un récit. Très fréquemment, ils empilent les dessins, se privant ainsi de la vue globale de l'histoire et des déductions dont ils pourraient tirer profit. Pour ceux-là, je mélange à nouveau tous les papiers, les étale et je raconte à nouveau le récit. Lorsque je m'arrête sur un mot, il s'agit de trouver le papier correspondant.

Nous sommes partis au parc d'attractions avec un sac à dos vide. Stop… Nous avons lancé des fléchettes au stand qui avait une cible. Stop… et nous avons gagné un ballon. Stop…

Nous allons jusqu'au bout du récit, créant un algorithme de couleurs vert, rose et bleu, correspondant à « je fais », « je reçois », « j'ai l'état des lieux en une photo ».

Les raisonnements sur les séries

Avec ces trois séries de papiers, les activités de raisonnement sont infinies. Plutôt que les décrire toutes (ce qui serait une gageure), attachons-nous à les classer selon plusieurs rubriques.

Variations des dispositions spatiales :

– Remettre dans l'ordre gauche/droite.
– Remettre dans l'ordre haut/bas.
– Empiler dans la main en commençant par le premier stand et mettre les autres cartes dans l'ordre au-dessous.
– Empiler en posant sur la table (il faut commencer par la fin).
– Parcourir la série empilée comme les pages d'un livre.

La succession comme un livre que l'on feuillette :

Les trois couleurs ordonnées en alternance constituent un livre. L'enfant tourne les pages. On l'arrête lorsqu'il a sous les yeux le tir à l'arc.

Sans toucher au livre, on peut lui poser quelques questions :
Où trouve-t-on le drapeau ?
Si je tourne trois pages dans ce sens, qu'est-ce que j'aurai sous les yeux ? Et si je tourne dans l'autre sens ?

Je veux trouver les autos tamponneuses, dans quel paquet je dois aller chercher ? Que dois-je faire ?

Modifications à l'intérieur d'une série :

Cet exercice peut être réalisé avec n'importe quelle couleur de carte. Chaque modification est faite à l'insu de l'enfant.

– On enlève une carte de la suite et on resserre les autres. On donne cette carte à l'enfant, qui doit la remettre à sa place.

– On permute deux cartes. Il faut remettre en ordre en ne touchant qu'aux cartes concernées.

– On enlève une carte, on effectue une translation de deux autres et l'on remet celle enlevée là où il y a un espace vide. Remettre en ordre en déplaçant le moins de cartes possible.

– On enlève une carte que l'on dissimule ; l'enfant doit trouver le contenu de cette carte.

Regroupement en parallèle de deux couleurs :

– Les roses et les bleus (sans le référentiel).

– Les roses et les verts (avec le référentiel).

– Les verts et les bleus (avec le référentiel).

Suites en associant deux couleurs par alternance :

– Les stands et leur cadeau.

– Les stands et le sac à dos.

– Les cadeaux et le sac à dos.

J'ai trouvé ce sac à dos…

Dedans, il y avait un ballon, un moulinet et un pompon.

De quel stand sortait le propriétaire du sac à dos ?

Où était-il déjà passé ?

Travail avec des « si » :

Si, en sortant du manège, j'avais vu un film en 3D et que j'aie gardé la paire de lunettes, qu'est-ce qui aurait été modifié dans la succession des sacs à dos ?

Si, dans le sac à dos de ton ami, j'avais trouvé un ballon, une paire de lunettes et un moulinet, qu'est-ce qui aurait bien pu se passer ?

Chaque question posée demande réflexion, déduction, report au référentiel, allers et retours d'une collection à l'autre, organisation sur ce qui précède et ce qui suit, prise d'indices, rigueur dans l'ordonnancement. En un mot : de « raisonner ».

---

* Avec Francine Jaulin Mannoni, je suis co-fondatrice du GEPALM (Groupe d'Études sur la Psychopathologie des Activités Logico-Mathématiques), créé en 1973. Il organise des formations sur l'étude du développement des structures de pensée (logiques, mathématiques et cognitives), par lequel tout enfant passe.

Le temps du dictionnaire

Il est une activité fondamentale que les enfants étudient en primaire et qui pose de réels problèmes d'apprentissage, c'est l'usage du dictionnaire. Cet exercice comporte deux volets : savoir y chercher n'importe quel mot et être capable d'ordonner une série de mots par ordre alphabétique. Les deux volets relèvent des mêmes structures logico-mathématiques.

On pourrait s'étonner de voir traiter une telle activité dans un livre sur le temps. Or, une partie des raisonnements qui régissent le déroulement de cette activité reposent sur la sériation. Comme nous l'avons analysé dans la première partie de cet ouvrage, la sériation est une structure logico-mathématique essentiellement temporelle. Dans le cas du dictionnaire, elle n'est certes pas la seule en jeu, mais elle y joue un rôle très important.

Cette activité est étudiée en général en CE1, mais on rencontre bien des enfants en secondaire peinant encore dans son utilisation. Il est fondamental de nous poser des questions sur les raisons de ces difficultés. Le seul moyen d'en comprendre les causes est de procéder à l'analyse des raisonnements nécessaires à son bon déroulement.

Faisons d'abord l'«état des lieux» de ce qui se passe dans la tête d'un enfant quand nous lui demandons de trouver un mot dans le dictionnaire. Observons-le attentivement.

Deux comportements sont discernables.

Dans le premier cas, l'enfant adopte quelques gestes, chacun de ceux-ci guidé par des déductions sans ambiguïté. Il trouve le mot avec plus ou moins de rapidité. Il maîtrise les «outils» logiques de la tâche. C'est l'enchaînement de ses déductions qui nous intéresse ici.

Son comportement nous indique plusieurs choses. Tout d'abord, il connaît son alphabet par cœur. De plus, il peut situer n'importe quelle lettre par rapport à une autre. S'il cherche un mot commençant par «F» et qu'il tombe sur la page «J», il se dirigera vers la partie gauche du dictionnaire parce que «F» est avant «J». Enfin, il est capable de regarder successivement la première, puis la deuxième, puis la troisième lettre, tout en gardant à l'esprit celles qui la précèdent. Lorsqu'il cherche le mot «particule» et qu'il a déjà «part», son regard se centre sur la cinquième lettre. Celle-ci étant par exemple «e», il sait comparer la place du «e» qu'il voit au «i» qu'il cherche et son geste se dirigera vers la droite du livre.

Dans le second cas, on voit l'enfant feuilleter d'une manière aléatoire et désordonnée, en observant le haut des pages, attendant qu'apparaissent, par magie, les premières lettres du mot recherché.

De deux choses l'une : soit l'enfant échoue dans cette activité par méconnaissance de l'alphabet, soit il ne possède pas les structures mentales nécessaires pour aboutir. Afin d'éliminer la première hypothèse, il suffit de lui proposer deux représentations linéaires de l'alphabet, l'une verticale, l'autre horizontale. S'il continue à feuilleter désespérément le dictionnaire, nous savons que la seconde hypothèse est la bonne : il ne possède pas la technique pour réaliser cette activité. Aussi je vous propose d'analyser l'enchaînement des opérations mentales en jeu chez l'enfant qui « fonctionne » bien. Ces structures étant décryptées, nous développerons deux moyens pour aider les enfants en difficulté à réussir ces enchaînements.

Pensée logique et ordre alphabétique

Matériel nécessaire :

– deux bandes linéaires de l'alphabet, l'une verticale, l'autre horizontale ;

– une trentaine de petits papiers comportant chacun un mot. Le but est de les ordonner en analysant tout ce qui se déroule dans la tête du « chercheur » – quelles opérations mentales entrent en jeu dans l'activité et dans quel ordre ?

Les papiers étant présentés en vrac, que se passe-t-il successivement chez celui qui maîtrise la tâche ?

– Le regard se porte *sur la gauche* de chacun des petits papiers pour repérer uniquement la première lettre des mots. « Regarder à gauche » est une « relation d'ordre » spatiale, qui repose sur le sens (de gauche à droite dans notre écriture).

– On assemble alors les mots qui ont la même première lettre. «Réaliser des regroupements» est une activité de classification permettant de constituer des tas et reposant sur une «relation d'équivalence». Le groupe verbal maître d'œuvre de ce travail est le suivant : «a la même première lettre dans le mot».

– On «ordonne suivant l'ordre alphabétique» les tas constitués. C'est une autre relation d'ordre, conventionnelle cette fois, qui nous vient des Phéniciens. À l'aide de la bande de papier horizontale «A B C D...», les tas sont ordonnés spatialement de gauche à droite suivant chacune de ces premières lettres.

– On «choisit le tas des mots débutant par A», laissant de côté tous les autres groupes sériés. Par exemple, nous avons sous les yeux :

| Aboutir | Actualité | Abréger | Action | Actionnaire |

On revient ainsi à la première relation, d'ordre spatial, mais cette fois les yeux se fixent sur la deuxième lettre de chaque papier.

– Intervient ensuite le regroupement, par la relation d'équivalence, des mots qui ont «la même deuxième lettre». Cela nous permet de constituer des paquets ; dans ce cas précis, nous en créons deux :

les Ac et les Ab

La suite, comme lors de la troisième étape, consiste à ordonner les paquets ainsi organisés, selon la relation d'ordre alphabétique.

| Ab | se situe avant | Ac | .

Ainsi se succèdent, toujours selon la même alternance, d'abord une relation d'ordre gauche/droite pour la deuxième lettre du mot, puis une relation d'équivalence qui consiste à réunir les mots qui ont la même lettre suivant leur place, enfin une relation d'ordre d'après l'alphabet.

On s'intéresse ensuite à la troisième lettre, à la quatrième...Tous les mots commençant par «A» sont ainsi rangés verticalement.

Nous en avons fini avec cette lettre. Il s'agit maintenant de reprendre rigoureusement la procédure précédente, pour la lettre B. Or B est ici première pour la position, mais deuxième pour l'ordre dans l'alphabet : voilà qui provoque un conflit visible chez les «chercheurs de mots»...

La suite de la démarche sera toujours la même et le conflit se retrouvera à chaque fois : C sera première lettre pour la position, mais troisième lettre de l'alphabet, etc.

Nous allons maintenant décrire deux exercices d'apprentissage pour entraîner l'enfant à ces opérations mentales. Parler d'apprentissage est une réalité. Nous les avons appliqués avec succès dans les classes ordinaires en CE1 et au-delà dans la scolarité, dans les sections d'enfants en difficulté intellectuelle ou dans les groupes de lutte contre l'illettrisme.

Le « mot à la fenêtre »

<u>Matériel :</u>
– 5 longues bandes sur lesquelles l'alphabet est inscrit verticalement. Elles sont placées côte à côte ;

– une bande de carton au centre de laquelle une fenêtre horizontale est découpée. Cette ouverture laisse apparaître une seule lettre des bandes alphabétiques.

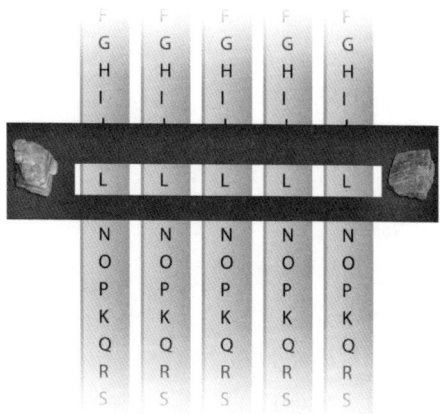

Chaque enfant a son dispositif ainsi placé devant lui sur la table. La fenêtre doit rester fixe (on peut, si besoin est, poser deux objets lourds sur les côtés du carton) ; les bandes alphabétiques doivent être mobiles.

Tout geste doit être anticipé, raisonné, évalué spatialement. Il n'est exécuté qu'après une série de questions, toujours les mêmes.

J'écris au tableau, par exemple, le mot

> DUCHESSE

Le but est de faire apparaître dans la fenêtre, une à une, les cinq premières lettres de ce mot en déplaçant successivement les cinq bandes.

Je souligne au tableau la première lettre du mot.

> D̲UCHESSE

Question 1
– *Quelle lettre voyez-vous à la première place de votre fenêtre ?*
– *Le L.*

Question 2

– *Quelle lettre cherchez-vous ?*

– *Le D.*

Question 3

– *La première bande, vous allez devoir la tirer vers vous ou la pousser ?*

– *La tirer vers nous.*

Question 4

– *De beaucoup ou pas beaucoup ?*

– *Beaucoup.*

– *Vous regardez bien votre bande pour voir où est le D.*

Jusqu'à ce moment, personne n'a agi.

– *Lorsque je frapperai des mains, vous allez faire apparaître le D en tirant sur la bande.*

Je claque des mains. Chacun agit d'un geste précis et attend la suite des opérations.

Je souligne alors la deuxième lettre du mot.

| DUCHESSE |

Je renouvelle le questionnement.

Question 1

– *Quelle lettre voyez-vous à la deuxième place de votre fenêtre ?*

– *Le L.*

Question 2

– *Quelle lettre cherchez-vous ?*

– *Le U.*

Question 3

– *La deuxième bande, vous allez devoir la tirer vers vous ou la pousser ?*

– La pousser vers le haut.

Question 4

– De beaucoup ou pas beaucoup ?

– Beaucoup.

– Vous regardez bien votre bande pour voir où est le U.

Jusqu'à ce moment, encore une fois, personne n'a agi.

– Lorsque je frapperai des mains, vous allez faire apparaître le U en poussant la bande.

Je claque des mains. Chacun agit et attend comme précédemment la suite des opérations.

L'enchaînement répétitif se poursuit jusqu'à ce que les cinq premières lettres du mot DUCHE soient apparentes.

C'est tout à fait volontairement que nous avons choisi un mot de huit lettres alors que la fenêtre n'en comporte que cinq : lorsque les cinq premières lettres du mot sont obtenues, le geste à effectuer n'est plus de tourner les pages, mais d'en parcourir les colonnes des yeux.

Cette manière de guider l'activité doit être très directive. Elle apprend à l'enfant, avant toute activité, à se poser, dans l'ordre, trois questions, lesquelles entraînent trois raisonnements qui s'appuient sur ce qu'il voit :

1° ne regarder, dans un ensemble de lettres d'un mot, qu'une seule lettre à la fois, suivant sa place ;

2° juger, suivant la page ouverte du dictionnaire, si la lettre recherchée précède ou suit la position actuelle ;

3° évaluer proportionnellement dans l'alphabet la distance qui sépare ce qu'il a sous les yeux de ce qu'il cherche.

Dans une classe, cette progression plaît beaucoup et met fin à une recherche non raisonnée. Sans cette procédure logique en trois étapes, l'attitude des chercheurs de mots me fait toujours penser aux papillons voletant vainement le long d'une vitre pour recouvrer la liberté !

Le jeu « forcer la chance »

<u>Matériel</u> :
– un dictionnaire pour chacun ;
– une bande alphabétique horizontale.

Chaque enfant maintient des deux mains son dictionnaire en équilibre sur le dos : la main gauche sur la première de couverture, la main droite sur la quatrième de couverture.

La bande alphabétique est placée au pied du dictionnaire.

– Qui va trouver la lettreeeeeee M ! ?

Les enfants regardent alors la place du M dans la bande alphabétique horizontale. Ils doivent, en fonction de son positionnement dans l'alphabet, évaluer l'emplacement approximatif des mots en M dans le dictionnaire.

Ils préparent leurs deux pouces sur la tranche dite « de gouttière ».

– Lorsque je frapperai des mains, vous ouvrirez grand le dictionnaire ; un seul essai est permis. Attention… TOP !

– Quels sont ceux qui ont gagné ?

– Une autre lettreeeeeeee… Z puis B…

On cherche des lettres de plus en plus vite et on compte ses points gagnants.

La recherche d'un mot dans le dictionnaire

Matériel :

un dictionnaire pour chacun ;

– des signets de couleur : 2 bleus, 2 rouges, 2 verts ;

– une bande alphabétique horizontale.

Le travail est aussi directif que dans l'exercice du « mot à la fenêtre ». Chaque action n'est exécutée qu'à la condition d'être anticipée très précisément.

On reprend le mot écrit au tableau :

<u>D</u>UCHESSE

Comme dans l'exercice précédent, je souligne la première lettre, le D. Chacun évalue l'emplacement approximatif des mots en D dans le dictionnaire.

La bande alphabétique est toujours placée au pied du dictionnaire.

– *Vous ouvrirez le dictionnaire quand je dirai « TOP ». Top !*

Chacun ayant ouvert sa page, plus personne n'a le droit de bouger. Il y a ceux qui sont tombés sur la lettre D, ils attendent. Celui qui, par exemple, est tombé sur la lettre « C », doit, comme précédemment, adopter la démarche rigoureuse suivante :

– *Tu es tombé sur quelle lettre ?*

– *Le « C ».*

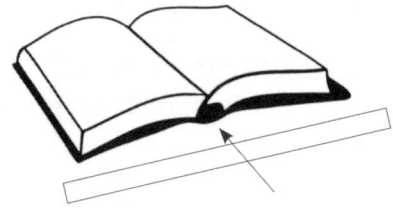

– Tu cherches quelle lettre ?

– Le « D ».

– Tu mets le « C » de la bande horizontale sous le creux du livre entre les deux pages.

– Sur la bande, le « D » se trouve de ce côté (la gauche) ou de ce côté (la droite) ?

– De ce côté (à droite).

– Beaucoup ou pas beaucoup ?

– Pas beaucoup.

– Tu évalues. Tu le fais.

Il tombe sur « F ».

Même questionnement :

– Tu es tombé sur quelle lettre ?

– Le « F ».

– Tu mets le « F » de la bande horizontale sous le creux du livre entre les deux pages.

– Tu cherches quelle lettre ?

– Le « D ».

– Sur la bande, le « D » se trouve de ce côté (la gauche) ou de ce côté (la droite) ?

– De ce côté (à gauche).

– Beaucoup ou pas beaucoup ?

– Un tout petit peu, moins que tout à l'heure.

– Tu évalues. Tu le fais.

Il trouve « D ».

À ce moment, toute la classe cherche, en haut des pages, à gauche, la première et la dernière page du dictionnaire « D ». Les enfants placent un signet rouge au début et à la fin du paquet. On a donc maintenant entre les deux mains le dictionnaire qui a pour première lettre « D » et dans lequel le mot DUCHESSE se trouve inévitablement.

Je souligne la deuxième lettre du mot:

DUCHESSE

Dans ce petit dictionnaire « D », il va maintenant falloir évaluer l'emplacement approximatif de cette deuxième lettre U.

– *Quelle est la deuxième lettre ?*

– *Le « U ».*

– *Sur la bande alphabétique, le « U » se trouve plutôt de ce côté (la gauche) ou de ce côté (la droite) ?*

– *Vous préparez la page.*

– *Au « top », vous ouvrez.*

Soit la page ouverte est sur « DU » – les enfants attendent alors –, soit ils trouvent « DO » : même dialogue, en mettant cette fois le « O » de la bande au centre du dictionnaire :

– *Tu es tombé sur quelle lettre ?*

– *Tu cherches quelle lettre ?*

– *Sur la bande, le « U » se trouve de ce côté (la gauche) ou de ce côté (la droite) ?*

– *Beaucoup ou pas beaucoup ?*

En feuilletant, comme précédemment, on constitue le dictionnaire « DU », en mettant deux signets bleus au début et à la fin du paquet de pages. Le mot « DUCHESSE » se situe à l'intérieur de cet encadrement.

Cette technique rigoureuse, qui conduit à un encadrement de plus en plus serré, aide les enfants à s'organiser dans leur recherche. Il est toutefois recommandé de renouveler quotidiennement l'exercice, car nous avons pu constater combien d'élèves avaient tendance à reprendre leur technique inefficace de tâtonnement aléatoire plutôt que de rentrer une fois pour toutes dans la rigueur rationnelle de cette technique.

Il est alors intéressant de travailler l'exercice décrit précédemment dans « Pensée logique et ordre alphabétique ». Celui-ci doit être réalisé d'une manière autonome. Il suffit d'observer les enfants pour décrypter ceux qui ont assimilé la technique du dictionnaire ; on repère aussi facilement ceux qui peinent encore et qui ont encore besoin d'être accompagnés par guidage. L'un ou l'autre des trois exercices décrits précédemment sont alors à renouveler.

De toute manière, tout au long du primaire, ces exercices sont à refaire en début de chaque année scolaire. Je recommande d'ailleurs de faire des concours de vitesse en CM1 et CM2.

Par exemple :

– *Qui va trouver le premier la définition de « GRATICULER » ?*

Je souhaite que le lecteur, s'il ne connaît pas ce mot, coure à son *Petit Robert* ou à son *Larousse* pour en trouver la définition. À moins qu'à l'instar du « jeu du dictionnaire », il en donne une définition plausible pour la comparer ensuite avec la vraie définition…

Le jeu du dictionnaire

Jeu à réaliser à la fin d'un repas familial.

Le meneur a un dictionnaire et tous les participants une feuille de papier et un crayon. Il donne un mot dont personne ne connaît le sens. Chacun écrit une définition la plus proche possible du style dictionnaire – commençant par v. (pour verbe), nm. (pour nom masculin), etc. – puis une étymologie complètement imaginaire, suivie d'une explication inventée de ce que ce mot pourrait vouloir dire. L'ajout de citations totalement fictives n'en donne que plus de véracité et de piquant ! L'animateur, lui, copie la définition du dictionnaire.

Tous les papiers sont alors mélangés au centre de la table. Le meneur du jeu lit les définitions, dont la sienne, les unes après les autres. L'assemblée vote ensuite pour celle qui semble la plus plausible. Succès assuré !

Pour les enfants qui, avec les nouveaux programmes, ont des mots à apprendre par cœur avec leur définition, ce jeu les entraîne à fréquenter ce livre, trésor de leur langue. Cela leur permet de découvrir que la définition d'un verbe débute par un verbe, celle d'un nom par un nom, et de chercher de quelle manière sont présentés les adjectifs, les adverbes, les prépositions…

L'alphabet

Petit rappel : toute succession repose sur de la temporalité. Apprendre par cœur, dans l'ordre, la suite des 26 lettres est une activité liée au temps.

Pour être efficace, il nous faut instaurer des procédures selon deux intentions. La première est de trouver des moyens qui vont aider les enfants à retenir cette succession, cela repose sur la mémoire. La seconde est de les aider à «opérer» à l'intérieur de l'alphabet, ce qui relève du raisonnement sur la temporalité.

Il va falloir être capable, en se situant à n'importe quelle lettre dans la suite alphabétique, d'en repérer une autre, soit avant, soit après, tout en évaluant une distance approximative entre les deux. «Avant»/«après» sont bien les signes d'un travail sur le temps, qui se fera par la «reconstitution» telle que nous l'avons analysée au premier chapitre.

Matériel:

Fabriquer 26 cartons plastifiés pour les 26 lettres de l'alphabet.

Dans une école, si possible dans un coin d'une cour de récréation goudronnée, il est conseillé de tracer (avec une peinture résistante) 26 cases, soit en ligne droite, soit en forme d'escargot. Chaque case pourra contenir une lettre / carton.

Les exercices

Lorsqu'il s'agit de mémoire, il nous faut créer un accompagnement à la fois visuel, moteur et verbal (et rythmé), pour éviter la lassitude de la répétition. Ainsi l'aide sera bénéfique aussi bien pour ceux qui fonctionnent d'une manière visuelle que pour ceux qui retiennent préférentiellement d'une manière auditive.

Voici une série de jeux qui, s'ils sont pratiqués régulièrement, depuis le CE1 jusqu'au CM2, vont faire progresser des classes entières.

1° Disposer une lettre/carton sur chaque case de la route en énonçant l'alphabet dans l'ordre.

2° Un enfant parcourt toute la suite en marchant sur les lettres, accompagné de la récitation dans l'ordre de tout le groupe.

3° Un élève saute à pieds joints d'un carton à l'autre et tous les enfants récitent l'alphabet en l'accompagnant.

4° Retourner quelques cartons. Les enfants doivent nommer les lettres non visibles dans l'oreille d'un copain.

5° Les cartons étant bien placés dans l'ordre, un enfant permute le H et le M, par exemple, pendant que les autres tournent le dos. C'est à celui qui va trouver l'erreur le plus vite et remettre les lettres en place.

6° Les cartons étant retournés, un enfant avance sur la suite. On l'arrête à un moment donné. Il doit dire la lettre sur laquelle il se trouve, ainsi que la suivante et la précédente.

7° Tous les enfants reçoivent un carton/lettre. Chacun doit aller à la place exacte que le hasard lui a attribuée.

8° Tous les cartons sont distribués. Les enfants doivent se mettre par couple en partant du début. A avec B, C avec D, E avec F…

9° Chaque enfant a une lettre accrochée dans le dos avec une pince à linge. Il doit trouver cette lettre en questionnant à chaque fois un enfant différent. Le type de question est exclusivement du type:

Est-ce que ma lettre est avant… ?

Est-ce que ma lettre est après… ?

Les réponses ne peuvent être que « *oui* » ou « *non* ».

10° On bande les yeux d'un élève. On le guide sur un carton en lui indiquant sur quelle lettre il se situe. Il doit donner le nom de celle qui précède et celui de celle qui suit. On complique en lui demandant de nommer la lettre qui se situe « *3 places après* » ou « *3 places avant* ».

11° Tous les cartons étant placés, réciter l'alphabet en partant de Z tout en marchant à reculons.

Même chose en retournant quelques cartons, puis en les retournant tous.

12° En classe cette fois : chacun a sa bande alphabétique horizontale devant les yeux. L'enseignant fixe une lettre, « M » par exemple. Les enfants situent le « M » devant eux. Il leur est énoncé une série de lettres – « H » par exemple : les enfants doivent taper sur la table de la main gauche, « H » étant avant « M ». Puis ils entendent « U » : ils tapent de la main droite, la lettre se situant après. L'enseignant énonce les lettres de plus en plus vite. C'est le beau chahut !

13° Dès qu'un enfant se sent capable, il enlève sa bande, puis, plus fort encore, il ferme les yeux. Même pas difficile !

14° Apprendre à chanter « l'alphabet scout » – on trouve sur Internet les paroles, l'air et la partition à deux voix :

« Un jour, la troupe campa a, a, a,

« La pluie s'mit à tomber b, b, b »… »

La chanson offre l'avantage de fragmenter la suite des 26 lettres en groupes de 4 – « a, b, c, d » ; « e, f, g, h » ; « i, j, k, l »… Ce regroupement en sections permet de mieux repérer une lettre dans le sous-groupe de quatre et, partant, dans la totalité.

Chacun de ces exercices permet de contrôler les réponses d'une classe entière puisque, dans tous les cas, il y a geste. L'enseignant repère ainsi instantanément ceux qui sont à l'aise, ceux qui s'améliorent à force de travailler ces jeux structurants et ceux qui peinent. À ceux-là, il faut laisser la bande référence sous les yeux pour les guider le temps nécessaire.

Les conjugaisons

La concordance des temps apparaît très tôt dans le langage courant et les petits l'emploient à bon escient d'une manière totalement adaptée aux situations :

Le garçon, il a mangé le gâteau.

C'est quand qu'on partira ?

À l'école, c'est à partir du CE1 que les enfants se familiarisent, en français, avec « les conjugaisons ».

Dans les livres, les conjugaisons sont présentées sous un aspect spatial : elles « s'écrivent », se « lisent », se « disent » d'une manière formelle et figée. Par exemple avec le verbe « chanter », il s'agit d'apprendre et de retenir la succession : « Je chante, tu chantes, il ou elle chante » – respectivement appelées « première », « deuxième » et « troisième personne du singulier » –, puis « nous chantons, vous chantez, ils ou elles chantent » dénommées « première », « deuxième » et « troisième personne du pluriel ».

Or, il suffit de voir un enfant en classe ou un adulte dans la lutte contre l'illettrisme en train de travailler le domaine des conjugaisons pour constater combien ce choix de présentation n'a aucun sens réel et suscite les interrogations suivantes :

– Pourquoi parle-t-on avec l'article défini de « la » première personne, de « la » deuxième personne... ? En plus, lorsqu'il s'agit de « la première personne du pluriel », « la » singulier s'accommode mal d'être accolée au mot « pluriel » !

– Qui sont donc toutes ces personnes ? Pourquoi sont-elles situées dans une suite ordonnée ? S'agit-il de trois personnes différentes ou chacune a-t-elle un rôle précis à jouer ?

J'ai souvent questionné à ce propos élèves et apprenants, mais aussi enseignants et formateurs, sans avoir jamais pu obtenir de réponse claire.

Je vous propose de transformer ce côté statique en un aspect temporel vécu, avec de vraies personnes qui agissent et qui parlent de ce qu'elles font : les conjugaisons, mises en scène ! En situation, leur rôle deviendra clair et prendra du sens.

Il faut logiquement d'abord savoir qui parle et à qui : bien identifier les *personnes*. On pourra alors sereinement déterminer si l'action décrite dans la scène est liée au présent, au passé ou au futur.

L'organisation de cette activité est facilitée dans une classe ou un groupe de travail, dans la mesure où nous n'avons que l'embarras du choix pour les metteurs en scène, les comédiens potentiels et les spectateurs.

Trois rôles sont nécessaires pour le spectacle. Il s'agit d'un « acteur », d'un « locuteur » et d'un « auditeur », qui entreront en jeu successivement.

– L'acteur, c'est celui qui va agir tout au long de la pièce et qui, dans l'action, sera l'invariant. Il va mimer le verbe. À défaut de scène, il pourra monter sur une chaise pour être vu de tous ;

– Le locuteur, c'est en fait celui qui nous intéresse, puisque conjuguer, c'est « dire ». Il a pour symbole une bulle, comme dans les bandes dessinées, preuve visible qu'il parle. Conjuguer, c'est s'intéresser à cette bulle, c'est savoir ce que dit la personne et à qui elle s'adresse ;

– Le rôle de l'auditeur est bien évidemment d'écouter le discours. Pour la séquence, il lui est donc attribué une grande oreille.

Les trois personnes du singulier. L'importance du « dire »

Le « je »

On choisit un verbe d'action qui peut être mimé sur une chaise sans trop de risques pour l'acteur et qui, de plus, laisse les mains libres afin de pouvoir utiliser la bulle et l'oreille.

En voici quelques exemples : chanter, gonfler les joues, cligner des yeux… Une fois le verbe choisi (en l'occurrence cligner des yeux), trois personnes volontaires sont priées de sortir de la salle.

La répétition de la pièce peut commencer.

La première personne entre. C'est celle qui va agir. C'est « je ». Elle monte sur la chaise, montrant ainsi qu'elle est « l'actrice ».

Tout en clignant de l'œil, elle prend la bulle et prononce « je cligne de l'œil », devenant aussi « locutrice ». Dans le même temps, elle prend l'oreille, synthétisant les trois rôles.

C'est vraiment l'unique personne pour s'exprimer en tant que « je ». Elle agit, dit et entend ce qu'elle se dit intérieurement. « *Je cligne de l'œil.* »

Le « je » n'a besoin de personne pour agir, associant simultanément langage intérieur et réalisation. Chacune de nos actions est mise en marche par une volition intentionnelle, induite d'une manière autonome : « *Je réponds au téléphone… Je vais chercher du pain… Je n'ai pas envie de skier…* ».

Le « *tu* »

C'est un dialogue, un entretien entre deux individus. Il est donc nécessaire de faire entrer « la » deuxième personne. Celle qui va prendre la bulle du « locuteur » et s'adresser à la première, toujours actrice et auditrice à la fois, en lui disant : « *Tu clignes de l'œil.* »

C'est bien « la » deuxième personne qui parle.

Le « *il* » ou « *elle* »

Pour jouer « il » ou elle », il est indispensable qu'entre en jeu une troisième personne. La nouvelle venue prend l'oreille. La seconde, qui a toujours la bulle, s'adresse à la troisième personne et lui commente en aparté l'action que perpétue la première : « *Elle cligne de l'œil.* »

Tout cela se vit au singulier et peut être l'occasion de multiples jeux de scènes, au cours desquels ces fameuses conjugaisons se doteront d'une réalité de sens.

Lorsque la classe est bien entraînée à ces passages : chaise, bulle et oreille, il est très amusant de jouer aux énigmes qui vont suivre.

Un cas particulier

Avant cela, il faut souligner une forme à laquelle se heurte tout enseignant, formateur ou orthophoniste : le « on ». Dans ce cas, il s'agit incontestablement de plusieurs personnes, dont le locuteur fait partie. Les enfants qui ont compris la forme orthographique du pluriel des verbes auront tendance à écrire « On chantent ». Et leurs arguments se tiennent...

Dans cette situation, pour que toutes les personnes concernées se transforment en un singulier, il est nécessaire de les réunir en « 1 » groupe. Ce qui revient à effacer chaque individu au bénéfice d'une globalité devenant alors unique. Cette explication est peu convaincante pour les enfants !

Mise en scène des conjugaisons au singulier

Matériel nécessaire :
– une chaise
– panier n° 1 (quelques papiers. Sur chacun est inscrit un verbe d'action qui peut être mimé)
– panier n° 2 (une oreille une bulle)

– panier n° 3 1ʳᵉ personne 2ᵉ personne

3ᵉ personne

– panier n° 4 je tu il elle

Trois enfants désignés viennent sur la scène. En cachette, chacun tire du panier n° 3 un des papiers. Il sait quelle personne il doit jouer. Les deux autres et le public l'ignorent.

Acte I

L'animateur extrait du panier n° 1 un verbe qu'il annonce tout haut – par exemple «rire» –, puis, dans le panier n° 4, il choisit un des quatre papiers – par exemple «tu» – qu'il chuchote à l'oreille de ceux qui sont sur la scène.

Celui qui est désigné par son papier comme étant la première personne doit savoir qu'il doit prendre l'oreille et monter sur la chaise pour mimer le verbe.

De même, le rôle de la deuxième personne est défini : elle prend la bulle et s'adresse au premier. La scène est en place.

(Dans ce cas la troisième personne sait qu'elle n'intervient pas puisqu'en conjugaison, la deuxième personne du singulier, comme son nom l'indique, nécessite exclusivement deux personnes en activité.)

Le public doit répondre aux questions :

Qui a la bulle ?

De quelle personne s'agit-il ?

Que dit-elle ? (la réponse étant «Tu ris»)

Acte II

Avec le même verbe, l'animateur propose « il » à haute voix.

Dans cet exercice, c'est le public qui doit dicter aux trois personnes les transformations qui s'imposent, c'est-à-dire :

– la participation de la 3e personne ;

– le transfert de l'oreille de la 1re à la 3e personne.

C'est à la personne qui a la bulle de savoir énoncer la forme verbale : « *Elle rit.* »

Une série de questions peuvent être lancées aux uns ou aux autres :

Qui parle ?

Comment le savez-vous ?

Que dit-il ?

Comment s'appelle cette personne ?

Pourquoi dit-on que c'est la…ième personne ?

À qui s'adresse-t-elle ?

Qu'est-ce qui vous permet de dire cela ?

Pourquoi X… a-t-il la bulle ?

Pourquoi ne s'adresse-t-il pas à la 1re personne ?

Acte III

Cette fois (et toujours avec le même verbe), l'animateur propose « je ».

Le scénario est identique et le questionnement, pour varier, peut être réalisé par écrit. Il permet à l'animateur de savoir ce que chacun a assimilé.

Autre jeu

Dans le panier n° 4, il est intéressant d'ajouter des sujets : les prénoms des enfants présents, « Pierre », « Élise », ou bien « le plus grand des trois », « une fille qui a des lunettes ». C'est une manière d'élargir la conjugaison à n'importe quel sujet et de faire trouver par les enfants qu'il s'agit alors exclusivement de la troisième personne du singulier. Excellente façon également de comprendre que la première personne est impérativement associée au « je », et la deuxième au « tu ».

Concours entre trois équipes

On constitue 3 équipes de 3 enfants comprenant garçons et filles. Gagnera 1 point l'équipe qui réalisera le plus rapidement possible le tableau demandé, en s'organisant à l'intérieur du trio.

On annonce par exemple :

a) – « chanter », avec « elle »

b) – « chanter », avec « il »

c) – « taper des pieds », avec « je »

d) – « mettre la main droite sur le genou gauche », avec « tu ».

Inversement, une forme de conjugaison est donnée par écrit et l'équipe prépare le tableau.

Par exemple : « elle éternue ». Le locuteur déclare alors : « *Je suis la deuxième personne du singulier, c'est moi qui parle, je m'adresse à la troisième personne et j'explique ce que fait la première.* »

Mise en scène des conjugaisons au pluriel

<u>Matériel nécessaire :</u>

– plusieurs chaises

– panier n° 1 (les mêmes papiers, sur lesquels sont inscrits les verbes d'action qui peuvent être mimés)

– panier n° 2 (plusieurs oreilles, plusieurs bulles)

– panier n° 3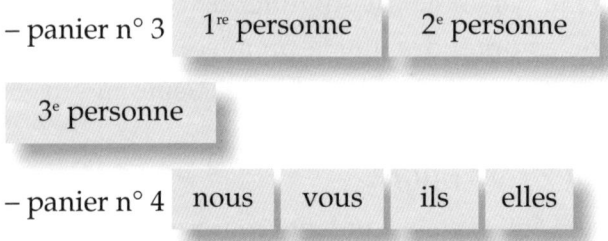

– panier n° 4 nous vous ils elles

Le scénario va se dérouler d'une manière identique à celle du singulier, à la différence près qu'il faut au minimum quatre enfants sur la scène – mais il est beaucoup plus amusant d'en inviter plus !

C'est là que va se poser le problème d'appellation du « nous » : comment peut-on parler de « la première personne du pluriel » alors que plusieurs sont concernées ? Cela repose sur ce que nous appelons le « singulier collectif », si difficile à comprendre pour certains enfants.

Un mot au singulier peut parler de personnes, d'animaux ou de choses dont le côté visible est pluriel : la foule, la meute, le lot… Ce que nous voyons est multiple, mais pour utiliser ce mot singulier, il faut être capable d'effacer mentalement les « uns » perceptibles, et de les regrouper verbalement en un mot-contenant unique, qui est une pure abstraction. C'est ce qu'en mathématique, nous appelons le passage du contenu multiple au contenant unique ou « l'équivalence numérique ». Nous aurons l'occasion d'en reparler ultérieurement lorsque nous traiterons de la multiplication.

Le « nous »

Les deux personnes (ou plus) qui vont monter sur les chaises pour mimer le verbe devront être considérées comme « 1 » : le duo, le groupe, le rassemblement devenant ainsi « la première personne ».

Chacun des acteurs prend une bulle et une oreille. Ils clament en chœur : « *Nous tournons la tête à droite.* »

Le « vous »

La deuxième personne intervient. Elle rassemble toutes les bulles des acteurs et énonce en les regardant : « *Vous tournez la tête à droite.* »

Cas particulier : en français se pose ici le problème du « vous » de politesse, qui emprunte la forme du pluriel alors que l'acteur est unique, donc singulier. Ceci complique beaucoup la rigueur de l'apprentissage.

Le « ils » ou « elles »

Comme précédemment pour le « il » singulier, c'est la troisième personne qui entre en scène. Elle s'approprie le paquet d'oreilles pour écouter ce qui lui est dit par la deuxième : « *Ils tournent la tête à droite* ou *elles tournent la tête à droite.* »

Tous les questionnements et les jeux décrits précédemment pour le singulier ont leur place ici, que ce soit sur le mode devinettes, exercices oraux ou écrits.

Le but de toutes ces mises en scène est, avant tout, de donner du sens à ces conjugaisons. En conséquence, elles permettent à tous les participants de réussir les exercices scolaires classiques, présentés la plupart du temps sous la forme suivante : « Donnez la deuxième personne du singulier du verbe sauter au présent. »

Les autres temps

Tout ce qui précède est travaillé au présent. Par la suite, et surtout après avoir pratiqué « les trois boîtes » (voir le chapitre « Futur-présent-passé, une trilogie énigmatique »), il est intéressant d'aborder d'autres temps de conjugaison :

Le « futur »

Le futur immédiat et le futur simple. Dans ce cas, au lieu de monter sur la chaise, l'acteur se prépare à agir, tourné vers l'estrade de fortune que représente la chaise. C'est en deux temps que le scénario se déroule : le premier temps est parlé, et le second agi.

Le « passé composé »

Il se joue dans le même esprit, à la différence près qu'il y a inversion entre le temps agi (qui est mimé) et le temps parlé.

Ce chapitre, travaillé parallèlement au chapitre consacré à l'énigmatique trilogie futur-présent-passé, permet réellement de progresser dans la compréhension de la langue française liée au temps.

Quel âge as-tu ?

Comment rendre visible les différences d'âges dans une famille, une classe, etc. ? Comment permettre à chacun de se situer vis-à-vis des autres ?

La bande des âges est un excellent outil pour faire comprendre à un enfant ce concept qui comporte plusieurs aspects. Tout d'abord, le fait que chacun d'entre nous a un âge qui augmente à chaque anniversaire. Cette progression, nous la vivons tous et elle est irréversible. Ensuite, qu'il y a des âges (approximatifs) pour être parent, grand-parent… Voilà une idée assez éloignée de la pensée enfantine ! Posez ces questions à un enfant de cinq à six ans en lui demandant d'associer des nombres et des personnes ou d'expliquer les âges de ses ascendants : c'est très riche de renseignements…

Lorsque le petit commence à assimiler le sens du nombre, il va être capable de réaliser, s'il a six ans, qu'un enfant qui en a neuf est plus âgé que lui.

Ce sentiment repose, d'une part, sur la taille de ce dernier qui, elle, est visible et, d'autre part, sur la comparaison des nombres. Il sait que neuf est plus grand que six. Au-delà, c'est la construction de la numération qui va le faire progresser dans ses acquisitions.

Centré sur l'aspect numérique, il va se révolter s'il entend dire que sa petite sœur a neuf mois :

« Ah non ! J'en ai six, elle n'en a pas neuf ! »

Son évidence, c'est que c'est lui, le « grand » !

Inutile de vous embarquer dans une explication du fait que l'unité « année » et l'unité « mois » ne sont pas comparables et que, dans ce cas, le rapprochement des nombres est impossible. C'est peine perdue d'avance !

Même, que veut dire pour l'enfant que son père a trente-sept ans et que son grand-père en a soixante-cinq ?

Je me souviens d'un anniversaire de Jeanne Calment, alors la personne la plus âgée de France. Elle avait dépassé de 22 ans son centenaire, la radio faisait état de sa vigueur malgré son âge. Je questionne les élèves d'une classe de CE2 avec lesquels je travaillais ces notions temporelles :

– Vous savez, cette dame très âgée dont on parle en ce moment et qui a 122 ans, qui est-ce ?

– C'est toi.

–… Qui pense que j'ai 122 ans ?

Une bonne dizaine de doigts se lèvent sans aucune hésitation, montrant qu'associer un nombre à une personne est, à ce niveau scolaire, encore bien nébuleux…

Kevin, à qui je demande à propos d'une collègue :

– Quel âge lui donnes-tu ?

– Elle est très vieille, regarde, elle a des cheveux très longs.

Étienne, dix ans, avec qui je travaille la généalogie familiale, affirme :

« *Mon grand-père a 25 ans.* »

Sans mettre en doute son affirmation, j'engage un travail avec ledit grand-père et Étienne réalise que celui-ci a trois fois l'âge qu'il lui attribuait…

Ces notions sont si abstraites qu'elles ne peuvent être comprises via des explications orales. Le but est de les rendre visibles par des techniques spatialisées ; les comparaisons sont alors grandement facilitées.

La bande des âges

<u>Matériel :</u>

Plusieurs feuilles devront être collées afin de constituer une longue bande pliée en accordéon sur papier quadrillé au centimètre.

Sur le panneau mural sont notées horizontalement, sur le principe du tableau cartésien, les années, de 1910 jusqu'à 2065 par exemple. Verticalement, sont inscrits les noms de toutes les personnes du groupe concerné. Pour la famille, ce sera l'enfant, ses frères et sœurs, ses parents, ses grands-parents et les personnes proches. Dans une classe, ce sera tous les élèves et enseignants concernés. Dans un groupe de lutte contre l'illettrisme, toutes les personnes qui fréquentent l'association. Etc.

Chacun va devoir, sur sa ligne propre, coller autant de gommettes d'une couleur que d'années écoulées depuis sa naissance… plus une.

Plus une ? N'avons-nous pas, tout au long de notre première année, « zéro ans » ? C'est pourquoi je propose de coller, pour elle aussi, une gommette, blanche celle-là. Revoilà ce que nous disions dans « Le domaine du temps » : dans le domaine du continu, le comptage se fait à partir de zéro et non de 1.

En collant une gommette identique pour l'année de la naissance et en comptant ensuite le nombre total, cela donnerait notre âge +1. Plus classiquement, chaque ligne (cette fois sans compter la gommette blanche) représente le nombre d'années écoulées pour chacun – son âge.

À la fin décembre de l'année qui s'achève, les gommettes de toutes les personnes forment une colonne pleine qui borde les alignements individuels en cours. Ces alignements représentent le passé. La colonne de l'année suivante, vide, représente l'avenir.

Au cours de cette année suivante, les cases vont se remplir verticalement suivant la succession des mois d'anniversaire de chacun.

Une fois constituée, cette bande va représenter un outil opératoire d'une grande richesse, permettant quantité d'exercices, chacun d'eux reposant sur des démarches logico-mathématiques.

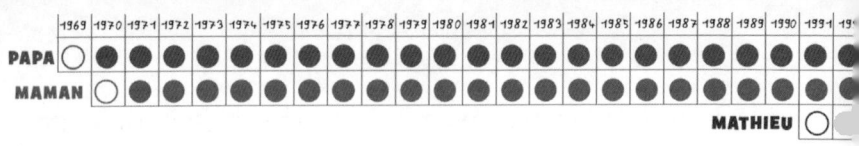

Construction de la bande des âges

L'enfant dispose, pour chacun des membres de sa famille, un alignement de gommettes, en attribuant une couleur par personne.

En les collant, il énonce, dans l'ordre :

« *Il avait 1 an.* »

« *Il avait 2 ans.* »

« *Il avait 3 ans.* »…

Pour les plus grands, qui savent lire les données numériques telles que 1956, 1957… la litanie s'enrichit par l'association de l'année à l'âge :

« *En 1956, elle avait 1 an.* »

« *En 1957, elle avait 2 ans.* »…

Dans une classe, chacun vient coller ses propres gommettes pour constituer sa ligne personnelle.

Dans une association, en guise d'accueil, chaque nouvel arrivant est invité à se présenter en collant ses propres gommettes sur le panneau mural. Ce rituel permet au « nouveau » de se situer parmi les autres usagers de l'association : être unique sur sa ligne de la bande des âges, parmi d'autres êtres, aussi uniques, qui l'accueillent…

Prise de recul

La bande est disposée sur un mur. Il s'agit alors de demander à l'enfant ce que cette vue d'ensemble représente pour lui.

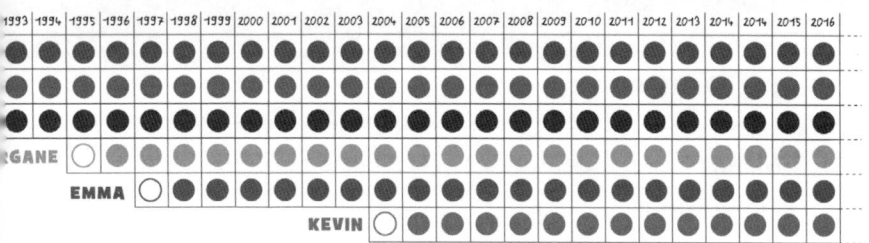

Opérativité à travers un questionnement multiple

La bande achevée et visualisée, toute une série de questions posées vont faire appel à une multitude de raisonnements spécifiques du temps, qui vont être accessibles par lecture sur de l'espace.

Il est alors bien question d'opérativité, travaillant :

Des lectures de données

Quelle est la couleur qui montre tes années à toi ?

Quelle couleur parle des années de Papa ?

Montre la ligne de ta grande sœur.

Montre-moi l'année 2000.

Montre-moi où nous sommes maintenant.

Les comparaisons

Qui a le moins de gommettes ? pourquoi ?

Qui a plus de gommettes que toi ?

Qui est le plus âgé, Papa ou Maman ?

Comment le sais-tu ?

Ton frère est-il plus âgé ou plus jeune ?

Comment peux-tu me le montrer ?

Les évaluations sur des espaces qui n'ont pas encore de gommettes

Est-ce qu'il faudra beaucoup de gommettes pour arriver en 2020 ?

La retraite à 62 ans de ton papa, où va-t-elle se situer ?

Montre-moi toutes les cases jusqu'à ta majorité.

Les opérations

Peux-tu mettre le doigt quand ta maman avait 3 ans ?

En quelle année auras-tu 18 ans ?

Quel âge avais-tu à la naissance de ton frère ?

Dans combien de temps ton frère aura-t-il l'âge que tu as maintenant ?

Les correspondances terme à terme

Quel âge avait Mathieu en 1997 ?

Est-ce que quelqu'un est né en 2003 dans ta famille ? et en 2004 ?

Les déductions

Entre Mathieu et Morgane il y a cinq ans de différence. Entre Margaux et toi, il y a trois ans de différence. Combien y a-t-il de différence entre Mathieu et toi ?

Les utilisations du vocabulaire temporel (« avant », « après »)

Lorsque c'est l'adulte qui utilise ces mots :

Qui est né avant toi ?

Qui est né avant ton grand-père ?

Mathieu est-il né avant ou après Kevin ?

Si une personne était née avant ta maman, où sa ligne débuterait-elle ?

Lorsque c'est l'enfant qui est censé utiliser ces termes :

Pourquoi me dis-tu que Mathieu est plus âgé que Kevin ?

Pourquoi Papa a plus de gommettes que toi ?

Tout ce travail peut être réalisé dans la classe, dans le cadre d'un club ou d'une association. On peut procéder de deux façons différentes : soit une personne est questionnée par rapport aux autres, soit ce sont les connexions entre deux ou plusieurs participants qui font l'objet de la réflexion.

Une question, parmi de nombreuses autres, à poser à un élève :

Quels sont tous les enfants qui sont nés la même année que toi ?

Belle occasion, pour tous ceux-là, d'aborder l'ordre d'ancienneté suivant le mois de naissance au travers d'un nouveau tableau (ci-contre).

Belle occasion aussi pour comprendre que le changement de date de naissance s'effectue le 31 décembre de chaque année.

Année 2006	Naissance de
Janvier	Eloi Karim
Février	
Mars	Myriam
Avril	
Mai	Naouel
Juin	
Juillet	Judith
Août	
Septembre	Noémie
Octobre	
Novembre	Kim
Décembre	

Les anticipations

Dans 10 ans, où seras-tu sur ta ligne ?

Et ta sœur ?

En quelle année fêteras-tu tes 20 ans ?

En 2015 tu auras quel âge ?

Les projections dans le futur

Montre-moi quand tu seras majeur.

Si tu te maries à 25 ans, montre-moi où et quand cela aura lieu.

Pourras-tu voter en 2012 ?

Les approximations aléatoires…

À quel âge voudrais-tu être papa ?

Combien d'enfants voudrais-tu ?

Quand penses-tu gagner ta vie ?

Ferme les yeux et pose ton doigt n'importe où : quel âge auras-tu ?

Des notions mathématiques qui font intervenir du nombre et des calculs

Quand l'âge de ton petit frère dépassera-t-il le tien ? (question absurde)

Quelle est votre différence d'âge avec ton frère aîné ?

Quelle sera votre différence d'âge en 2017 ?

Ces deux dernières questions reposent sur un concept mathématique qui s'énonce ainsi : « La différence d'âge de deux personnes ne change jamais. » Une notion extrêmement difficile à comprendre pour les enfants, parce que très abstraite, qui est développée dans le point suivant.

Ce qui servira en collège dans les équations

X l'âge d'Emma : 10 ans

Y l'âge de Kevin : 6 ans

$10 - 6 = 4$

$X - Y = 4$

dans 5 ans X aura $10 + 5 = 15$ ans

Y aura $6 + 5 = 11$ ans

$(X + 5) - (Y + 5) = 4$

mais aussi

$X = Y + 4$

$X + 5 = (Y + 4) + 5$

Au collège, un jeune sera confronté à des définitions qui seront d'autant mieux assimilées qu'elles auront été étudiées précédemment :

« Dans une inégalité la différence ne change pas si on ajoute aux deux membres de l'inégalité le même nombre. »

Et aussi : « L'égalité reste vraie si on ajoute le même nombre aux deux membres d'une égalité. »

Dans le cas des âges, cette définition s'exprime différemment :

« Les années progressant de la même manière pour tout le monde, la différence d'âge entre deux personnes est invariante. »

Une étude du problème du zéro

Quel âge avais-tu lorsque tu es né ?

Pourquoi ta vie commence-t-elle par une gommette blanche ?

Une étude des durées

Ce qui s'avère être le plus difficile puisque ce n'est pas visible.

Monsieur et Madame R ont quitté la France en 1967, ils sont revenus en 1972. Combien d'années ont-ils été absents ?

Toutes ces questions sont à moduler suivant l'âge des personnes concernées, leur niveau de connaissances, et particulièrement leur stade logico-mathématique. Chacune des réponses nous renseigne sur ce que l'enfant/l'adulte sait, et comment il raisonne.

Vous avez pu noter que parmi les questions posées, certaines paraissent absurdes :

Quand ton petit frère sera-t-il plus âgé que toi ?

En quelle année ton papa sera-t-il plus jeune que toi ?

C'est tout à fait volontaire de notre part : lorsque l'enfant est capable de déjouer une question absurde ou illogique, de réagir en affirmant que la question est absurde, c'est que le raisonnement logico-mathématique est solide dans ce domaine.

Il est intéressant de poser ce type de questions soit en prévenant d'avance : « *Quelquefois, je vais te poser des questions qui sont des bêtises, il faut que tu trouves mon erreur et que tu m'expliques comment tu as pu deviner que c'était ridicule.* » ; soit sans prévenir : si l'enfant trouve l'absurdité de notre affirmation ou de notre question, c'est bien la preuve qu'il maîtrise le concept.

Partie 3

Horloges et calendriers, les instruments de mesure du temps

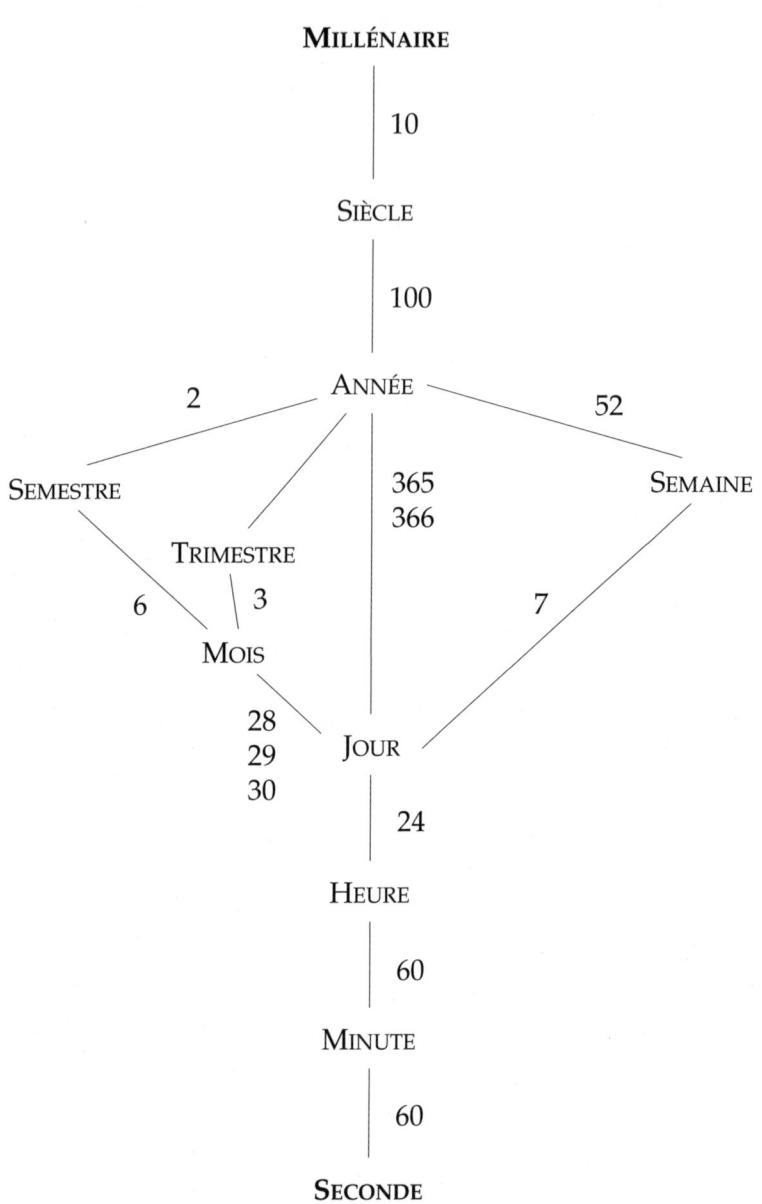

Comment mesurer le temps ?

L'arbre ci-contre est constitué de onze mots : ce sont ceux liés entre eux par des nombres. Ils sont sériés d'une manière ascendante par ordre croissant suivant la durée de chacun. En observant le schéma, on s'aperçoit que les quatre premiers mots du tronc s'enchaînent jusqu'au mot « jour ». À partir de celui-ci, le tronc se subdivise en trois branches, qui se rejoignent à « l'année », reprenant alors le chemin d'une voie unique.

Nous avons sous les yeux l'aboutissement d'une organisation qui, au cours de l'histoire du monde, s'est structurée petit à petit. Quantité d'êtres humains, dans toutes les civilisations évoluées, ont tenté de créer un découpage rationnel du temps, en périodes régulières et en créant entre les unes et les autres des relations numériques (pour ne prendre qu'un exemple, le rapport entre jour et semaine est de 7). Ces recherches n'étaient pas arbitraires puisqu'elles découlaient de l'observation des courses respectives du soleil et de la lune. Deux instruments de mesure en sont nés, adoptés par tous : l'horloge et le calendrier.

Privé de ces deux instruments de repère collectifs, toute personne s'accroche, pour ne pas perdre la raison, au seul phénomène visible, « le jour », en gravant quotidiennement des encoches, créant ainsi du nombre. (Nous pouvons donc déjà parler de mesure.)

« Jour » ponctue à la fois l'unité la plus grande de l'horloge et l'unité la plus petite du calendrier. Ce mot s'avère donc la charnière de la mesure du temps…

Horloges, calendriers et logique

Les horloges

Deux sortes d'instruments sont à notre disposition : l'horloge spatialisée à aiguilles et l'horloge digitale numérique, qui, chacune, reposent sur des notions totalement différentes. Pour être fonctionnelles chez l'enfant, il est important de savoir ce qu'elles exigent comme raisonnements logiques. C'est ce que nous allons analyser dans cette partie de l'ouvrage.

L'horloge spatialisée possède deux aiguilles indiquant les unités, heures et minutes – la troisième, la trotteuse (pour les secondes), n'est pas toujours présente – qui découpent la durée d'un jour en subdivisions régulières. C'est un véritable instrument qui fonctionne d'une manière circulaire, sans cesse, indépendamment de nous, et qui est d'une précision inimaginable. L'horloge atomique, qui se trouve à Francfort et dont dépendent nos réveils, présente tout ce qu'il faut pour nous rassurer quant à son exactitude : sa marge d'erreur est d'une seule petite seconde sur 1 milliard d'années !

Vive le proverbe africain : *Vous avez les horloges, nous, nous avons le temps…*

Les calendriers

Revenons au schéma ci-dessus, en progressant, à partir du jour, sur les durées de plus en plus longues. Les mots du tronc pris dans le sens ascendant nous mettront devant certaines difficultés, les relations numériques n'étant pas décimales. Ainsi les algorithmes mensuel et hebdomadaire ne sont-ils pas synchrones. Si vous vous trouvez à la fin d'une année avec un agenda que vous n'avez pas utilisé, vous pourriez vous dire : *Je vais le garder pour m'en servir lorsque, dans quelques années, les dates seront exactement les mêmes…*

Posez-vous alors la question : *Dans combien de temps pourrai-je le faire ?*

La réponse peut vous étonner : il vous faudra attendre 28 années pour pouvoir l'utiliser. Ce 28 correspond à 7 jours multipliés par 4 années, à cause du cycle des années bissextiles.

Le cycle de synchronisation dans la date est si long que nous sommes dans l'obligation d'acheter un calendrier chaque année. Dès que sont associés jour de la semaine, quantième (= le jour) du mois et mois de l'année, toute la disposition est fixée à tout jamais pour un an – les dates successives de l'écoulement des jours, irrémédiablement figées. C'est le calendrier annuel : les repères y sont spatialisés et nous n'avons plus qu'à nous y adapter !

Il existe des calendriers qui dissocient le jour, le quantième du mois et le mois lui-même. Souvent construits sur le mode de curseurs, ce sont des calendriers dits « perpétuels ». Ils offrent l'avantage d'être, comme leur nom l'indique, toujours d'actualité, à la seule condition de changer deux curseurs quotidiennement et le troisième à la fin du mois. Si vous partez en vacances ou oubliez quelque temps de pratiquer les déplacements quotidiens, et que vous désiriez connaître la date du jour, tous vos repères ont disparu, c'est la panique... Dans ce cas, retour à votre bon calendrier annuel (que vous hésiterez à jeter en fin d'année tant les pages mensuelles illustrées vous ont fait rêver pendant cette durée).

Comme nous l'avons signalé ailleurs, pour ce schéma, les relations des mots entre eux et avec les nombres qui les lient sont des apprentissages, mis en place, via l'inscription de la date quotidienne, au cours de la grande section de maternelle et de la première année de primaire. Ce travail de ritualisation – il y a sept jours dans une semaine, ces jours on peut en décliner la liste, les mois de l'année comportent 28, 29, 30 ou 31 jours, etc. – repose sur la mémoire. Pour cet apprentissage, nous pouvons aider les élèves par des exercices répétitifs associant, pour éviter toute lassitude, chansons, comptines, rythmique, déplacements dans l'espace...

Le réel problème, au regard de la pensée logicomathématique, c'est l'acquisition, essentielle, de l'«équivalence numérique» – à laquelle s'ajoute, pour l'horloge, la difficulté du système sexagésimal (le regroupement à partir de dix, mais aussi de soixante).

Qu'est-ce que l'équivalence numérique ?

L'équivalence numérique consiste en allers et retours d'une modalité d'expression à une autre, en termes de contenant et de contenu. C'est la capacité de nommer quelque chose de deux manières différentes, suivant que l'on parle du contenu comprenant plusieurs éléments, ou du contenant comme étant un «1».

Par exemple :

– *5 doigts, c'est 1 main* ;

– *10 unités, c'est 1 dizaine* ;

– *100 centimètres, c'est 1 mètre.*

Plutôt que de dire «c'est», on va utiliser le signe = («égal»).

Ceci est si évident, pour nous adultes, qu'il nous est difficile de nous mettre à la place d'un enfant. Or, celui-ci est, sans que nous en ayons conscience, confronté à une notion qu'il ne maîtrise pas. Et cette utilisation de mots différents qui entretiennent des rapports numériques précis entre eux se retrouve à tous les niveaux de la scolarité, bien sûr à propos du temps, mais aussi dans la numération, la graduation de la droite, le système métrique…

Au cours d'une séance sur le temps, Antoine (10 ans) me dit : *Un siècle, c'est cent ans.*

Bravo, lui dis-je. *Mais des « ans », des « années », il en faut 1, 2, 3… combien en faut-il pour faire un siècle ?*

Antoine ne peut pas répondre. Pour lui, *Un siècle, c'est cent ans* ne veut absolument pas dire : 1 siècle = 100 ans.

Analysons ce que sous-tend une telle écriture d'égalité. Il est question de sept éléments visibles ou non, que voici :

1	c'est un nombre
siècle	c'est une unité de durée
1 siècle	c'est un laps de temps qui constitue « 1 tout »
100	c'est un autre nombre
ans	c'est une autre durée plus courte que le siècle
100 ans	c'est un laps de temps qui constitue « 1 tout »

Il se trouve que 1 siècle et 100 ans sont des durées équivalentes : il s'agit d'un seul et même laps de temps, avec deux façons de l'écrire et donc d'en parler, ce qui permet de mettre le signe « égal ». C'est le septième point.

Il faut avoir bien compris qu'en mathématique, le « = » ne s'emploie que dans la mesure où il existe plusieurs façons d'exprimer une seule et même chose.

Si la cuisson de votre rôti demande une demi-heure, vous mettez le compte-minutes. La durée est définie. Pour parler de ce temps, je pourrai dire « une demi-heure » ou « trente minutes » ou « de 12 h 10 à 12 h 40 » ou bien « un quart d'heure de cuisson de chaque côté ». Associer la durée appréhendée, via le travail sur l'horloge ou le calendrier, et la multiplicité d'énonciations de cette même durée : là est toute la difficulté.

Les nombreuses années d'aide à la construction de la pensée logico-mathématique auprès d'enfants, d'adolescents ou d'adultes m'ont montré que l'équivalence numérique posait un réel problème. Le temps nécessaire pour y être à l'aise est parfois très long parce qu'il exige une grande mobilité de pensée. En revanche, lorsque l'enfant a assimilé cette capacité de double ou multiple regard, la maîtrise mathématique évolue très favorablement. Les collègues qui pratiquent dans ce champ d'action le savent bien, pour en avoir constaté les effets.

Il n'est déjà pas facile de faire travailler l'équivalence sur des objets visibles, comme «1 main qui équivaut à 5 doigts», ou 6 œufs que l'on vient de poser un à un dans une boîte et qu'il faut comparer à la boîte pleine, alors, étudier des équivalences sur du non-visible, comme c'est le cas du temps, peut paraître une gageure. Il va nous falloir concrétiser des durées en objets, rendre ainsi discontinu le continu. Pour le calendrier, chaque mot – jour, semaine, mois, année – sera un objet / carton. Pour l'horloge, chaque seconde sera une allumette et chaque minute une boîte. Cela va nous permettre de travailler sur du matériel concret à propos de concepts qui ne le sont pas.

Travail spécifique sur les mots du calendrier

Nous découpons des cartons. Il s'agit ici de figurer, d'une part, le contenant (la semaine), par un grand carton, d'autre part, le contenu (les sept jours), par sept petits cartons mobiles. Lesquels, une fois superposés, recouvriront exactement le grand, ce qui rend les comparaisons évidentes.

C'est au travers de notre questionnement que tout va se jouer : il nous faut parcourir tous les aspects possibles de l'équivalence pour que l'enfant y navigue avec aisance.

Prenons un exemple : 1 semaine = 7 jours.

Posons la question : *Quelle est la durée la plus longue : 7 jours ou une semaine ?*

La réponse nous éclaire bien sur ce que connaît l'enfant. S'il répond, « *c'est pareil* » avec un sourire entendu, réagissant ainsi à la bonne blague que je viens de lui faire en posant cette question ambiguë, il n'y a pas d'hésitation : il a l'équivalence numérique. On peut même lui demander de nous expliquer pourquoi c'est pareil.

En revanche, s'il répond « 7 *jours* », nous sommes fixés. Pour lui, si un adulte pose une question sur le mode « *Quel est le temps le plus… ?* », c'est forcément que l'un des deux est supérieur à l'autre.

L'enfant ne peut imaginer l'égalité. Il entend 1 et 7, il ne prend en compte que les nombres et sa réponse est logique pour lui… mais pas pour nous.

Les cartons/jours posés sur le carton/semaine le recouvrent complètement.

Les échanges ci-contre visent à faire fonctionner les activités mentales sur lesquelles repose l'équivalence. Prévoir une trentaine de cartons/jour et 3 ou 4 cartons/semaine

lundi	
mardi	
mercredi	
jeudi	1 semaine
vendredi	
samedi	
dimanche	

Les comparaisons par ajout de 1 (ce que l'on appelle l'incrémentation)

De ce côté, tu prends 1 jour, de l'autre 1 semaine. Quel est le temps le plus long ?

De ce côté 1 semaine et de l'autre 1 jour. Quel est le temps le plus long ?

1 semaine et 2 jours. Quel est le temps le plus long ?

1 semaine et 3 jours. Quel est le temps le plus long ?

4 jours, 5 jours…

Jusqu'à 6 jours, c'est la semaine qui a la durée la plus longue.

7 jours ?

Stop : égalité ! Puis on continue :

8 jours, 9 jours…

Quel est le temps le plus long ?

La réponse change de sens.

Comparaisons en variant les nombres

3 jours et 3 semaines ?

10 jours et 1 semaine ?

2 semaines et 10 jours ?

14 jours et 2 semaines ?

« Le jour, c'est petit, la semaine, c'est grand… »

Revenons sur la question : *Quelle est la durée la plus longue, 7 jours ou 1 semaine ?* Ne pas manquer de demander quand la réponse est bonne : *Tu me dis que 7 jours, c'est égal à 1 semaine, mais moi j'entends 7 et 1. Pourquoi 7 est-il égal à 1 ?*

La teneur de la réponse permet de juger si l'équivalence est vraiment acquise chez celui que l'on interroge.

Répondre à cette dernière question fait d'ailleurs prendre conscience des subtilités de l'équivalence numérique. Énoncée par un adulte, la réponse se résume ainsi : *Si on compare le jour et la semaine, on sait que la durée du premier est plus courte que celle de la seconde, alors son nombre doit être plus grand pour parler d'égalité.*

Cette même phrase dite en termes mathématiques purement abstraits serait : *Dans une égalité, plus l'étalon est petit, plus le nombre est grand, et plus l'étalon est grand, plus le nombre est petit. Étalon et nombre sont inversement proportionnels.*

Jamais un enfant ne va s'exprimer sur le modèle de ces deux phrases, mais s'il a assimilé la notion, il le formulera avec ses mots : *Le jour, c'est petit, il en faut beaucoup. La semaine, c'est grand, il n'en faut pas beaucoup.*

Lorsque l'enfant, non seulement, fait la différence entre les étalons et les nombres, mais a compris le côté inversement proportionnel des deux membres de l'égalité, les liens entre les 11 mots de l'arbre précédent, pris deux par deux d'une manière ascendante, ne seront plus qu'une formalité.

60 secondes	=	1 minute
24 heures	=	1 jour
28, 29, 30 ou 31 jours	=	1 mois
12 mois	=	1 année
3 mois	=	1 trimestre
4 trimestres	=	1 année

Travail spécifique sur les mots de l'horloge

Pour la relation numérique des secondes, minutes et heure, nous avons adopté le matériel suivant : une seconde est représentée par une allumette (non soufrée). 60 allumettes placées dans une petite boîte, celle-ci représente la minute. Les petites boîtes d'allumettes, regroupées en 6 paquets de 10, sont logées dans une grosse boîte.

Une seule règle gouverne cette activité. On compte des allumettes. À 60, stop, on les ramasse, on les met dans une petite boîte qui s'appelle « minute » et on la porte dans la maison voisine, celle des minutes. Celle-ci se retrouve avec une boîte en plus.

De même, suivant cette règle systématique des 60, je compte les boîtes. À 60, stop, on les ramasse, on les met dans une grande boîte qui s'appelle « heure » et on la porte dans la maison voisine, celle des heures. Celle-ci se retrouve avec une grosse boîte en plus.

Dans l'un et l'autre cas, je peux, à l'intérieur du comptage, regrouper régulièrement par 10 : c'est au bout de 6 dizaines d'allumettes ou de 6 piles de 10 boîtes qu'il faut regrouper le matériel afin de le passer chez le voisin.

Nous avons des équivalences successives :

– 1 petite boîte contient 60 allumettes, donc 60 secondes ;

– 1 grosse boîte contient 60 petites boîtes d'allumettes, donc 60 minutes ;

– 1 grosse boîte contient 3 600 allumettes, donc 3 600 secondes, au terme d'une multiplication 60×60.

Quelques questions sont à poser pour que les enfants assimilent réellement ce concept d'équivalence numérique. Je recommande de les poser en classe après qu'ont été travaillées toutes les activités précédentes.

En tenant une petite boîte d'allumettes dans la main :

Ce que j'ai dans la main, c'est 1 ou c'est 60 ?

Certains enfants répondent « 1 » à cette question, d'autres « 60 ». Or ce que j'attends c'est : *Les deux.*

Si je pense en allumettes, c'est « 60 ». Si je pense en boîtes, c'est « 1 ».

Si je pense en secondes, c'est « 60 ». Si je pense en minutes, c'est « 1 ».

De même, en tenant une grosse boîte :

Quand je vois cela, c'est 1 ou c'est 60 ?

La réponse est : *Les deux.*

Un dernier questionnement marque l'aboutissement de la progression. Je prends une petite boîte et propose :

Mon cerveau, en regardant cela, en compte 60. À quoi pense mon cerveau ?

La réponse est : *Aux allumettes* ou bien *Aux secondes.*

Mon cerveau, en regardant cela, en compte 1. À quoi pense mon cerveau ?

La réponse est : *Une boîte* ou bien *Une minute.*

Comparaisons avec opérativité

Les exercices suivants, s'ils sont réussis, montrent que le chemin parcouru est très important (on les retrouve sous forme de questionnements page 199).

À chaque ligne, comparez et utilisez les signes < > ou =

1 semaine et 3 jours	10 jours
1 an et demi	16 mois
20 ans	1 quart de siècle
90 minutes	1 heure et 30 minutes
3 jours	48 heures

Les opérations sur les nombres sexagésimaux

Le matériel fabriqué constitue un dispositif qui permet ensuite de travailler ce qui est abordé en CM1 et CM2 : les 4 opérations sur les nombres sexagésimaux. Poser une opération consiste à poser réellement les grosses boîtes, les dizaines de boîtes d'allumettes et les allumettes. Par exemple :

La règle du jeu consiste à regrouper les unités dans une petite boîte dès qu'il y a 60 allumettes. Dans ce cas, il en reste 15, qui demeurent à leur place chez les secondes. Les 60 allumettes rangées dans la boîte disparaissent en tant que secondes et se transforment en 1 boîte que l'on porte chez la voisine, la maison des petites boîtes. Comme il y a déjà 45 boîtes dans cette maison, elle se retrouve avec 46.

	1 h	27 min	40 s
+	2 h	18 min	35 s
	3 h	45 min	75 s

	1 h	27 min	40 s
+	2 h	18 min	35 s
	3 h	45 min	75 s
−			60 s
	3 h	45 min	15 s
+		1 min	
	3 h	46 min	15 s

203

Il en est de même pour la soustraction. Un exemple permet de verbaliser les actions tout en les exécutant.

$$
\begin{array}{r}
2\,\text{h} \quad 38\,\text{min} \quad 40\,\text{s} \\
-\qquad 52\,\text{min} \quad 25\,\text{s} \\
\hline
1\text{h} \qquad \text{min} \quad 15\,\text{s}
\end{array}
$$

De 40 secondes, je peux enlever 25 secondes. Je le fais. Il reste 15 secondes. Je le note. Je passe aux minutes. J'en ai 38, je ne peux pas ôter 52. Je vais donc chez la voisine, la maison des heures. « Vous en avez 2, pouvez-vous m'en donner une ? » L'entente est parfaite et la responsable des heures en donne 1 à sa voisine. Il lui en reste 1. Aussitôt inscrite.

La messagère des minutes rentre chez elle avec l'heure offerte, la grosse boîte. Elle s'empresse de l'ouvrir et d'en regarder le contenu. 60 boîtes sont à rajouter aux 35 qui se trouvent déjà là. Elle fait le compte actuel dans la maison : 35 + 60 = 95 minutes. Je peux maintenant enlever les 52. Il reste 43 minutes.

$$
\begin{array}{r}
95\,\text{min} \\
\hline
1\text{h} + \; 60\,\text{min} \\
2\text{h} \quad\; 35\,\text{min} \quad 40\,\text{s} \\
-\qquad 52\,\text{min} \quad 25\,\text{s} \\
\hline
1\text{h} \quad 43\,\text{min} \quad 15\,\text{s}
\end{array}
$$

Toute écriture n'apparaît sur le papier qu'après avoir été vraiment manipulée, et les actions accomplies, verbalisées. Ces activités peuvent se passer de mots : je les ai pratiquées à l'Institut national des jeunes sourds, à Paris, au temps où la langue des signes n'était pas réintroduite en France. Il suffit de donner du sens par les actions et tout devient évident…

Petit résumé avant de passer à la suite

Pour maîtriser l'équivalence numérique, il est nécessaire de suivre les quatre étapes suivantes. Ne vous étonnez pas si la deuxième remet en doute la première, si la troisième ébranle la deuxième qui commence à s'installer et ainsi de suite…

1) Le dire de deux façons différentes.

2) L'écrire sous la dictée de l'enfant, non pas en une égalité, mais comme ci-dessous, en posant la question : *Qu'est-ce qui est le plus… ?*

7 jours

1 semaine

avec tout l'échange pour arriver au côté inversement proportionnel entre les étalons et le nombre.

3) Dans les égalités suivantes, poser des questions sur le nombre. C'est ce qui, en classe, s'appelle « Les conversions ».

2 semaines = ? jours

? semaines = 21 jours

4) Dans les égalités, la question des étalons est l'aboutissement de notre travail.

12 mois = 1 ?

1 ? = 6 mois

6 mois = 2 ?

2 ? = 48 heures

3 heures = 180 ?

Nous pouvons maintenant passer à la découverte des deux instruments de mesure du temps que sont les horloges et les calendriers.

Les 8 horloges de la journée scolaire

Tout enseignant de maternelle a, lorsque sonne l'heure de la récréation, été confronté, un jour ou un autre, à la question d'un enfant de sa classe : *C'est l'heure des mamans ?*

Comment faire comprendre à ce petit que la sonnerie entendue correspond à la première des quatre sorties quotidiennes et que l'heure de retrouver l'être cher correspond à la dernière sonnerie de l'après-midi ?

Pour aider les enfants à s'approprier l'écoulement temporel d'une journée scolaire, nous avons créé cet atelier des 8 horloges. La ritualisation des actions, d'une part, la visualisation des événements, d'autre part, leur permettent de structurer ce concept.

L'atelier des 8 horloges

À l'école, la cloche ou la sonnerie qui rythment les débuts et la fin des travaux, découpent l'écoulement du temps en durées successives, et ce, chaque jour d'une manière récurrente. Ce sont des signaux auditifs que nous appelons des événements et qui créent l'alternance « événement, durée, événement, durée… ». Une autre manière d'exprimer cette alternance serait : « action, état, action, état… ».

Matériel :
– une horloge à aiguilles qui fonctionne, assez grosse pour être bien vue des élèves. Les aiguilles sont recouvertes d'un papier collant, rouge pour la petite, et bleu pour la grande ;
– 8 horloges en carton blanc (genre assiette à pique-nique). Sur chacune d'elles sont dessinées les heures d'entrée et de sortie de la classe, en incluant les récréations.

Par exemple :
8 h 30 10 h 10 h 15 11 h 30 13 h 30 15 h 15 h 15 16 h 30

Les couleurs des aiguilles sont les mêmes que celles de l'horloge qui fonctionne. Chacune porte une accroche solide et apparente qui va permettre de la suspendre ;
– 8 crochets sont disposés sous le tableau de la classe. Fixés à intervalles réguliers, ils permettent l'accrochage des horloges mobiles ;
– un panier.

Déroulement de l'activité

Le premier jour, à l'heure de la rentrée des classes, les 8 horloges sont disposées verticalement et en désordre sur le tableau, non loin de l'horloge qui fonctionne et indique 8 h 30.

Regardez bien l'horloge qui fait tic-tac.

Cherchez celle qui lui ressemble le plus. Je vous les montre une par une, et vous me direz : « stop » lorsque ce sera la même.

Une fois découverte, l'horloge est ôtée du lot et accrochée au premier crochet, à gauche, en dessous du tableau.

Quelques instants avant la sonnerie de la récréation, l'enseignant attire l'attention des enfants en leur demandant d'observer la place des aiguilles de l'horloge modèle. Elles ont bougé.

Comme tout à l'heure, je vous montre les horloges en carton l'une après l'autre et vous me direz « stop » lorsque vous aurez trouvé la même.

C'est l'heure de la récréation. On la place sur le deuxième crochet. Au retour on regardera bien l'aiguille bleue, elle aura encore bougé…

Le même travail d'observation et de choix est pratiqué au retour de la récréation et au départ, à 11 h 30, pour aller déjeuner. Ainsi, les quatre premières horloges de la matinée sont-elles disposées dans l'ordre, de gauche à droite, sous le tableau.

De même, les quatre déplacements de l'après-midi, qui constituent les temps forts d'entrée ou de sortie, sont repérés, ordonnés et placés jusqu'à « l'heure des mamans ». C'est alors le moment de se dire « au revoir et à demain ».

Nous rappelons que le temps se construit avec du temps et de la ritualisation. Ainsi, plusieurs jours de suite, cette activité est-elle menée collectivement.

Par la suite, chaque jour, un enfant est nommé « maître du temps » : il doit choisir, dans le panier, les horloges correspondant aux huit déplacements stratégiques. Les autres enfants vérifient que leur camarade ne s'emmêle pas les pinceaux.

Après une période de ritualisation, il est préférable de laisser quelque temps cette activité de côté, pour la reprendre un peu plus tard dans l'année. D'une période à l'autre, il est très intéressant de suivre l'évolution des petits et d'observer comment chacun se repère progressivement dans le déroulement de la journée, comment chacun navigue dans l'alternance des événements et des durées.

Ici, les entrées et sorties de classe sont symbolisées par les horloges : c'est l'aspect punctiforme du temps. Ce sont des actions, des événements. Les durées sont, elles, représentées par les espaces qui séparent ces horloges. Nous l'avons déjà dit, la symbolisation d'une durée pose problème. C'est bien pour le résoudre que nous disposons les horloges dans un ordre gauche/droite situé sous le tableau. Entre deux horloges, il existe un espace. Cet espace, c'est une durée. Par exemple, le temps de la sieste, après le déjeuner, tout enfant sera capable de le situer entre les horloges 5 et 6. Quelle merveille de voir ces petits totalement structurés dans cette alternance événement/durée, dans le déroulement d'une journée scolaire.

De fructueux questionnements

Cette spatialisation du temps donne l'occasion d'activités pédagogiques très riches, sous forme de nombreux questionnements. Le meilleur moment se situe au retour d'une récréation (que ce soit le matin ou l'après-midi). Questions et réponses concernent le présent, le passé et le futur.

Nous venons de rentrer, il est 10 h 20.

Aujourd'hui, c'est Fabrice le « maître du temps ». Je l'interroge :

– *Quelle horloge viens-tu de mettre, Fabrice ?*

– *Celle-là…*

– *Elle est à quel rang ?*

– *C'est la troisième.*

– *Pourquoi la troisième ?*

– *Parce qu'un, deux, trois.*

– *Où était-on juste avant de la poser ?*

– *En récréation.*

– *Et la récréation, où se place-t-elle ?*

– *Là, entre les deux.*

Je questionne un par un, au hasard, les uns ou les autres…

– *Quand a-t-on mis la première horloge ?*

– *Quand on est rentrés en classe.*

– *Et avant, où était-on ?*

– *À la maison.*

– *Qu'est-ce que nous avons fait ce matin entre les deux horloges ?*

– *On a fait des jeux.*

– *Léa, quel jeu as-tu fait entre la rentrée de ce matin et la récréation ?*

– *Les legos.*

– *Va chercher un lego et on va l'accrocher au mur. Où le met-on ? sur la première horloge ?*

– *Non.*

– *Sur la deuxième ?*

– *Non.*

– Alors, où met-on le lego ?
– Entre les deux.

Ce mot «entre» prononcé par l'enfant lui-même est, pour nous, très révélateur. Sur le plan logique, il réclame de sa part un double regard qui va être essentiel dans la sériation. Dans ce cas précis, la question est spatiale. Il est demandé : «Où?». La réponse est, elle, à la fois spatiale et temporelle. L'enfant montre une place en tenant compte, sur un plan temporel, des deux horloges, celle qui précède et celle qui suit. Cela veut dire que c'est «après» la rentrée des classes, mais «avant» l'heure de la récréation. Deux mots qui peuvent paraître antinomiques lorsque prononcés dans une seule phrase.

Vocabulaire et logique temporelle

Nous, adultes pédagogues, utilisons certains mots très lourds sur un plan logique. Le mot «entre» en est un. Les enfants le comprennent plus ou moins. Quant à l'employer… il se passe parfois une période assez longue de maturation logique. En rééducation, lorsqu'il apparaît au cours d'un exercice dans le discours d'un patient, c'est pour nous une victoire. Nous savons que c'est le résultat d'un travail souvent très long. C'est la preuve de la capacité, chez lui, de prendre en compte simultanément deux critères, ce qui sera indispensable pour maîtriser la sériation.

Pour illustrer ce «prendre en compte simultanément deux critères», voici un exemple dans le domaine spatial, moins abstrait que celui du temps. Si nous avons trois personnages

A, B et C, de tailles décroissantes, et que nous voulons parler de B, nous pouvons dire : *B est plus petit que A et plus grand que C.*

Cette affirmation apparemment toute simple l'est en fait beaucoup moins pour les enfants. Un seul sujet de la phrase, «B», qui est à la fois plus «grand» et plus «petit» : voilà qui semble totalement absurde pour celui qui n'a pas acquis ce double regard vis-à-vis de deux référents qui semblent opposés.

J'ai eu l'occasion de faire une évaluation collective dans un lycée technique parisien, à la demande des professeurs. Il s'agissait de situer le niveau logico-mathématique de lycéens de seconde, auprès de qui les enseignants rencontraient beaucoup de difficultés à faire comprendre les pourcentages. Parmi les épreuves proposées, il y avait celle-ci :

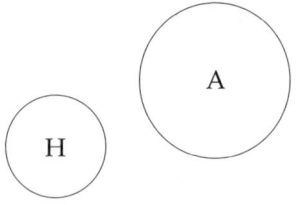

Tracer un cercle C qui soit à la fois plus petit que A et plus grand que H.

Sur une douzaine de copies, la réponse présentait deux cercles : un plus petit que A et un autre plus grand que H… La preuve que cette question de double regard n'est pas aussi simple qu'on pourrait le penser.

Voici une autre illustration, temporelle cette fois :

Pendant des années, aux évaluations d'entrée en CE2, on trouvait cet exercice :

Voici l'emploi du temps de Fabien :

8 h 30	mathématiques
9 h 15	gymnastique
10 h 15	récréation
10 h 30	français

La question posée était la suivante :

Que fait Fabien à 9h ?

Combien d'élèves étaient déconcertés par cette question !
À 9 heures… il ne fait rien !

Tout emploi du temps se présente sous cette forme, il indique le début fixe d'une activité. La durée de cette activité n'est, elle, pas visible. Elle se situe « entre » 8 h 30 et 9 h 15. À 9 heures, Fabien est donc en cours de mathématiques.

Revenons à nos horloges, pour montrer que l'exercice en cours avec les petits construit les prémices d'une structuration dans la sériation temporelle. Je continue le questionnement :

– *C'est vrai que nous avons joué en rentrant en classe ce matin, mais a-t-on fait autre chose ?*

– *Tu as raconté une histoire.*

– *Quelle histoire ?*

– *Celle du « lapin blanc ».*

– *Voilà la photo du lapin blanc. Où va-t-on la poser ?*

– *À côté du lego.*

– *Au-dessus ? à droite ? à gauche ?*

– *Là.*

– *Comment peut-on dire autrement que « là » ?*

– *C'est entre le lego et l'horloge de la récréation.*

– *Lorsque l'horloge a sonné, que s'est-il passé ?*

– *Fabrice a accroché l'horloge et on est sortis en récréation.*

– *Et pendant la récréation, à quoi as-tu joué, Guillaume ?*

– *Au chat.*

– *Quand as-tu joué au chat ?*

– *Pendant la récréation.*

L'utilisation de « pendant » est elle aussi significative.

C'est le bon moment pour travailler alors l'anticipation en décrivant la suite des activités de la journée. J'explique ce que nous allons faire pendant l'intervalle du matin et les deux de l'après-midi. Les crochets du tableau, repères de la succession des événements, sont pointés du regard. Verbalement, les activités sont décrites et projetées dans les intervalles. Nous les plaçons et les situons dans les espaces entre les horloges. L'enseignant, à n'importe quel moment de la journée, interroge les élèves en demandant : *Est-ce que c'est l'heure des mamans ?*

Cet atelier, en offrant aux enfants des repères temporels ritualisés, permet de rassurer non seulement les petits de maternelle, mais aussi les enfants autistes. Dans les classes de déficients intellectuels, même plus âgés, l'expérience a montré que les effets structurants dus à ces activités étaient tout à fait notables.

L'heure inoubliable 1

Comment mesurer du temps ?

Une durée est composée de trois données : un « top » de départ, un intervalle et un « top » final. Nous avons analysé la notion de durée au chapitre précédent et développé les moyens de créer des durées, de les évaluer et de les comparer. Il est question, ici, de les mesurer.

Mettre du nombre sur ce temps continu demande des instruments tels que le chronomètre, le compte-minutes et le programmateur.

Le chronomètre : le « top » du départ et le début de la course sont simultanés. Le « top » final est déterminé par l'arrivée des sportifs – en l'occurrence du gagnant, celui qui va le plus vite, qui est le détenteur du temps le plus court. Sur cet instrument, le nombre est alors indiqué directement avec les mots marqueurs du temps : « heure », « minute », « secondes », « dixièmes » et « centièmes de secondes ».

À l'inverse du chronomètre, pour le compte-minutes et le programmateur, le nombre lié à l'intervalle mesuré est connu : *3 minutes de cuisson.* L'instrument a pour tâche de nous signaler le « top » final, en décomptant à partir du « top » départ. Il est programmé par anticipation.

À la différence de ces trois instruments, commandés par leur utilisateur, tous les autres mesureurs du temps – les montres, les horloges, les calendriers... – fonctionnent inexorablement en dehors de notre volonté...

C'est à nous de nous référer à leur affichage – qu'il soit spatialisé par les aiguilles pour les montres et horloges à aiguilles, ou numérisé pour les montres et horloges digitales – pour savoir où, à cet instant précis, nous nous situons sur cet ensemble infini de points, ordonnés d'une manière irréversible, qu'est le temps. Nous n'avons aucun pouvoir sur leur rythme éternel ni sur leur découpage cadencé et absolu.

Notre tâche va donc consister à nous adapter en inventant une multiplicité d'activités nous permettant de rendre visibles des durées qui, par essence même, ne le sont pas.

Ceci est particulièrement indispensable chez les enfants sourds, carencés dans le domaine temporel du fait de leur handicap. C'est donc à l'Institut national des jeunes sourds, à Paris, que j'ai, en 1976, créé les séances sur la construction du temps : « l'heure inoubliable », « la minute inoubliable » et « la journée inoubliable ».

Ces séances peuvent être adaptées à tous les âges. Je les ai effectuées aussi bien avec de jeunes enfants en maternelle qu'à tous les niveaux des classes primaires, mais aussi avec des adolescents déficients intellectuels en CAT ou avec des groupes d'adultes dans la lutte contre l'illettrisme.

Le principe fondateur

Le temps se construit avec du rite et de la répétition. C'est pourquoi le principe fondateur de ce projet est une concentration sur le découpage répétitif de cinq minutes en cinq minutes. Ces durées identiques se succèdent inexorablement, en dehors de notre volonté. C'est le fonctionnement de l'horloge qui nous l'impose, nous allons nous y conformer. Comme les durées sont courtes, elles sont maîtrisables. Elles vont nous permettre de créer, de manière systématique, des représentations spatialisées et mobiles, suivant deux modèles : circulaire et linéaire.

Les aiguilles des horloges spatialisées, du fait qu'elles « tournent en rond » indéfiniment, en revenant sans cesse sur leur propre parcours, donnent l'idée d'un « éternel retour ». C'est une des multiples manières de se représenter le temps. L'aspect linéaire, évoqué par une droite venant d'un côté de l'infini et fuyant vers l'autre, est une autre manière, tout à fait complémentaire sur le plan opératoire. Il nous semble important de passer d'une représentation à l'autre et, *in fine*, d'en faire la synthèse.

L'heure inoubliable 1 s'adresse aux plus jeunes, avec lesquels seule l'horloge à aiguilles est utilisée. Au chapitre suivant (l'heure inoubliable 2) s'ajoutera un travail utilisant simultanément les deux horloges, la précédente (dite « spatialisée ») et celle chiffrée (dite « digitale »). L'heure inoubliable 2 s'adresse aux participants qui ont atteint le niveau de raisonnement de CE1 et qui opèrent sur les nombres jusqu'à 60.

Mais revenons à notre objectif actuel : rendre concrète, par un maximum de représentations possibles, chaque tranche de « 5 minutes » vécue en temps réel. Quel que soit le niveau logico-mathématique des participants, le scénario se déroulera de manière identique.

Matériel pour l'heure inoubliable (niveau 1)

Matériel collectif :

Sur un banc, placé de façon centrale, sont disposées :

– une grande horloge qui fonctionne avec 3 aiguilles : une rouge pour les heures, une bleue pour les minutes, une jaune qui se déplace par saccades au rythme des secondes. Chacun des nombres de 1 à 12 est souligné par du ruban adhésif rouge. Ces marques sont indispensables lorsqu'on travaille avec des enfants pour lesquels les nombres inscrits ne peuvent pas servir ;

– une horloge en carton dont les deux aiguilles restent immobiles : comme pour la précédente, la petite est rouge, la grande est bleue ;

– deux bougies, de type cierges. L'une d'elles doit se consumer en une heure. Pour cela, il est nécessaire de la gratter sur toute sa longueur pour qu'il reste très peu de cire de chaque côté de la mèche (Des essais seront indispensables, sachant qu'un douzième de la longueur de la bougie doit se consumer en cinq minutes.) ;

– deux grosses aiguilles à tricoter de la même longueur que les bougies ;

– quatre bandes de carton, de la taille des bougies.

Les aiguilles et les bougies sont plantées dans des supports de pâte à modeler, de façon à tenir verticalement.

Matériel nécessaire pour la graduation :
– 15 petites pinces à linge ;
– 1 paire de ciseaux ;
– 1 marqueur noir ;
– 1 boîte d'allumettes.

Matériel pour chacun des enfants :
– une horloge en carton avec deux aiguilles : une rouge pour les heures et une bleue pour les minutes (une assiette blanche à pique-nique sur laquelle on inscrit les 12 heures fait très bien l'affaire). Les deux aiguilles : la grande bleue et la petite rouge sont mobiles et fixées au centre à l'aide d'une attache parisienne ;
– une bande de papier sur laquelle sont représentées verticalement les images de 13 horloges sans aiguilles : toutes les cinq minutes, les enfants dessineront, image après image, la position des aiguilles, en se basant sur l'horloge qui fonctionne. (Il existe des tampons encreurs permettant aux enfants de préparer eux-mêmes cette bande.) (*cf.* annexe : feuille à découper).
La raison pour laquelle treize horloges sont nécessaires et non douze comme on pourrait l'imaginer vient du fait que l'image du début et celle de la fin constituent deux représentations de l'heure exacte ;
– un crayon rouge et un crayon bleu.

<u>Autre matériel pour les activités de raisonnement</u> :
- une flûte et un tambourin ;
- deux sabliers (1 minute et 3 minutes) ;
- 60 pailles ;
- 60 perles sur un cordon lâche ;
- 2 montages électriques (type ampoule sur pile), l'un avec interrupteur, l'autre qui s'allume par pression ;
- une bande de papier avec 60 cases ;
- un métronome ;
- un chronomètre.

Première séquence

L'heure inoubliable 1 est composée de deux séquences.

La première consiste en une série d'observations et d'actions, en temps réel. Elle est très dense et se vit intensément parce qu'elle exige d'effectuer beaucoup d'activités dans des laps de temps constamment chronométrés. Chaque participant travaille, d'une part, sur ses propres outils opératoires (son horloge et sa bande de papier) et, d'autre part, participe collectivement à la création d'objets avec le matériel qui se trouve sur la table basse (les bougies et les bandes de carton).

La seconde séquence, beaucoup plus calme puisqu'elle n'est plus dépendante de chaque instant chronométré, va permettre d'«opérer», au sens large du terme. Cela aura pour but de faire raisonner les enfants, grâce au matériel qui a été fabriqué, en revivant la séance qui a précédé. Ainsi, la première séquence, c'est le temps vécu, ressenti corporellement; la seconde séquence c'est «opérer» dans la tête. En tout premier temps le corps, en second l'esprit!

Cette heure inoubliable 1 est donc prévue pour des enfants de classe maternelle (moyenne et grande section), ou de CP, dont le niveau logico-mathématique va de 4 à 7 ans. Elle est effectuée sans l'utilisation de nombres. Comme elle réclame une adhésion totale à l'horloge en marche, elle doit être minutieusement préparée, tant en ce qui concerne l'enchaînement des activités que le matériel utilisé. Les enfants doivent impérativement être fins prêts, avec leurs horloges, pour le «TOP» du départ, à l'heure précise. (Je signale que cette séance est très sportive pour l'animateur!)

Les chaises des enfants sont disposées en trois quarts de cercle, face à la table basse où le matériel est bien visible et où vont se dérouler tous les événements.

Déroulement de la séquence

a) Top. Il est 9 h.

J'allume cérémonieusement une des deux bougies (l'autre servira de référent). C'est le début de la séquence…

Je montre, sur la grosse horloge qui fonctionne, la place de l'aiguille bleue, en haut, et de la petite rouge, dirigée horizontalement vers la gauche. Puis, sur l'horloge modèle qui ne fonctionne pas, je copie les positions des deux aiguilles.

b) Travail individuel

Chaque enfant est alors invité à reproduire, à l'identique, la place des aiguilles sur sa propre horloge en carton, puis, à l'aide des deux crayons de couleur, à les dessiner sur la première des 13 horloges de la bande verticale.

Ces deux actions vont se répéter toutes les 5 minutes, durant toute la séance. Les premières fois, il faut aider les petits pour qu'ils puissent réussir les deux étapes de l'exercice : l'imitation du modèle sur sa propre horloge et la traduction en dessin.

c) Occupation du temps

Il reste un moment avant que le temps de l'espace entre deux marques rouges se soit écoulé. Aussi proposons-nous une activité durant une minute. En suivant l'aiguille jaune et en donnant le signal du départ lorsqu'elle se situe sur le 12, nous rythmons, de seconde en seconde son déplacement. Des claquements de langue accompagnent chaque saccade tout au long de son parcours circulaire. L'activité plaît beaucoup aux enfants...

Ces gestes, synchronisant d'une manière rythmique action et vision de chaque seconde, vont faire prendre conscience de la durée d'une minute, sans qu'il soit nécessaire de compter jusqu'à 60 (activité qui n'est pas de leur âge). Seul le parcours d'un tour de cadran de l'aiguille jaune structure la durée.

a) Top (9 h 05)

L'aiguille bleue s'est déplacée. Elle est parvenue à la marque figurée par le « 1 ».

b) Travail individuel

Les enfants observent la grosse horloge et déplacent l'aiguille bleue sur leur propre modèle en carton. Puis, avec les crayons de couleur, ils dessinent les aiguilles sur la deuxième horloge de la bande.

c) Travail collectif

La taille de la bougie allumée a diminué ! On le voit bien en regardant l'autre ! Elles n'ont plus la même longueur.

J'appelle un premier enfant qui vient accrocher devant tout le monde une pince à linge sur une des aiguilles à tricoter, à la nouvelle hauteur de la bougie.

Un deuxième enfant fait de même sur la deuxième aiguille à tricoter.

Un troisième place une bande de papier à la verticale près de la bougie et marque d'un trait de feutre le même niveau.

Un quatrième coupe, sur la seconde bande de carton, le morceau qui a disparu. Il met précieusement de côté cette partie enlevée.

Un cinquième prend la troisième bande de carton et marque une pliure à l'endroit de la flamme.

d) Occupation du temps

Avant que soit totalement écoulé le temps, pour l'aiguille bleue, de parvenir au « 2 », nous rythmons, durant un tour qui va du 12 au 12, un frappé de mains, en suivant les pulsations de l'aiguille jaune de la grosse horloge. Ou bien, la main levée les enfants accompagnent, dans l'espace, l'aiguille jaune tout au long de son parcours de 12 à 12.

a) Top (9 h 10)

b) Travail individuel

Lorsque l'aiguille bleue est sur la marque rouge, comme précédemment, tous les enfants la déplacent à nouveau sur leur horloge en carton, puis dessinent la position des deux aiguilles sur la bande d'horloges miniatures en troisième position.

c) Travail collectif

Le sixième enfant appelé place une seconde pince à linge sur la première aiguille à tricoter, au niveau de la flamme. Cela va petit à petit constituer une graduation.

Sur la deuxième aiguille à tricoter, le septième enfant fait glisser la pince à linge vers le bas. Il s'arrête à la hauteur de la flamme de la bougie qui se consume. Cela marque la hauteur de la flamme à ce moment-là.

Le huitième trace une seconde marque sur la bande de carton. Le neuvième coupe un deuxième morceau de carton correspondant à la partie brûlée. Ce morceau est placé à côté du premier. Enfin le dixième replie la bande en accordéon en faisant une deuxième pliure.

Suite de l'activité

Toute l'heure s'écoule ainsi, ritualisée par l'observation de la grosse horloge.

1) À chaque TOP marqué sur le cadran par la languette d'adhésif rouge, les enfants copient en premier lieu la disposition des aiguilles sur la leur. Puis ils reproduisent successivement cette disposition sur l'horloge de leur bande en descendant petit à petit.

2) Les enfants se succèdent sur la scène, pratiquant chacune des cinq activités :

– ajouter, à chaque fois, une nouvelle pince à linge – les unes en dessous des autres, elles vont créer une graduation ;

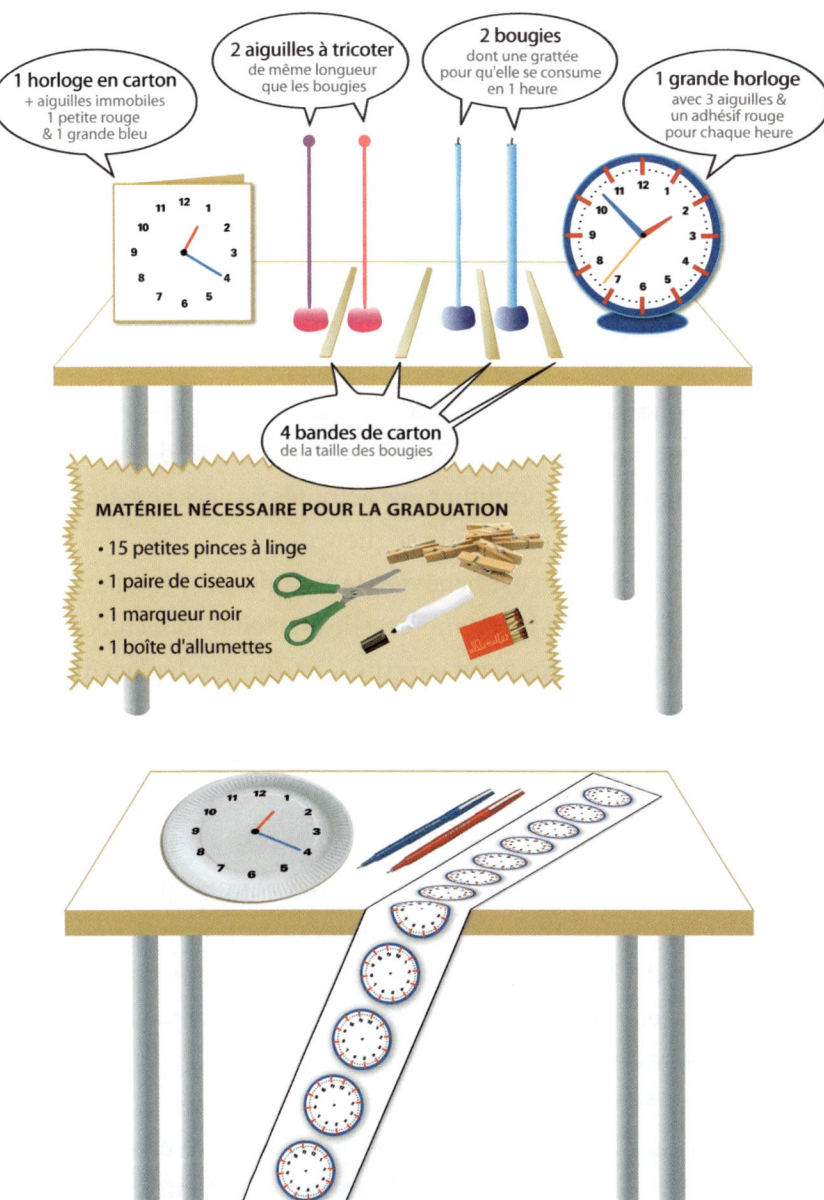

1 horloge en carton
+ aiguilles immobiles
1 petite rouge
& 1 grande bleu

2 aiguilles à tricoter
de même longueur
que les bougies

2 bougies
dont une grattée
pour qu'elle se consume
en 1 heure

1 grande horloge
avec 3 aiguilles &
un adhésif rouge
pour chaque heure

4 bandes de carton
de la taille des bougies

MATÉRIEL NÉCESSAIRE POUR LA GRADUATION

• 15 petites pinces à linge

• 1 paire de ciseaux

• 1 marqueur noir

• 1 boîte d'allumettes

– faire glisser vers le bas la pince à linge sur la deuxième aiguille à tricoter, marquant la hauteur de la flamme à ce moment-là ;
– couper successivement les morceaux de carton qui permettent de visualiser chaque partie qui a disparu, en les gardant précieusement ;
– tracer au feutre le trait sur la bande de carton, instaurant une autre graduation, identique à la précédente – cette fois à plat ;
– plier chaque tranche instaurant une graduation supplémentaire.

L'enchaînement de ces actions se fait de plus en plus aisément, facilité par la répétition. Ceci libère des durées plus longues pour pratiquer des activités variées constituant le travail opératoire de cette séquence.

Lorsque l'heure est achevée, la bougie s'est totalement consumée. En grande cérémonie, elle est éteinte, ponctuée par le « c'est fini ». Après avoir exécuté leur dernier déplacement sur l'horloge aux aiguilles mobiles, les enfants dessinent les aiguilles indiquant 10 h sur leur dernière horloge, la treizième.

Analyse des exercices créés

Cette séance, vécue dans un premier temps durant une heure en temps réel, est extrêmement importante : elle a toujours déclenché, chez les enfants de tous âges, une prise de conscience de cette notion dont les effets sont visibles par un observateur même non averti.

Il faut souligner deux observations très riches.

La première, c'est la fébrilité qui s'instaure en général à 4 ou 5 marques de la fin de l'heure : les enfants guettent l'arrivée de l'aiguille bleue sur le repère. Malgré sa lenteur de déplacement, ils intègrent réellement cette durée, ils s'imprègnent physiquement de la succession de ces 5 minutes – sans aucune référence aux nombres, ni au langage qui peut y être associé. Ceci est particulièrement visible chez les enfants sourds, qui guettent la rencontre de l'aiguille mobile avec la marque rouge qui, elle, est fixe.

Ils s'inquiètent de la flamme qui se rapproche dangereusement du support en pâte à modeler :

Tout va brûler. Ça va mettre le feu !

Elle va bientôt disparaître…

C'est durant ces derniers intervalles que la notion de durée se construit d'une manière concrète.

La seconde observation est d'ordre spatial. C'est la découverte, par les enfants, du déplacement, très peu perceptible, de l'aiguille rouge au cours de l'heure. Cette constatation apparaît en général à partir de la demie. Dans un groupe, il y a toujours un petit malin qui découvre le déplacement de l'aiguille rouge. Elle se situe entre deux chiffres. Il l'exprime à haute voix à un moment ou à un autre, ce qui permet au groupe de vérifier ses dires. Sur chacune des feuilles personnelles, on peut constater cette révélation aux environs du sixième dessin. La prise de conscience de la différence des espaces franchis par les deux aiguilles dans un même temps relève d'un raisonnement très élaboré. En une heure, la bleue parcourt un tour complet pendant que la rouge se déplace d'un douzième du trajet circulaire, c'est-à-dire d'une marque à l'autre, un chemin beaucoup plus court. C'est une sensibilisation mathématique à la notion de rapport proportionnel, qui conduira au concept de vitesse. La déduction est exprimée ainsi :

La rouge, elle marche comme une fourmi.

C'est la bleue qui va gagner.

C'est parce qu'elle est plus petite qu'elle va plus lentement.

On ne peut pas la voir avancer, mais elle bouge quand même.

C'est comme la lune, elle bouge tout le temps, mais quand on la regarde, ça ne se voit pas.

La bleue, on la voit bouger, mais pas la rouge.

Les « minutes inoubliables »

Lorsqu'on attend l'arrivée de l'aiguille bleue sur une marque, le travail consiste à occuper le temps en s'intéressant à l'aiguille jaune, la trotteuse. Durant un tour complet, il sera question de faire vivre des « minutes inoubliables », en prenant conscience de leur invariance temporelle.

En changeant sans cesse d'activité, on évite la lassitude due à la répétition puisqu'il s'agit à chaque fois d'occuper le temps d'un tour d'aiguille jaune. Voici quelques exemples d'activités qui peuvent s'effectuer :

Soit **en continu,** les yeux rivés sur l'horloge :

– une minute de silence en restant totalement immobile ;

– sur un pied en se tenant à la chaise ;

– une main levée ;

– accroupi ;

– bouche ouverte ;

– en chantant avec arrêt brutal ;

– en appuyant sans cesse sur le bouton du système électrique par pression constante ;

– en pressant sur l'interrupteur pour allumer au « top » du début et éteindre au « top » de la fin ;

– en pointant sur la bande de 60 cases.

Soit **en discontinu,** c'est-à-dire en marquant chaque seconde :

– les enfants doivent appuyer sur le bouton du système électrique, en accord avec le rythme de l'aiguille jaune, durant un tour complet de cadran ;

– même démarche, mais les enfants appuient chacun leur tour, 5 fois. L'appareil passe de main en main ;

– rythmer avec une flûte ou un tambourin ;

– groupés par deux, l'un, disposant d'un paquet de 60 pailles, doit passer à l'autre, une à une, chacune des pailles en conservant le rythme de la seconde ;

– même activité avec les perles ;

– on présente aux enfants un sablier qui s'écoule en une minute. Ils observent ;

– de même pour le chronomètre ;

– avec le métronome, je montre que le curseur est mobile et je fais observer qu'en le dirigeant vers le bas, le balancier s'active à toute allure. En plaçant le curseur tout en haut, le balancement devient très lent. Il s'agit alors de moduler la hauteur du curseur pour que soient synchrones l'horloge et le métronome. Par tâtonnements, guidée par les enfants, je manipule le poids :

Tu descends.

C'est trop bas. Tu montes.

Encore un petit peu. Ce n'est pas assez.

C'est pas tout à fait en même temps.

Ça y est !

On reprend alors des activités en se repérant sur cet instrument :

– ils imitent le mouvement du balancier ;

– avec une bande verticale de 60 cases, on les fait défiler une à une au rythme des pulsations, en disant à haute voix « toc, toc, toc ». À partir du CP, on compte de 1 à 60 ;

– on énonce en rythme le mot « SECONDE », « SECONDE »… durant tout un tour de cadran de la trotteuse ;

– n'importe quel poids à l'extrémité d'une ficelle de 98 centimètres, le balancier oscille en battant la seconde.

Travail sans la vue de l'horloge :

– On demande aux enfants de refaire les gestes (tirer la langue, assis/debout) en essayant de caler leur rythme sur celui de la trotteuse, mais sans la regarder.

– Les yeux fermés, on leur demande d'exécuter l'une ou l'autre des activités de leur choix en effectuant un comptage de 1 à 60 (pour ceux qui savent le faire), tout en cherchant à conserver le rythme des secondes.

Les enfants vérifient à chaque fois si l'action exécutée coïncide avec l'arrivée de l'aiguille en haut du cadran. Après avoir travaillé des minutes de toutes ces façons, soit en durée pure soit en réalisant 60 actions, la notion a de bonnes chances d'être assimilée.

À l'Institut des Sourds, dans un groupe d'enfants de cinq ans qui ne savaient pas compter, j'ai été étonnée d'observer combien ils avaient assimilé corporellement cette durée d'une minute, et ce sans qu'il leur soit nécessaire de se référer à l'horloge. Je donnais le signal du départ et ils devaient émettre un signe lorsqu'ils se croyaient à la fin du temps demandé (cligner des yeux, par exemple) : alors que c'était une minute vide d'actions, ils réussissaient l'épreuve à quelques secondes près, et ceci sans nombre. Ce dont je fus très fière pour eux.

Analyse de chacun des matériaux fabriqués au cours de la première séquence

Dans la salle où nous avons travaillé, sur la table qui, tout au long de «l'heure inoubliable», a été le point névralgique de la séance, chacun des objets joue un rôle qu'il nous faut analyser.

Les horloges

• *La grosse horloge à aiguilles* est bien sûr l'objet incontournable. À tout âge à partir de 4 ans, c'est l'outil idéal. Il n'est pas nécessaire de connaître les nombres notés de 1 à 12 sur le cadran, ni de savoir ce qu'ils représentent.

• *L'horloge en carton, aux aiguilles fixes,* sert de référence. En la comparant avec l'horloge qui fonctionne, les enfants se rendent compte du mouvement de l'aiguille rouge (passée de 9 à 10). Un espace beaucoup moins notable que celui de l'aiguille bleue, qui, dans le même temps, a parcouru un tour complet.

Les aiguilles à tricoter et les bougies

Pour lire l'heure, nous avons deux sortes d'horloges :
– l'une pour laquelle le temps est spatial et *circulaire*. Les aiguilles tournent sans arrêt, ce qui ne permet pas la prise de conscience d'un début et d'une fin pour une durée déterminée ;

– l'autre, digitale, repose sur des *nombres*, ce qui demande d'autres acquisitions bien éloignées du sentiment de durée.

Ainsi les aiguilles à tricoter et les bougies ont-elles une fonction qui présente un grand intérêt, celui de rendre le temps linéaire, donc limité, leurs extrémités matérialisant un début et une fin. C'est autour de cette linéarité que l'essentiel de la séance se situe et permet d'assimiler, même pour des petits de 5 ans, le sens de la durée d'une heure.

• *La bougie qu'on allume* est une représentation exacte du temps. Le «Top» du départ, c'est le point qui marque la naissance d'une durée, en l'occurrence la «vie» de cette bougie. La photo prise en début de séance est bien la preuve de son existence. C'est «l'état initial» dont nous parlerons au chapitre sur les opérations. La bougie a «vécu» sous nos yeux. En se consumant tout doucement, elle nous a montré le côté continu de sa vie, en synchronie avec l'horloge. Enfin, sa vie s'est achevée irrémédiablement, elle a disparu, elle n'existe plus. Une photo au moment du «c'est fini» symbolise «l'état final» de la durée.

Toute vie se déroule ainsi :
– un point : la naissance,
– une durée : la vie,
– un point : la disparition.

La raison pour laquelle il est nécessaire de prendre une longue bougie (du type cierge, voir ci-dessus), c'est la nécessité de la faire se consumer d'une manière visible. Une bougie de 30 cm achèvera son parcours en une heure et elle perdra environ 2,5 cm à chaque tranche de 5 minutes, ce qui donne des espaces visibles donc manipulables.

• *La bougie qu'on n'allume pas* représente la référence. Lorsque la première a disparu, il sera possible de dire, par rétroaction : « Elle était comme cela. »

• *La première aiguille à tricoter, avec toutes les pinces à linge,* est une graduation en trois dimensions. Elle se construit régulièrement, d'après la bougie qui se consume, chaque fois que cinq minutes se sont écoulées sous nos yeux. Elle nous offre une vue d'ensemble qui symbolise à la fois le passé (découpé en « morceaux de temps » avec les pinces), le présent (punctiforme – la pince à linge que l'on vient de poser) et le futur, espace encore vide que l'on peut imaginer. Ce futur n'est pas complètement inconnu puisque la taille de la bougie est limitée – l'espace qui lui reste à « vivre » diminue en fonction de l'heure qui passe. Je le soulignais précédemment, ce sont ces ultimes moments qui font réellement prendre conscience, par anticipation, de l'imminence d'un événement final, programmé, et dont on s'approche irrémédiablement sans que l'on puisse agir en quoi que ce soit.

• *La deuxième aiguille à tricoter, avec une seule pince à linge mobile,* représente la durée suivant l'esprit d'Aristote, qui définit le temps comme « un ensemble infini de points ». Il est intéressant de souligner que cette définition est la même que celle de la droite, pour l'espace. Le symbole de la pince à linge unique, qui descend régulièrement le long de l'aiguille à tricoter, symbolise ce concept par une infinité de points qui se succèdent, justifiant que l'instant présent n'existe pas : il est immédiatement remplacé par un autre instant, aussi éphémère que lui. Comme cette pince se déplace d'une

manière linéaire, cette représentation punctiforme met en évidence :
– le point de départ,
– le point final,
– la mobilité permanente,
– et l'absence de trace.

• *La bande de carton que l'on découpe :* on pourrait penser qu'elle joue le même rôle que l'aiguille à tricoter avec toutes ses pinces à linge. Il n'en est rien : mesurer, c'est rendre discontinu du continu pour pouvoir lui attribuer un nombre. Dans ce cas-ci, il y a découpage réel du temps de l'heure en petits morceaux mobiles. Ces petites « tranches de temps » vont, comme nous allons le voir dans l'analyse qui va suivre, permettre l'élaboration d'opérations. C'est ce qui s'avère le plus difficile dans ce travail temporel.

• *La bande de carton sur laquelle on met des marques* se rapproche beaucoup de l'aiguille à tricoter avec toutes ses pinces à linge. C'est une graduation à l'identique, à la différence près que, cette fois, c'est en deux dimensions qu'elle est représentée. Ainsi, la symbolisation de cette bande se rapproche-t-elle plus du modèle de la droite graduée, communément utilisée pour figurer le temps, mais qui aura pris de l'épaisseur pour l'enfant, parce que occupée par des actions en temps réel tout au long de la séquence.

• *Les deux outils sur lesquels travaillent les enfants : l'horloge-assiette en carton et la bande verticale des 13 horloges.* Ils correspondent aux deux modes de représentation nécessaires pour spatialiser le temps :

– le mode d'un lieu unique où se succèdent les images, chaque nouvelle image chassant la précédente. C'est la véritable symbolisation de l'instant présent qui ne peut se figer (d'où la nécessité des aiguilles mobiles);
– le mode de lieux successifs : en dessinant sur la bande chacun des moments, on fixe les différents instants dans l'ordre, en les spatialisant. Ce mode de représentation permet les allers et retours, et fait fonctionner, visuellement, à la fois la rétroaction qui permet de remonter le temps, et l'anticipation, c'est-à-dire la projection de ce qui va arriver.

Au cours de cette séance, chaque durée de 5 minutes ou « tranche de temps » est associée à une tranche d'espace circulaire du cadran. Les morceaux sont identiques, leur régularité spatiale ne peut échapper à personne. Le déplacement de l'aiguille bleue d'une marque à l'autre non plus. Ce fameux laps de temps, d'ordinaire non visible, impalpable, le voilà concrétisé, représenté par de l'espace. Par 12 fois, d'une manière répétitive, cette durée en temps réel se trouve matérialisée par des procédés divers. Ainsi découpée, elle est manipulable, ses « morceaux » peuvent être replacés sur un espace circulaire (l'horloge), sur du linéaire (bougies et aiguilles à tricoter).

C'est tout l'intérêt de cette séquence... « inoubliable », qui montre que l'on peut faire opérer de jeunes enfants sur de pures abstractions du temps (dans ce cas précis, sur la permanence d'une durée exacte de 5 minutes). Même si cela paraissait de prime abord impensable, cette activité fait travailler simultanément le sens de la conservation du temps et celui de son opérativité.

Pensée logico-mathématique et langage

Lors de la première séquence, nous avons constitué tout un matériel qui va nous servir, dans la seconde, à « opérer ». Je rappelle que, pour nous, le verbe « opérer » est pris au sens large du terme, c'est-à-dire « faire appel au raisonnement et à la déduction ». Et le langage dans tout cela ?

Dans le schéma traditionnel, scolaire, toute question posée réclame une réponse en mots, qu'elle soit orale ou écrite. Par oral, lorsqu'il s'agit d'un groupe, une seule personne est interrogée. Le pédagogue peut, d'après la réponse, juger de l'état du savoir de celui qui s'exprime. Il n'a en revanche aucun moyen de connaître l'état des connaissances de toutes les autres personnes qui participent à la leçon. C'est par l'interrogation écrite qu'il pourra porter un jugement sur chaque copie rendue. Mais l'écrit exige des atouts, qui n'ont pas cours au niveau logico-mathématique travaillé dans ce chapitre. Les petits n'ont pas encore la capacité de répondre par écrit et l'aspect verbal est tout aussi inopérant lorsque nous nous adressons à des enfants sourds, ou à des adultes qui ne connaissent pas la langue.

Depuis que, dans nos activités, nous avons eu à enseigner sans parler, nous nous sommes toujours attachée à développer l'utilisation de réponses motrices, et ceci avec deux objectifs.

Le premier est à but pédagogique : lorsqu'il s'agit d'une question posée à un groupe, la réponse étant individuelle et gestuée, il est aisé de déceler, parmi les élèves, ceux qui ont compris, ou non, ce que sous-tend la question posée. Cette technique collective nous est particulièrement utile dans les classes ordinaires, parce qu'elle permet un contrôle visuel des acquis de chacun dans une collectivité. Quel que soit le domaine mathématique abordé, au cours des nombreuses classes démonstrations que j'ai pratiquées, ces techniques permettent aux stagiaires qui assistent aux séances d'avoir une approche épistémologique de chacun des enfants d'un groupe.

Le second objectif, plus abstrait, est de tenter de répondre à la lancinante question de savoir si la pensée logico-mathématique se construit par le langage ou si, à l'inverse, la verbalisation succède au raisonnement…

Dans le cas précis de cette séquence de «l'heure inoubliable», les activités étant non verbales, la réponse est sans ambiguïté… Le rôle du matériel concret est en revanche essentiel. Les différentes représentations du temps que nous avons fabriquées avec l'enfant ont acquis un sens certain pour lui et se trouvent «ici et maintenant» sous nos yeux: ce sont ce que nous appelons les «structures du réel». Sur un plan épistémologique, ces objets symboliques vont permettre, en toute connaissance de cause, de faire fonctionner la pensée, en sachant où nous voulons la mener. Les passages d'un matériau à un autre vont donc être l'occasion de raisonnements variés, de déductions multiples, d'adaptations aux situations diverses. Francine Jaulin Mannoni, à qui je dois tellement sur ce point, avait trois leitmotive: «Tournez la sauce», «Parcourez tous les cas possibles», «Faites fonctionner la mobilité de la pensée».

Deuxième séquence

Avant de faire l'analyse de l'utilisation opératoire de ce qui a été vécu au cours de la première séquence, il faut citer ce que dit Piaget à propos de la structuration du temps en épistémologie génétique.

« Toute recherche sur les perceptions ou les interprétations notionnelles relatives au temps porte sur des réalités aussitôt dépassées et n'a par conséquent pour objet que des reconstitutions. »

Suivant ce principe de reconstitution des événements, la première activité consiste à faire à nouveau parcourir, par l'aiguille bleue, mais cette fois en accéléré, le chemin qu'elle avait suivi au cours de l'heure inoubliable. Ainsi, chacun, sur son horloge personnelle, imite le déplacement que je réalise sur l'horloge-modèle, d'une manière rythmée, en arrêtant à chaque marque rouge. Par cette reproduction, une première idée commence à s'imposer chez l'enfant : le sens de rotation des aiguilles d'une montre.

Il s'agira ensuite, à chaque étape de la progression, de passer, avec chacun des quatre outils que nous avons construits au cours de « l'heure inoubliable », du modèle circulaire au modèle linéaire ou, inversement, du linéaire au circulaire.

Reconstitution de la succession

Cet exercice de reconstitution va prendre quatre formes différentes puisque nous avons à notre disposition quatre matériaux distincts. En même temps que je pratique des déplacements sur mes matériaux modèles, les enfants ont à chaque fois à faire parcourir à leur aiguille bleue le chemin sur leur horloge.

1. D'abord avec l'aiguille à tricoter numéro un, j'indique, successivement et d'une manière rythmée, les 11 pinces à linge, en partant de la plus haute, les participants réalisant quant à eux cette reconstitution du chemin avec l'aiguille bleue sur leur horloge en carton. Le déplacement du modèle est linéaire et les participants le traduisent en circulaire.

2. Il s'agit ensuite, avec l'autre aiguille à tricoter dont la pince est mobile, de suivre son parcours par sauts successifs d'une manière identique à la précédente. Cette fois, c'est plus difficile : il n'y a plus de marques, c'est un point qui se déplace sur une ligne droite.

3. Même chose avec le carton gradué, que l'on a posé horizontalement au tableau pour être au plus proche de la symbolisation classique du modèle « graduation de la droite ».

4. Enfin les morceaux qui ont été découpés sont manipulés les uns après les autres.

Ces diverses reconstitutions peuvent être animées par les enfants eux-mêmes. Avec des participants un peu plus grands, il est même possible d'exécuter parallèlement l'exercice avec cinq acteurs. Je donne le tempo et chacun doit suivre le rythme. Le premier agit par pointage des pinces à linge sur l'aiguille à tricoter, le deuxième déplace la pince verticalement sur la seconde aiguille, le troisième pointe du doigt la droite graduée horizontalement au tableau, le quatrième ramasse les morceaux un à un et le cinquième déplace l'aiguille bleue sur l'horloge modèle.

Repérage d'un moment quelconque de l'heure

Jusqu'alors, les épreuves sur les successions se déroulaient dans l'ordre, en commençant par le début. Pour cette deuxième étape, l'activité est beaucoup plus abstraite puisqu'elle consiste à repérer, sur l'un des quatre objets linéaires, un moment de l'heure donnée qui lui correspond ou, inversement, d'après l'endroit que l'on indique sur les outils gradués, de donner l'heure qui convient.

Par exemple, si l'aiguille bleue est en bas sur l'horloge, le point associé se situe :
– sur la sixième pince de la première aiguille à tricoter,
– au milieu de la seconde aiguille à tricoter,
– sur le septième trait de la ligne horizontale du carton gradué,
– après avoir récolté le sixième morceau de l'heure.

Chacune de ces réponses fait appel à des « opérations mentales » spatialisées, donc visibles, qui concernent des *données temporelles, qui, elles, ne le sont pas.*

Le changement d'origine, mise en pratique

Le but de l'exercice suivant est d'effectuer des allers et retours en partant, à chaque fois, d'un point fixe de départ autre que l'heure exacte.

Chaque enfant a son horloge à aiguilles mobile. J'utilise quant à moi un cadran découpé en 12 portions d'heure égales.

a) Je prends un à un 4 morceaux qui correspondent à 4 douzièmes d'heure. Les enfants pratiquent sur leur horloge les quatre sauts de l'aiguille bleue, qui arrive ainsi sur le

« 4 ». C'est notre nouvelle origine. Je leur dis que quoi qu'il arrive il faudra y retourner à chaque fois.

b) Je rajoute d'un seul geste 2 morceaux : les enfants avancent de deux sauts, l'aiguille est sur le 6.

Nous revenons à notre point d'origine 4 – moi en ôtant les deux morceaux, les enfants en reculant de 2 sauts.

c) J'enlève de ma main 1 morceau : les enfants reculent d'un saut, l'arrivée, c'est le 3. Puis chacun revient sur le 4.

d) J'ajoute alors 3 morceaux : les enfants font avancer l'aiguille de 3 sauts, et parviennent au 7, pour revenir ensuite, selon la règle, au 4 d'origine.

Toutes ces manœuvres sont des « opérations » sur du temps. Chaque morceau de carton que je manipule représente une durée de 5 minutes que les petits ont vécu réellement.

Lorsque cette activité est pratiquée avec des petits, j'ai pu constater avec plaisir que le concept de navigation, avant et après un point donné, était compris, sans aucun langage, exclusivement par des opérations mentales sur une démarche gestuelle vécue.

Lorsque, plus tard, on introduira du nombre dans la lecture de l'heure, ce geste d'ajouter 2 morceaux, qui est l'équivalent de l'opération « *dans dix minutes* », et le retrait d'1 morceau l'équivalent de « *il y a 5 minutes* », aura été bien préparé précédemment.

Reprenons les points ci-dessus en les rapprochant de ce qu'ils apprendront à propos de l'heure dans quelques années.

a) Je prends 4 morceaux correspondant aux 4 douzièmes d'heure. Par exemple, je passe de l'origine « 9 heures » à 9 h 20. C'est ma nouvelle origine.

b) Je rajoute d'un seul geste deux morceaux. C'est l'équivalent de « *10 minutes après* » ou, si l'on se repère sur l'heure qui était indiquée, « *dans 10 minutes* ». Le résultat est 9 h 30.

Retour à 9 h 20.

c) J'enlève de ma main 1 morceau : c'est une manière d'énoncer « *5 minutes avant* » ou, si l'on se repère sur 9 h 20, « *il y a 5 minutes* ». La réponse devient 9 h 15.

Retour à 9 h 20.

d) J'ajoute 3 morceaux : les enfants font avancer l'aiguille de 3 sauts, qui deviendront 3 fois 5 minutes, transformables en 3 × 5, c'est-à-dire 15 minutes : « *15 minutes après* » ou, si l'on se repère sur l'heure qui était indiquée, « *dans 15 minutes* ». Ce qui fait 9 h 35.

C'est une façon d'aborder ces deux expressions hautement mathématiques que sont : « *dans 20 minutes* », « *20 minutes après* » ou « *il y a 5 minutes* » ; « *5 minutes avant* ».

Or j'ai maintes fois constaté que, pour un enfant d'âge scolaire, la différence entre « *Il est 9 h 10* » et « *dans 10 minutes* », en partant de n'importe quel moment de l'heure, était tout sauf évidente...

Travailler la sériation sur la bande des 13 horloges

La bande verticale des horloges est une occasion merveilleuse de travailler la sériation puisque nous nous souvenons que, dans ce cas, c'est une relation d'ordre.

Elle nous permet de « lire » le niveau de raisonnement des enfants.

Les épreuves commencent dès le moment où l'on découpe la bande et que chacun se retrouve avec les 13 horloges, mélangées volontairement.

a) Il s'agit d'abord de les remettre dans l'ordre, soit verticalement suivant la sériation telle qu'elle a été constituée, soit horizontalement dans le sens gauche-droite.

Lors de cette reconstitution de la série, on observe deux types d'enfants : ceux qui parviennent à remettre dans l'ordre le parcours de l'aiguille bleue via le passage d'une marque rouge à une autre. Ils ont parfaitement intégré la démarche et les différentes étapes de « l'heure inoubliable ». Ceux qui n'y parviennent pas. Pour les aider, on reprend la succession sur l'horloge modèle en leur laissant, à chaque étape, le temps de trouver dans la collection des 13 horloges en désordre celle qui est identique.

Une série d'exercices va servir à confirmer cette structure de succession.

b) Pendant que les enfants ferment les yeux, on modifie quelque chose dans la sériation. Quand ils ouvrent les yeux, ils doivent remettre les cartes en ordre. (On peut former des couples : pendant que l'un ferme les yeux, l'autre effectue les modifications. On inverse ensuite les rôles.)

c) On retire une des horloges en faisant disparaître l'espace vacant. Nous la leur remettons « en mains propres », en leur demandant de la restituer à sa place.

d) On permute deux horloges de la série. Ils doivent corriger l'inversion.

e) On soustrait une horloge. Cette fois, on ne la leur montre pas. C'est à eux de trouver quelle est sa place et d'indiquer la position de l'aiguille sur le cadran.

f) On ôte une horloge, d'un seul bloc, on effectue une translation des trois ou quatre qui suivent, puis on replace celle que l'on vient d'ôter à la place vacante. C'est la modification la plus complexe à corriger. La manière dont les enfants repositionnent le tout est riche d'enseignement. Les uns désintègrent l'ensemble et repartent du début. D'autres, dont la pensée logico-mathématique est plus évoluée, défont la suite à partir de l'erreur. Ceux-là sont capables de recul. Ils effectuent des allers et retours du regard, conçoivent la suite exacte, la comparent avec ce qu'ils voient, modifient la partie erronée en ne déplaçant que les cartes concernées.

g) Une dernière épreuve n'est plus une reconstitution, mais une pure opération mentale : on mélange toutes les cartes et, cette fois, il s'agit de constituer la série en commençant par la fin. Or, parcourir, en pensée, le chemin inverse des aiguilles d'une montre est une opération mentale des plus difficiles. C'est ce que l'on fait également pour anticiper la durée d'un parcours, prévoir une heure de départ pour prendre un train... La vie nous impose de jongler sans cesse mentalement avec le temps dans un sens ou dans l'autre. Cette activité est à proposer aux enfants qui en sont capables. Elle sera essentielle pour « l'heure inoubliable 2 » que nous allons aborder maintenant.

L'heure inoubliable 2

Nous avons longuement développé «l'heure inoubliable niveau 1» et montré toutes les découvertes que cette séance pouvait apporter chez des petits. Cette même séance, pratiquée chez les plus grands en y incluant tout ce qui concerne le nombre, fait maintenant l'objet de «l'heure inoubliable niveau 2» Elle est très importante à l'école à partir du CE1. En consultant les manuels scolaires, on s'aperçoit que c'est dans cette classe qu'apparaît, pour la première fois, un chapitre sur l'apprentissage de l'heure. Malheureusement, les exercices qui y sont proposés sont destinés exclusivement aux enfants qui ont déjà tout compris... On voit les élèves perdus devant des épreuves livresques, reposant exclusivement sur des rapprochements d'écriture entre les deux horloges, celle à aiguilles et celle avec des nombres. Comment des enfants peuvent-ils réussir des exercices n'ayant aucun rapport avec la réalité temporelle? Comment opérer sur ces abstractions que sont les écritures si elles n'ont pas été vécues?

Tout au long de cet ouvrage, je tiens à donner des moyens de mettre à la portée des pensées enfantines des concepts qui sont, pour nous adultes, évidents. Or ces concepts sont l'aboutissement de longs processus de maturation, particulièrement dans le cas du temps. L'écriture mathématique marque la fin de ces processus.

On constate l'évolution harmonieuse de ce concept dans la tête des enfants, particulièrement chez les plus doués, lorsqu'on respecte cette progression : vécu, concrétisation/ symbolisation, reconstitution et opération sur les symboles.

À la lecture de ces séquences, qui respectent cette évolution de la pensée, il ne faudrait pas être découragé d'avance par leur densité, le matériel qu'elles exigent et l'énergie qu'il faut déployer pour leur réussite. Pour les avoir tant de fois réalisées dans les classes ou dans des petits groupes de patients en cabinet d'orthophoniste, je peux dire que « le jeu en vaut la chandelle », au vu des effets qu'elles produisent chez les enfants. Parents, enseignant et orthophoniste peuvent en tirer, pour leur enfant, une classe ou un groupe de patients, un exercice, un jeu, une explication qui permettront, petit à petit, de reconstituer le puzzle du dieu Khronos.

Les deux types d'horloges

Si on demande à un enfant de 5 ou 6 ans qui commence à s'intéresser à l'heure et aux horloges : *Si on t'offrait une montre, laquelle voudrais-tu recevoir ?*

En lui montrant une montre à aiguilles et une montre numérique, la réponse est toujours : *celle-là,* en pointant la seconde.

Cette montre est appelée « digitale » (du latin *digitus,* doigt, mais aussi de l'anglais *digit,* nombre).

L'enfant est très déçu s'il reçoit la première. On peut se demander pourquoi.

Lire sur un cadran $\boxed{09:20}$ est simple pour lui. Il est très fier de pouvoir « lire » l'heure. Mais ce n'est pas pour autant qu'en regardant le programme de télévision et en voyant que son émission préférée est à 9 h 35, il en déduira qu'elle commence dans 15 minutes…

L'horloge digitale repose exclusivement sur du nombre. Celui-ci ne fait pas partie intrinsèque du temps. En dehors de la lecture directe de ce qu'elle indique, sans acquisitions scolaires, aucune opérativité, aucun moyen d'utiliser cette écriture n'est offert par le cadran…

C'est pourquoi je recommande d'offrir aux petits une montre à aiguilles. Certes, nous l'avons vu dans la séquence précédente et nous le verrons dans la suivante (« La journée inoubliable »), la lecture de la montre à aiguilles repose sur une grande quantité de conventions qu'il faut apprendre. Pour autant, l'horloge à aiguilles, c'est de l'espace, or espace et temps sont intimement liés. Tout concourt dans ce livre à transposer du temps non visible en espace symbolisé. Ayant travaillé « L'heure inoubliable » et « Les 8 horloges » avec des petits, j'ai pu voir s'installer beaucoup de notions en rapport avec l'écoulement du temps d'une journée grâce à cette transformation du temps en espace/objets, ces objets permettant ensuite d'opérer en actions.

Avec les personnes illettrées ou dyschroniques, c'est cet outil qui a permis de faire acquérir les connaissances indispensables pour s'adapter à la vie sociale.

C'est pourquoi, lors des travaux de modernisation des gares, je crains toujours de voir disparaître la grande horloge qui trône toujours en bonne place sur ou dans le bâtiment. Un certain public compte sur elle pour pouvoir «opérer» approximativement, repérer où il en est par rapport au départ du train – alors qu'il ne le peut pas sur une horloge numérique.

Les copains à 60

Pour aborder le travail sur l'horloge numérique, il faut, au préalable, faire un travail sur la numération, particulièrement sur les complémentaires à soixante.

Matériel nécessaire :
– 60 allumettes regroupées par 10, ce qui donne 6 paquets.
– un grand papier qui servira d'affiche

Le but de l'exercice est, d'une part, de savoir compter de 5 en 5 et, d'autre part, d'être à l'aise dans la décomposition du nombre 60 en deux ensembles complémentaires.

Séquence

Chaque enfant a ses 60 allumettes.

La main droite prend les 60 allumettes et la main gauche est vide. On inscrit sur l'affiche 0 à gauche et 60 à droite.

On transfère un paquet de 10 allumettes de la main droite vers la gauche. Il en reste 50 dans la droite et on note sur un tableau en même temps le résultat obtenu : dans l'une 10 et dans l'autre 50. On continue ainsi à passer un paquet d'une main dans l'autre. Ce qui donne 20 pour la gauche et 40 qui demeurent dans la main droite, et ainsi de suite. À chaque transfert, on note.

On renouvelle l'opération en ouvrant une dizaine que l'on sépare en deux groupes de 5 allumettes. Et on reprend le tableau en complétant l'intervalle entre chaque ligne en prenant 5 d'un côté, ce qui donne 55 de l'autre, et ainsi de suite.

Les copains à 60	
Main gauche	**Main droite**
0	60
10	50
20	40
30	30
40	20
50	10

Les copains à 60	
Main gauche	**Main droite**
0	60
5	55
10	50
15	45
20	40
25	35
30	30
35	25
40	20
45	15
50	10
55	5

Ce panneau est à afficher dans une classe et doit être appris par cœur. On peut toujours poser les questions :

Quel est le copain du 15 ?

25 a-t-il un copain ?

Combien font les deux copains 55 et 5 ?

Est-ce que 30 et 35 sont copains ?

J'ai 30 allumettes dans une main. Combien ai-je dans l'autre ?

L'heure inoubliable avec l'horloge numérique

À partir du CE1, les enfants étant à l'aise avec « les copains à 60 », c'est le moment de leur faire vivre une « heure inoubliable » qui fera intervenir l'horloge à aiguilles et l'horloge numérique.

Le déroulement, le matériel, les objectifs sont strictement les mêmes que pour la séance longuement décrite précédemment. S'y ajoute du matériel amenant à compter oralement et à écrire les nombres, donc à transposer des durées évanescentes en un nombre de petites tranches de temps correspondant à la minute, et ceci en temps réel. Cette activité offre de plus la possibilité de distribuer d'autres responsabilités aux élèves.

Les enfants étant plus grands, les consignes sont plus faciles à donner et à être comprises, mais la préparation demande beaucoup plus de matériel, d'attention et d'anticipation. Ne pouvant pas agir sur l'horloge numérique, c'est à ce qu'elle indique qu'il faudra s'adapter. Cela veut dire que toutes les consignes auront été données au préalable, que chaque enfant saura la tâche qui lui incombe, qu'il lui faudra s'y tenir et être fin prêt à l'heure où la séquence doit débuter.

Matériel nécessaire

– une horloge numérique avec chiffres bien lisibles

09 : 00
09 : 01
09 : 02
09 : 03

– une longue bande de papier avec 60 cases

– une horloge à cases

– 5 cubes blancs

– 12 barres jaunes

– 1 collier avec 60 très grosses perles

– le panneau des «Copains de 60»

– 60 pailles

– deux disques superposés, celui du dessous est bleu,

celui du dessus, blanc, est partagé en 12 sections.

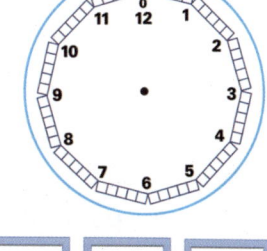

– 60 cartons empilés, notés : | 00 | 01 | 02 | 03 |

Un carton bleu noté : **grande aiguille minutes = min**

Et verso : **menteuse**

Tout le matériel de la séance n°1 sur le banc :

– l'horloge à aiguilles qui marche

– celle qui ne marche pas

– les 2 bougies

– les 2 aiguilles à tricoter
– au lieu de 4 bandes de la taille des bougies, c'est 16 bandes de carton qui sont cette fois nécessaires
– petites pinces, marqueur, allumettes, ciseaux

Matériel pour chacun des enfants :
– 1 horloge en carton avec aiguilles mobiles comme précédemment
– 1 bande verticale de 13 horloges, différente de celle de la première séance, puisqu'elle comporte les deux cadrans (l'un sans aiguilles, l'autre sans chiffres)

7 activités bien identifiées

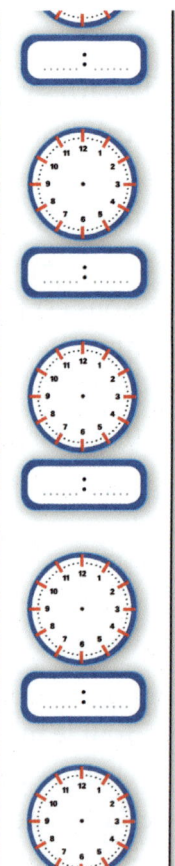

La longue bande de papier avec les 60 cases est fixée tout en haut du mur (au niveau du plafond). Une chaise, posée sur une table, va permettre à un enfant de remplir ces cases en descendant au fur et à mesure de l'écoulement de l'heure.

a) Un enfant est appelé « Maître observateur ». Il a un rôle très important : il est chargé de regarder l'horloge numérique et de dire, à haute voix, pour que tous les participants entendent, ce qu'il lit sur le cadran, à chaque changement, en commençant par :

09 : 00 « zéro neuf – deux points – zéro, zéro »

09 : 01 « zéro neuf – deux points – zéro, un »,

09 : 02 « zéro neuf – deux points – zéro, deux »

09 : 03 « zéro neuf – deux points – zéro, trois »

09 : 04 « zéro neuf – deux points – zéro, quatre »

09 : 05 « zéro neuf – deux points – zéro, cinq », etc.

Tout le monde est suspendu à ce qu'il annonce. Il rythme chaque minute.

b) Un autre enfant, appelé « Maître script », doit, chaque minute, noter dans les cases de la longue bande accrochée au mur ce qu'énonce le « Maître observateur ». Il est perché sur la chaise et écrit au feutre bleu.

Au début, il écrit à la hauteur du plafond, petit à petit il n'a plus besoin de la chaise, puis plus besoin de la table ; à la fin de l'heure, il est à genoux puis à plat ventre. Rien de tel pour prendre conscience du temps qui s'écoule !

Toutes les 5 minutes, contrairement aux autres écritures, l'heure est notée en rouge. C'est vrai pour :

09 : 00   09 : 05   09 : 10   09 : 15   09 : 20   09 : 25

c) Un participant fait défiler les 60 cartons empilés : il présente le carton correspondant à ce que Maître script est en train d'écrire, puis le met sur le dessous de la pile, et ainsi de suite.

d) Deux enfants assis côte à côte sont responsables des perles. Ils guettent ce que dit « Maître observateur ». L'un a les 60 perles enfilées, qu'il va devoir passer une à une à son camarade. Il indique 59, 58, 57… C'est ce qui lui reste après chaque minute passée. Simultanément, celui qui reçoit annonce tout haut 1, 2, 3…

e) Deux autres enfants sont chargés des 60 pailles et pratiquent la même démarche. L'un donne à l'autre en décomptant, l'autre reçoit en comptant. Seule différence avec l'activité précédente : les 60 perles sont reliées par la ficelle tandis que les pailles sont toutes indépendantes. C'est du discontinu.

f) Deux autres encore se partagent l'horloge à cases (inspirée de celle conçue par l'association Cuisenaire). Son cadran est fait de 60 petites cases, groupées par 5 – cinq entre 12 et 1, cinq entre 1 et 2, cinq entre 2 et 3… Sur chaque case sera posé un cube. Chaque minute, le premier enfant pose un à un les 5 cubes blancs à leur place entre le 12 et le 1. Au cinquième cube, il crie « Stop » et les ramasse. Le second enfant pose alors à leur place une barre jaune (qui est de la taille des 5 cubes blancs). Et ainsi de suite.

g) Enfin un enfant a les deux disques (l'un bleu, l'autre blanc, découpé en 12 sections). Toutes les 5 minutes, il pose un douzième sur le disque bleu en partant du haut dans le sens des aiguilles. Le disque bleu représente l'heure entière et chaque portion de disque représente une durée de 5 minutes. À chacune de ces 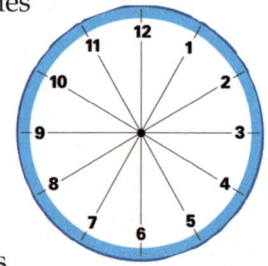 durées écoulées un morceau blanc est posé sur le disque complet.

Cette concrétisation spatiale, qui montre simultanément la portion d'heure déjà parcourue proportionnellement à la durée de l'heure entière, amènera les enfants à comprendre, beaucoup plus tard, les transcriptions de données sous la forme de diagrammes en « camembert ». Dans ces représentations, les données visuelles font apparaître d'un seul coup d'œil les rapports proportionnels des morceaux, les uns vis-à-vis des autres et du tout.

Ces 7 activités fonctionnent d'une manière isolée d'un bout à l'autre de l'heure.

a) Maître observateur	chaque minute
b) Maître script	chaque minute
c) la pile des 60 cartons	chaque minute
d) les perles	chaque minute
e) les pailles	chaque minute
f) horloge à cases	chaque minute pour l'un ; toutes les 5 minutes pour l'autre
g) les deux disques	toutes les 5 minutes

Pour éviter toute lassitude avec des activités toutes répétitives, on peut intervertir le rôle des enfants en cours de route. Ils doivent ainsi s'adapter à des tâches différentes dans des laps de temps très courts.

Tout le monde est à son poste. En dehors des sept enfants responsables d'une activité unique et visible aux yeux de tous, tous les autres font la même chose. Ils ont chacun leur horloge en carton dont les aiguilles sont mobiles et leur bande verticale de 13 doubles cadrans (à aiguille en haut et numérique en dessous), qu'ils utilisent toutes les cinq minutes comme dans la séquence de l'heure inoubliable 1. La séquence peut commencer !

Déroulement de la séquence

Top ! Il est 9 h

Les deux horloges qui fonctionnent, celle à aiguilles et la numérique, sont disposées en parallèle, parfaitement à la même heure. Celle qui ne fonctionne pas est aussi présente sur le côté. On allume la bougie en grande cérémonie. On met l'horloge qui ne fonctionne pas à l'heure de celle qui chemine.

« Maître observateur » annonce :

« *zéro, neuf – deux points – zéro, zéro.* »

et chacun :

– écrit sur la première des 13 horloges verticales 09 : 00 ;

– met les aiguilles de son horloge en carton en bonne position ;

– et dessine l'aiguille rouge et l'aiguille bleue sur le cadran circulaire.

« Maître script », perché sur sa chaise, écrit 09 : 00 sur « sa » grande bande.

09 : 01 puis 09 : 02, 09 : 03 et 09 : 04.

Top ! Il est 9 h 05

Il se passe beaucoup de choses à ce moment-là pour chacun des participants :

Individuellement :

– écriture de 09 : 05 sur la bande individuelle ;

– mise à l'heure de l'horloge en carton ;

– dessin des deux aiguilles dans la série des 13 horloges.

Pour la partie collective :

Chaque enfant est appelé un à un pour exécuter les mêmes actions décrites dans la séance précédente :

– placer la première pince à linge sur la première aiguille à tricoter ;

– placer la deuxième pince sur la deuxième aiguille à tricoter ;

– couper sur une bande de carton la longueur du morceau qui s'est consumé sur la bougie. Les deux morceaux sont posés sur le côté ;

– couper sur une autre bande de carton la longueur du morceau qui s'est consumé sur la bougie. Comme nous l'avons vu lors de « L'heure inoubliable 1 », la petite portion est à conserver précieusement. La grande portion va servir 5 minutes plus tard ;

– tracer un trait sur la troisième bande de carton ;

– plier sur la quatrième bande le morceau qui a disparu ;

– regarder le secteur circulaire posé sur le disque doré ;

– regarder le Maître script qui descend régulièrement ;

– regarder le nombre exposé dans la pile des 60 cartons : 05 ;

– observer les deux acteurs des perles ;

– observer les deux acteurs des pailles et leur demander à chacun où il en est du point de vue du nombre. L'un va dire 5, l'autre 55.

(Au besoin, ils peuvent s'aider de l'affiche des copains à 60, accrochée au mur, celle qui va de 5 en 5.)

Top ! Il est 9 h 10

Tout se passe comme ci-dessus à 9 h 05 : chacun écoute le « Maître observateur », regarde, questionne, inscrit, compare, agit, entend les nombres, l'un dit « 10 » et son compère « 50 ».

On se rappelle que sur la première aiguille à tricoter, on ajoute une seconde pince miniature pour la graduation, et que sur la deuxième l'enfant descend celle qui s'y trouve.

La nouveauté se situe à propos des bandes de carton. Comme au premier niveau, nous en avons quatre, de même longueur que les bougies :

– une que l'on coupe ;

– une que l'on marque au feutre ;

– une que l'on plie ;

– et une qui sert de référence.

Pour cette séance axée sur le nombre, les 12 bandes de carton qui ont été coupées de 5 minutes en 5 minutes vont symboliser le découpage de l'heure en deux sous-ensembles complémentaires (ceux des copains à 60). Cela va permettre un travail de reconstitution. Chaque morceau est le symbole d'un nombre représenté par de l'espace.

à 09 : 05

5 min	55 min

à 09 : 10

10 min	50 min

à 09 : 15

15 min	45 min

à 09 : 20

20 min	40 min

et ainsi de suite…

Toute l'heure se déroule ainsi, rythmée, pour les uns, de minute en minute, pour les autres de 5 minutes en 5 minutes, par des activités, toutes en durée réelle. Chacun a les yeux rivés sur la bougie qui se consume, signe que l'on ne peut agir sur le temps.

Quelques remarques sur le matériel créé

La bande de Monsieur Script : une fois écrite, elle va être un outil essentiel pour tous les exercices de calcul, d'évaluation d'après la longueur, de recherche de proximité de deux nombres. C'est un trésor à garder pour tous les passages linéaire – circulaire – numérique.

La pile des 60 cartons : elle illustre les deux manières de représenter le temps. Soit tous les instants sont visibles, ordonnés, mais c'est un temps qui n'existe pas – on ne peut pas être à deux moments à la fois ! Soit les temps sont empilés et on les fait apparaître les uns après les autres. Il n'y a alors qu'un temps à la fois, c'est le présent, unique, figé pour un court instant. Si l'on compare avec un livre, c'est la page sur laquelle le livre est ouvert ; les pages en dessous, celles qui vont venir lorsqu'on tourne les pages du récit, c'est le futur ; les pages tournées, c'est le passé.

Les perles et les pailles : l'intérêt des perles et des pailles, c'est la simultanéité du comptage. Les deux couples d'enfants, en se passant une à une la paille ou la perle dans la série, vivent les complémentaires à 60 de 1 en 1. (Compter +1, +1, +1 s'appelle «incrémenter». Décompter en faisant −1, −1, −1, «décrémenter». Cette dernière activité est la plus difficile.

Je demande en général à l'enseignant, avant la séance, de m'indiquer un enfant à l'aise dans la numération pour tenir ce poste. Cette tâche a pour but de préparer un exercice qui va suivre afin d'aider les écoliers à apprendre le sens du 10 h moins 20 ou 4 h moins 10, qui sera une autre difficulté à dépasser, souvent source de blocage, faute de comprendre cette notion.)

Deux notions nouvelles

Le niveau 1 de « L'heure inoubliable » faisait vivre, en temps réel, une heure découpée en 12 moments égaux, que l'on repérait suivant les chiffres écrits sur l'horloge.

L'introduction du nombre amène à deux notions nouvelles :

– Une heure, c'est 60 minutes. Au cours de l'heure, tout concourt à ce que soit dit, écrit, vu, décomposé, compté, +1 +1 +1, de zéro à soixante – et en même temps –1 –1 –1, de soixante à zéro.

– Lorsque l'aiguille bleue passe du nombre 12 écrit en haut pour arriver au 1 qui lui succède, ce n'est pas « 1 » qu'il faut dénombrer, mais « 5 », puisqu'il s'agit de minutes. Et il en est de même entre 1 et 2, entre 2 et 3, etc. Tout le matériel introduit à ce niveau 2 de « L'heure inoubliable » concourt à faire comprendre cette notion non visible sur une horloge ordinaire. Sur quelques montres d'enfants, on peut voir inscrit ce comptage de 5 en 5 jusqu'à 60. C'est un implicite qui doit être appris en donnant du sens.

On sort le carton bleu de « L'aiguille menteuse ».

L'aiguille bleue n'indique pas la vérité de ce qu'elle pointe. Lorsqu'elle est sur le 1, elle veut dire 5. Lorsqu'elle est sur le 2, elle veut dire 10. Lorsqu'elle est sur le 3, c'est 15 minutes qu'elle nous indique et qui se sont écoulées depuis l'heure juste. Avouez que ce n'est pas simple pour un enfant de 6/7 ans…

Comme il n'est pas facile de comprendre cette ultime subtilité, liée à l'horloge à aiguilles :

Moins ou plus ?

Pour parachever l'apprentissage de l'heure, il demeure une ultime difficulté liée à l'horloge à aiguilles, que tout adulte peut comprendre.

Imaginez qu'il soit 8 h 55. La deuxième appellation vous saute aux yeux : il est *9 heures moins 5*. Dans 5 minutes, il sera 9h… Ou est le problème, me direz-vous ?

Regardez à nouveau votre horloge, en essayant de visualiser la place exacte des deux aiguilles. Vous regardez la petite aiguille puisque c'est celle qu'on regarde en premier et que voyez-vous ?

Elle est sur le 9. L'enfant sait que l'aiguille bleue est, elle, sur 55 : il va donc dire 9 h 55. Ce qui est faux.

Vous lui demandez l'autre façon de donner l'heure avec l'utilisation du « moins » et il va dire « *9 h moins 5* ». Ce qui est juste…

Je vous propose de dépasser ce problème en rendant de nouveau linéaire la démarche d'apprentissage

Matériel nécessaire :

12 cartes de 1 à 12 écrites en rouge :

6 cartes écrites en bleu comme suit :

5 cartes écrites en bleu :

et au verso :

Les cartons sont posés au sol comme ci-contre.

L'enfant, partant sur le ⌊8h⌋ (en bas) va parcourir les cartons jusqu'à ⌊9h⌋ en montant et en marchant successivement sur tous les cartons bleus des minutes.

Il énonce *8 heures* et fait un pas pour être sur le carton suivant.

Il dit en se retournant et en montrant du doigt le ⌊8h⌋ :

9 h	
+55	−5
+50	−10
+45	
+40	
+35	−25
+30	
+25	
+20	
+15	
+10	
+5	
8 h	

Il est 8 heures plus cinq minutes.

Il fait encore un pas, se retourne, pointe le 8 du doigt en disant :

Il est 8 heures plus dix minutes. Avec le doigt, il parcourt le chemin depuis le 8 jusqu'à ses pieds.

Encore un pas et toujours en se retournant :

Il est 8 heures plus quinze minutes. Et ainsi de suite jusqu'à 8 h 30…

Il fait un pas, se retourne pour montrer le 8, parcourt du doigt toute la distance depuis ce 8 jusqu'à ses pieds et dit :

Il est 8 heures plus trente-cinq minutes.

Sa tête change de direction, il retourne le carton, il pointe le 9 qui est devant lui au loin et complète en disant :

Il est aussi 9 heures moins vingt-cinq.

À chaque pas il est important de faire la succession des gestes :

– un pas en avant.

– se retourner.

– dire l'heure avec le « plus ».

– retourner le carton.

– regarder et pointer le 9.

– dire l'heure avec le « moins ».

Il est 8 heures plus quarante minutes ou 9 heures moins vingt.

Il est 8 heures plus quarante-cinq minutes ou 9 heures moins quinze (qui deviendra *moins le quart* par la suite).

Pour conclure je ramasse le [8h] et le [9h] et donne à l'enfant le [5h] et le [4h] (volontairement dans cet ordre). L'enfant doit placer le plus petit, c'est-à-dire le 4, au début du parcours, en bas, et le 5 en haut. En marchant de 4h à 5h en énonçant les deux façons de lire l'heure on l'arrête sur le +50, par exemple. Il est capable de dire *quatre heures cinquante* en se retournant et *5 heures moins dix* en se projetant sur le 5 h.

En revenant à l'horloge à aiguilles, il se repère en situant les deux nombres entre lesquels l'aiguille bleue se situe : *L'heure est donc entre 4 et 5, soit 4h avec les plus, 5 h avec les moins.*

J'ai très souvent eu des « appels au secours » de la part d'ami(e)s dont les enfants ou petits-enfants, intelligents et même brillants, semblaient « murés » vis-à-vis des horloges et de leur utilisation. Il faut avouer que cet apprentissage réclame beaucoup de choses à assimiler, de conventions à commenter, de notions différentes à synchroniser. Il suffisait souvent d'un seul entretien pour débloquer la situation en leur faisant *vivre* cette « heure inoubliable ». Et ce même en ne tirant parti que de quelques aspects décrits ci-dessus.

Et quand bien même ces séances demandent du temps, de l'énergie, du matériel, elles sont indispensables en classe, particulièrement en CE1. Comment les élèves pourraient-ils opérer à l'aide de symboles sur des concepts totalement abstraits sans se les être appropriés dans la réalité ?

Épilogue : les dessins animés de Caroline

La petite fille d'une de mes amies savait que le dimanche matin, elle devait laisser dormir ses parents. Contrairement aux autres jours de la semaine, elle avait le droit, en se levant, d'allumer la télévision pour regarder les dessins animés.

Tout se passait très bien ainsi. Les parents, lorsqu'à leur tour ils se levaient, la trouvaient devant le poste de TV. La maman avait le sentiment que, ce jour-là, sa fille se levait de très bonne heure pour voir un maximum de dessins animés. Voulant vérifier l'heure du lever de sa fille, le samedi soir suivant, elle lui dit : « Quand tu te lèveras demain, tu regarderas les chiffres marqués là [sur l'horloge digitale] et tu les écriras sur cette feuille. » À cinq ans, Caroline savait copier les chiffres.

Quelle ne fut pas la stupéfaction des parents, en se levant le lendemain matin, de découvrir leur fille en larmes devant une feuille couverte de chiffres, sanglotant : « Ça change tout le temps… »

La suite était consciencieusement inscrite en colonnes 07 : 42
07 : 43
07 : 44…

Voilà une petite bien obéissante qui, par cet exercice fastidieux, a probablement compris la durée de chaque minute et aussi le fait que l'écriture régulière de la suite des nombres renvoyait à l'algorithme de la numération pour les heures et les minutes (l'ajout de 1 à chaque minute, l'heure restant invariante jusqu'à 60).

Cette expérience ayant réellement été vécue, elle fut structurante… mais si ces belles acquisitions, ce dimanche-là, ont réjoui quelqu'un, c'est la grand-mère, pas la petite-fille !

La journée inoubliable

Le sens de la durée d'une heure, en temps réel, a été abordé à travers «l'heure inoubliable», la lecture de l'heure y a fait l'objet de longues séquences d'apprentissage. Nous pouvons maintenant aborder la «journée inoubliable» qui se déroule dans la même optique – cette fois en dehors du temps réel puisque c'est une journée de classe que nous allons vivre en commun, aux horaires fixes et préétablis.

Cette séquence a pour but de faire comprendre la durée longue d'une journée, d'assimiler l'écoulement des 24 heures. Elle est envisageable vers 7 ou 8 ans – c'est à ce degré de maturité que les enfants en tirent tous les bénéfices.

Il est possible que des parents veuillent la réaliser avec leur enfant seul, mais il est beaucoup plus captivant de l'organiser en faisant participer plusieurs amis. Dans des classes, je l'ai vécue de nombreuses fois, au cours desquelles trente enfants ont tenu chacun un rôle, afin que cette séance soit vraiment «inoubliable».

Pour la réalisation, il est nécessaire d'évoluer dans un grand espace. Un gymnase est l'idéal ; une salle de classe demande de repousser tables et chaises le long des murs, tout le monde étant assis par terre.

Matériel nécessaire

– une horloge qui fonctionne
– 1 série de 12 cartons avec les nombres allant jusqu'à 12
– 1 série de 12 cartons allant de 13 à 24
– l'horloge à « cases minutes »
– 24 cartons notés en rouge de 00 à 24, représentant les heures sur l'horloge chiffrée
– le calendrier de la Poste de l'année
– un plot assez lourd avec un anneau auquel sont attachés des cordons
– deux cordons : un rouge et un bleu représentant les aiguilles, le rouge (le plus petit) pour les heures, le bleu (le plus grand) pour les minutes
– un disque doré représentant le soleil
– un croissant doré représentant la lune
– 1 carton avec AM = Avant Midi, Ante Méridien
– 1 carton avec PM = aPrès Midi, Post Méridien
– le carton rouge avec

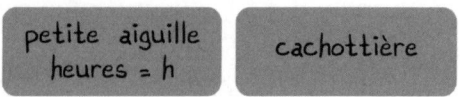

– les horloges individuelles de la séance de « l'heure inoubliable »

Déroulement de la séquence

Installation de la grosse horloge au sol

Tous les enfants sont assis en tailleur, formant un grand cercle au milieu duquel une horloge est posée à plat. En plaçant les 12 cartons qui indiquent les heures, je montre que nous allons constituer la même chose au sol, en grand format. Le 12 est posé à l'endroit qui sera le haut de l'horloge et je m'adresse à l'enfant qui se trouve à cet endroit :

Tu seras responsable du 12. D'accord ?

Il acquiesce.

– Tout en bas de l'horloge, quel nombre avons-nous ?

– Le 6.

Je pose le carton 6 en position diamétralement opposée au 12 et signifie à l'enfant qui est assis à cet endroit :

Tu seras responsable du 6. D'accord ?

Il acquiesce et je continue dans l'intervalle de gauche.

– À cet endroit, qu'est-ce qui est noté ?

– Le 9.

Je pose le carton 9, et responsabilise l'enfant proche.

– Et en face ?

– Le 3.

– Qui peut me dire le nombre de cartons qui me restent en mains ?

– 8.

– Comment avez-vous trouvé ?

Les enfants montrent les 8 places restantes.

Je me décale et stationne à un autre endroit.

– Quel nombre vais-je poser à cet emplacement ?

– Le 7.

Je distribue ainsi les responsabilités, un enfant pour chacun des nombres 1, 2, 4, 5, 8, 10, 11. Douze enfants sont donc responsables d'une heure de l'horloge au sol.

J'ôte celle qui nous servait de modèle et dépose à sa place le plot avec les deux cordons. Je désigne un autre enfant qui va jouer la petite aiguille rouge. Il va parcourir un tour complet, de 12 à 12 ; de la main droite, il tient le cordon rouge, de la gauche, il pointe l'une après l'autre les heures de la journée. Il va donc marcher d'une manière circulaire dans le sens habituel des aiguilles.

Assis sur une chaise, un autre enfant est désigné pour montrer les heures qui se succèdent sur l'horloge digitale. Il brandit les cartons successivement puis les place un à un à l'arrière de la pile. Pendant que l'aiguille va montrer 12 sur l'horloge au sol, lui va faire apparaître 00.

Un nouvel enfant tient l'affiche AM, qu'il expose. À la mi-journée, il permutera avec PM.

Le soleil et la lune

Un enfant est désigné pour jouer le rôle du soleil. Il prend le disque doré et doit chercher sur le calendrier de la Poste à quelle heure sont son lever et son coucher ce jour-là. C'est l'occasion d'un petit échange sur le parcours du soleil.

– Dans cette salle, pouvez-vous me montrer où est le soleil le matin ? Comment s'appelle l'endroit où le soleil se lève ?

– L'est.

– *Et où se couche-t-il ?*

– *À l'ouest.*

– *Où est l'ouest ? Comment s'appellent les autres points cardinaux ?*

– *Le nord et le sud.*

– *Où les situez-vous ?*

Si les enfants ne savent pas répondre, on explique. On demande à tous de réfléchir si, les jours de grand soleil, il faut tirer les rideaux pour ne pas être ébloui dans la classe. On leur demande de déterminer, les yeux fermés, quelle est la pièce de la maison où ils vivent qui est baignée de soleil le matin au lever, et de quel endroit on peut observer les lumières orange du couchant.

Pour certains, ces réflexions sont une grande découverte ; pour d'autres, ce processus solaire est déjà bien connu, et ils sont capables d'expliquer aux autres. La discussion est très riche. Ceux qui se sont vraiment intéressés à ce sujet peuvent même parler du déplacement à l'horizon des levers et couchers du soleil suivant les saisons. Ils ont plaisir à montrer leurs connaissances. Et c'est parfois une révélation pour tous.

L'enfant qui représente le soleil a pour tâche de traverser la salle, tout au long de la journée qui va s'écouler. Il doit bien sûr suivre le parcours d'est en ouest, en faisant monter le soleil progressivement, jusqu'à le lever bien haut à midi.

La lune prendra le relais en se levant elle aussi à l'est, à une heure également indiquée dans le calendrier de la Poste. Mais, à la différence du soleil, elle empruntera des formes qui varient chaque jour. Je recommande fortement à chacun de l'observer en famille, jour après jour, de la dessiner pour savoir quelle est son apparence. Lorsqu'elle a la forme d'un C, elle Décroît, lorsqu'elle montre un D, elle Croît. On dit qu'elle est menteuse.

Le parcours de la petite aiguille

La matinée

La séance commence. L'enfant petite aiguille débute son circuit en partant du 12.

Question posée :

– *C'est le milieu de la nuit. Quelle heure est-il ?*

– *Minuit.*

– *Que fais-tu à minuit ?* demande-t-on à l'enfant responsable de cette heure.

– *Je dors.*

C'est là que le spectacle commence, au grand bonheur de tous. Au moment où il est montré du doigt par l'aiguille rouge, chacun mime ce qu'il est censé faire durant l'heure dont il est responsable.

Eh bien tu es couché, tu dors. Il se couche au sol.

La petite aiguille se déplace et pointe le 1.

– *Que fais-tu à 1 heure ?*

– *Je dors.* Il s'exécute.

– *Que fais-tu à 2 heures ?*

– *Je dors.*

Les enfants se couchent quelques instants et l'on passe à l'heure suivante.

Jusqu'à 6 heures, le même scénario se répète.

Le soleil qui s'était dissimulé à l'est pointe discrètement son nez pendant que l'on continue le tour.

– *Que fais-tu à 7 h ?*

– *Je me lève.*

C'est très amusant de le regarder mimer chacun des gestes accomplis quotidiennement, conseillé par les autres pour ne rien oublier : habillage, toilette, petit déjeuner, ce qui est mangé au cours de ce repas…

Entre-temps, il est 8 h.

Que fais-tu à 8 h ?

C'est le voisin qui enchaîne : brossage des dents, préparatifs pour l'école et marche ou bien voiture pour y aller.

Que fais-tu à 9 h ?

Les uns ou les autres donnent leur avis pour que les gestes d'entrée en classe, puis les différentes tâches scolaires, en alternance avec les récréations, soient respectés par les enfants de 9 h, 10 h et 11 h.

Tout au long de ces 12 heures, l'horloge digitale a bien exposé les nombres des heures chiffrées. De temps en temps, d'ailleurs, tout le monde jette sur elle un œil avisé.

Il est midi, l'enfant mime le déjeuner à la cantine et décrit le menu qu'il préfère.

Un arrêt s'impose, pour analyser la situation et poser quelques questions. Contrairement à « l'heure inoubliable », nous ne sommes pas bousculés par le temps et les mises au point peuvent durer autant qu'il est nécessaire.

AM change pour PM.

Question posée à l'aiguille des heures :

Combien as-tu fait de tours ?

La réponse est parfois « 12 », puisque nous avons compté de 1 à 1 jusqu'à 12.

Mais en fait, *c'est un seul tour qui a été parcouru par le cordon rouge.*

– *Est-ce que la journée est terminée ?*

– *Non.*

– *Et pourquoi ?*

– *Le matin est fini, maintenant il y a l'après-midi.*

L'après-midi

L'aiguille redémarre un second tour.

– *Quelle heure est-il ?*

– *Il est 1 heure.*

– *Après 12, qu'est-ce que c'est ?*

– *13.*

– *Il est 1 heure ou 13 heures ?*

– *Les deux.*

– *L'aiguille rouge est une cachottière. Elle montre 1 heure de l'après-midi mais on peut aussi dire 13 heures. En France, les horaires de train, d'émissions à la télévision sont indiqués en 13, 14, 15. Où voyez-vous 13 au sol ?*

– *On ne voit pas écrit le 13 sur l'horloge.*

– *Alors le carton 13, on va le cacher sous le 1 et on va appeler la petite aiguille « cachottière » les après-midi. Vous savez, aux États-Unis, c'est différent.*

Bonne occasion pour commenter les AM et PM.

Je cache sous le carton « 1 » posé au sol un second carton marqué 13, en conseillant de s'en souvenir parce qu'on aura à répondre à des questions à ce sujet. On continue en mimant la récréation aussitôt après la cantine, puis de nouveau les activités scolaires. 14 est caché sous le 2, 15 sous le 3, et ainsi de suite.

Sont représentés, à 16 h 30, le retour de l'école, puis le goûter, les devoirs… dîner et coucher entre 20 et 21 heures. À chaque passage sur un nombre, on énonce les deux façons de dire l'heure.

Il est quatre heures de l'après-midi ou 16 h.

Il est cinq heures de l'après-midi ou 17 h.

Les activités sont mimées par chacun jusqu'au coucher, où les derniers s'allongent au sol. Certains se comportent en vrais professionnels du spectacle !

Il faut souligner qu'en général, à partir de 18 h, on ne dit plus *6 heures de l'après-midi,* mais plutôt *6 heures du soir.*

Le circuit de l'aiguille est achevé. La journée est finie.

Deux types de questions sont à poser à ce moment-là, qui permettent de passer d'une lecture à une autre.

Qu'est-ce qui est caché sous le 6 que nous voyons là ?

La question est posée d'après ce que je vois. À l'inverse :

Où vais-je trouver le 21 ?

Je cherche un nombre dissimulé sous les nombres de l'horloge.

Pendant longtemps, certains doivent, pour répondre, repartir du 12 et continuer : 13, 14, 15, 16… D'autres ont des points de repère ponctuels : « le goûter à 16 h », « les informations de 20 h ». Ils remontent ou redescendent d'après leur référence connue.

Quelques questions vont clôturer la séquence de « la journée inoubliable.

– *Maître de la petite aiguille, combien de tours as-tu fait ?*

– *Deux.*

Toi, la responsable du 8, peux-tu nous dire les deux façons de parler de cette heure ?

Toi, à ta place de 7, peux-tu nous mimer l'activité du matin et celle du soir ?

Quelques questions pour « opérer » :

Trois heures après 18 h, quelle heure sera-t-il ?

J'ai 3 heures de route pour aller voir mes parents. Je compte rester 2 heures chez eux. Si je pars à 8 h, quand serai-je de retour ?

Un professeur donne des cours d'une heure. Combien pourra-t-il voir d'élèves s'il commence à 8 h et s'arrête à 17 h ? Il prend 1 heure pour déjeuner.

Tu as 7 heures de vol d'avion. Et celui-ci part à 23 heures. Quand arriveras-tu ?

Le parcours des deux aiguilles durant une heure

Nous avons suivi la petite aiguille durant une journée entière, avec le déroulement successif des activités qu'elle accompagne. Il est important de revenir au déplacement simultané des deux aiguilles durant une heure, pour suivre leur parcours synchrone. Pour cela, nous allons vivre le parcours de l'aiguille bleue de 9 à 10 heures.

Il est 9 heures du matin. Un enfant, désigné pour être l'aiguille rouge, tient dans sa main droite le cordon rouge et indique du bras gauche le 9 de l'horloge. Un autre, représentant l'aiguille bleue, tient dans sa main droite le cordon bleu et, de sa main gauche, pointe le 12 de l'heure pile. Il va parcourir un tour complet en comptant les minutes.

Dans ce cas, tout le matériel utilisé précédemment pour «l'heure inoubliable» doit être réuni. Chacun va réaliser une activité différente, accompagnant le trajet de l'enfant aiguille bleue. Lui va marcher à tout petits pas, en comptant jusqu'à 60.

Matériel à ajouter à celui de L'heure inoubliable :

– un long rouleau de papier machine
– 60 allumettes
– un colombin (long boudin) de pâte à modeler
– 3 jeux de 60 cartons numérotés
– une bande de papier avec 60 cases
– l'horloge à curseur : il s'agit de 2 disques de tailles différentes. Entre les deux disques, une aiguille en carton, le tout est fixé au centre par une attache parisienne. On ne voit que l'extrémité de l'aiguille qui dépasse du plus petit carton et court autour du grand. C'est un curseur. Seule une marque indique le début, c'est-à-dire le 12 sur le carton.

Le tableau qui suit permet aux personnes qui voudraient se lancer dans cette entreprise d'en choisir quelques éléments, pour expérimenter la séquence. Chaque matériau (listé au-dessus et dans les séances de L'heure inoubliable)

renvoie à un aspect théorique précis, travaillé au cours de
«L'heure inoubliable» et de cette «Journée inoubliable»:

En continu	En discontinu	Rendre discontinu du continu	Numérique écrit
– la lampe n°1 – le disque à curseur	– la lampe n°2 – l'horloge «cases minutes» – 60 allumettes à poser – les perles – les pailles	– pâte à modeler – bande de papier 60 cases	– les 60 cartons n°1 – les 60 cartons n°2 – les 60 cartons n°3 – panneau «Les copains à 60»

En continu :

Le matériel de la durée

– la lampe n°1 avec interrupteur qu'on allume au début
et que l'on éteint à la fin;

– l'horloge à curseur décrite précédemment.

En discontinu :

– la lampe n°2 avec poussoir qu'un enfant va presser 60
fois au rythme du comptage collectif;

– l'«horloge cases minutes» suivant le modèle de L'heure
inoubliable, avec les 5 cubes posés un à un par un enfant;
les cubes étant posés, un autre enfant les remplace par une
réglette;

– une bande de papier sur laquelle un enfant pose 60
allumettes bout à bout, un autre fait une marque à l'extrémité
de chaque allumette;

– les pailles et les perles qu'un enfant décrémente, en passant successivement un élément à son partenaire (qui incrémente).

Rendre discontinu du continu :
Le matériel à sectionner
– un long colombin de pâte à modeler qu'un enfant sectionne au couteau à chaque nombre énoncé ;
– la bande avec 60 cases, découpées 1 à 1 à chaque minute prononcée.

Travail numérique écrit :
– les cartons notés de 1 à 60 posés les uns au-dessous des autres au sol, dans un espace différé du gymnase ;
– le même jeu, cette fois les cartons empilés sont présentés successivement puis posés au dos du paquet ;
– les cartes du troisième jeu sont posées sur l'horloge au sol, en suivant, accroupi, le pointage de l'aiguille bleue ;
– le panneau « Les copains à 60 ».

L'arrêt à 5, 10, 15, 20… permet d'interroger chacun des acteurs, qui doit dire ce qu'il fait et où il en est par rapport à l'heure.

La multiplicité de ces façons de faire, loin d'encombrer les jeunes cerveaux des enfants, les entraîne à parcourir tous les possibles et sollicite la mobilité de pensée. C'est bien le leitmotiv de tout notre travail.

Les petits mots situés avant « heure »

Dans le langage courant, le mot « heure » peut avoir différents sens suivant les petits mots qui le précèdent. Je vous propose d'examiner le rôle de ces mots, en lien avec les deux aspects de la représentation du temps – lesquels, au point où nous en sommes, n'ont plus de secret pour vous : l'aspect *punctiforme* du temps, qui concerne les événements, et l'aspect *linéaire* du temps, qui traite des durées.

Certains de ces mots indiquent donc un point situé sur la ligne du temps. Ce point peut être précis ou indéterminé, lié à une heure définie, ou non. Il en est qui indiquent deux points.

Quelques-uns parlent d'une durée, c'est-à-dire d'une grande quantité de ces instants (rappelez-vous du temps défini comme « un ensemble infini de points »). Ils déterminent des moments qui peuvent être précis ou flous, liés à la ligne du temps ou non.

Pour d'autres mots, enfin, c'est de mouvement dont il est question – vers l'avenir ou vers le passé, que l'on descende ou remonte le cours du temps.

Vous allez voir les subtilités linguistiques et les précisions que chacun de ces mots porte : il y a bien une infinité de façons d'exprimer et de comprendre le temps et son découpage.

Pour cette analyse, nous utilisons 6 lettres servant de symboles :

O : un point, c'est l'origine ;

E : un point à l'extrémité d'une durée ;

H : segment d'une longueur représentant la durée d'une heure, qui peut être situé à n'importe quel endroit de la ligne du temps ;

h : déplacement orienté sur ce segment symbolisant une heure ;

M : maintenant ;

T : la sonnerie du carillon à 1 heure.

« Une heure » a deux sens :

Quelle heure est-il ?

Il est une heure. **T**

C'est un point, lié au temps présent et à l'horloge.

Pour combien de temps en as-tu ?

Une heure.

C'est une durée : **H**

À une heure

À quelle heure est ton rendez-vous ?

À une heure. C'est le point **T**.

C'est un point fixe, noté $\boxed{1}$, indiqué par l'aiguille rouge sur l'horloge à aiguilles et $\boxed{01:00}$ sur l'horloge digitale.

« À l'heure »

Le concert a commencé à l'heure.

Il arrive toujours à l'heure.

C'est un point **O,** défini d'avance, qui coïncide avec une action.

« C'est l'heure »

C'est l'heure de partir.

C'est un point **M**, qui marque l'immédiateté.

« Sur l'heure »

Les secours sont venus sur l'heure.

C'est un point **E** ; l'expression implique, à la fois, la notion de promptitude et la notion d'une limite maximum de durée (une heure).

« Pendant une heure »

Il a attendu pendant une heure.

Il s'agit d'une durée **h** qui induit une présence constante.

« Dans une heure »

Le train arrive dans une heure.

C'est l'aboutissement **E** de 3 étapes :

1° Un point **M**, maintenant,

2° Une durée **h** orientée vers le futur,

3° Un point **E** à l'extrémité de cet intervalle.

C'est une expression déictique, à propos « d'ici et maintenant ». Nous y reviendrons.

« Il y a une heure »
Il est arrivé il y a une heure.
C'est la même chose que pour l'expression « dans une heure », à la différence que le **h** est une durée orientée vers le passé.
C'est aussi une expression déictique, à propos de « maintenant ».

« Depuis une heure »
Il est parti depuis une heure.
C'est une durée pour laquelle 4 étapes se succèdent :
1° Un point **M** maintenant,
2° Une durée **h** orientée vers le passé,
3° Un point **E** extrémité de cet intervalle,
4° Le « depuis », c'est un geste continu de retour du point E au point M.

« Une heure après » (relatif)
Les amis sont arrivés une heure après.
C'est l'aboutissement **E** de 3 étapes :
1° Un point **O**,
2° Une durée **h** orientée vers le futur,
3° Un point **E** à l'extrémité de cet intervalle.
C'est l'expression d'un récit, relatif à un moment autre que l'instant présent.

« Une heure avant »
Il est arrivé une heure avant.

Comme pour ce qui précède, à la différence que le **h** représente une durée orientée vers le passé.

C'est l'expression d'un récit, relatif à un moment autre que l'instant présent.

« L'heure passée »

Je viens de le faire l'heure passée.

Il s'agit d'une heure **H**.

« Toutes les heures »

Je dois prendre mes médicaments toutes les heures.

L'origine **O** se situe à n'importe quel moment. Dès lors qu'O est fixé, l'ensemble des points **E** doit impérativement être pris en compte, espacés d'intervalles de la durée **H** d'une heure.

« Chaque heure »

Chaque heure tu dois mettre de l'argent au parcmètre.

Il faut faire la révision de la cheminée chaque année.

En mathématique, le mot « chaque » pose problème pour les enfants parce qu'il porte un sens double. Il demande de ne prendre en compte qu'une seule donnée, mais réclame de garder en tête, simultanément, toutes les autres qui lui sont semblables.

« Chaque heure » est au singulier, il est donc bien question d'une seule heure **H**, mais, en arrière-pensée, elle prend en compte toutes les autres, qui sont régies par la même loi. L'expression implique aussi un sentiment de régularité, qui va dans le sens de la valeur de pluriel.

« Toute heure »
Toute heure commencée est due.
À l'image de l'expression précédente, son sens est double, centré sur une seule heure **H**. La différence réside sur le fait que les événements sont plus aléatoires. Ils ne donnent pas l'obligation de les renouveler de manière régulière.

« Tout à l'heure »
Tu m'as dit tout à l'heure que tu n'en voulais pas.
C'est une façon différente d'exprimer : « Il y a un petit moment ».

« À tout à l'heure »
C'est une manière de traduire un accord entre deux personnes pour un rendez-vous proche alors qu'elles sont en train de partir chacune de leur côté.

« À toute heure »
Repas à toute heure.
Le point **O** peut se situer à n'importe quel endroit de la ligne du temps.

« Durant une heure » / « Une heure durant »
Il n'a pas cessé de rire durant une heure.
Il s'agit d'une action maintenue **h**.

Il faut se mettre à la place d'un sourd ou d'un malentendant qui lit très bien sur les lèvres le mot « heure » , mais ne peut entendre ni comprendre ces petits mots qui donnent du sens dans la conversation.

Quel jour sommes-nous ?

Découverte de la semaine chez les bébés

J'étais à Besançon à la maison de la Culture de Palente, pour lancer une fête sur le thème du temps. Nous étions en janvier, la fête devait se dérouler en juin.

Assistait à cette réunion un public très varié réunissant toutes les personnes concernées par les activités de la maison de la Culture : le personnel de ladite maison et des enseignants de tous niveaux, des éducateurs, des juniors, des seniors… et même les responsables du futur musée du Temps, situé dans le somptueux palais Granvelle. Il s'agissait de survoler, en quelques heures, les multiples aspects de ce thème aussi riche qu'universel, et de donner l'envie à chacun de concevoir un jeu, un atelier, une exposition, un poster, un film, une chanson, des poèmes…

Assistaient aussi à cette soirée, regroupées en un bloc compact et solidaire autour de deux tables, une quinzaine de personnes très dynamiques qui se sont présentées comme étant puéricultrices dans deux crèches du secteur. Un peu perplexe, je ne leur cachais pas que je n'étais pas très compétente sur la question de la construction du temps chez les bébés et que je n'étais pas sûre de leur apporter quelque chose. *Ne vous inquiétez pas ! Nous sommes très intéressées par ce que vous allez raconter… C'est notre affaire, oubliez-nous…*

Je les ai oubliées et j'ai commencé mon intervention. En fin de soirée, elles semblaient satisfaites et j'étais moi-même très intriguée par ce qu'elles pourraient en tirer.

En juin, la fête était prévue sur une durée de dix jours, c'est-à-dire une semaine complète, en englobant le week-end du début et celui de la fin. Vous pensez bien que j'ai tenu à assister et à participer aux festivités durant un dimanche entier !

La richesse des présentations était extraordinaire : courses de vitesse, textes magnifiques composés par les jeunes et les seniors, décors, mises en forme originales… tout était passionnant ! C'était une véritable fête pour tous. Le public participait aux ateliers en famille, un vrai bonheur ! On sentait une grande participation de tous ceux qui fréquentaient la «Maison».

Je ne citerai qu'un exemple de jeu, qui attirait beaucoup les jeunes. Il s'agissait de cubes emboîtables dont le plus gros avait pour dimension un mètre cube environ et le plus petit un centimètre cube. En arrivant, on ne voyait que le gros, qui représentait l'année. En le soulevant, on découvrait le cube symbolisant le mois, puis celui symbolisant la semaine et ainsi de suite, jusqu'au cube symbolisant la seconde. Tous ces cubes non emboîtés occupaient une place folle dans le grand hall ! Il fallait alors les réemboîter, en commençant par le plus petit, et les nommer en utilisant la bonne unité de temps pour chaque. Puis les disperser à nouveau…

Mais qu'étaient devenues les puéricultrices ? Dans leurs deux crèches toutes proches, elles aussi faisaient la fête.

Dans le hall d'entrée de l'un des pavillons, une grande façade de maison de plusieurs mètres de long accueillait les arrivants. Sur cette façade de bois, sept fenêtres étaient découpées et un rideau de couleur en dissimulait l'intérieur. Le rideau de la première fenêtre, qui correspondait à lundi, était violet, celui de mardi était rouge, de mercredi jaune, de jeudi bleu, de vendredi vert, de samedi indigo et de dimanche orange.

La directrice de cette crèche pilote m'expliqua que cette maison avait été construite en accord avec les parents. En arrivant le matin pour déposer l'enfant, le papa ou la maman s'engage à suivre quotidiennement le petit scénario suivant.

Le père de Lucas, qui porte son fils dans les bras, soulève le petit rideau violet, sort une petite marionnette de doigt, l'enfile sur son index – c'est elle qui parle au bébé :

Bonjour, Lucas, nous sommes lundi, c'est le début de la semaine. On est heureux de retrouver Françoise, Denise et Emmanuelle. On va passer une bonne semaine. Bonne journée Lucas !

La petite marionnette violette regagne sa place derrière le rideau violet. Lucas et Papa rentrent dans la crèche pour ôter son manteau.

Le lendemain, c'est Maman qui accompagne Lucas. Même scénario, cette fois, c'est la marionnette rouge qui sort du dessous du rideau rouge et qui accueille notre bonhomme :

Bonjour Lucas, nous sommes mardi. Je suis heureuse de te retrouver. Tu vas voir Denise et Emmanuelle. Françoise n'est pas là le mardi. On va passer un bon moment ensemble. Bonne journée Lucas !

Et elle disparaît sous son rideau.

La semaine s'écoule ainsi, les marionnettes jaune, bleu clair et verte sortent successivement de dessous leur rideau. Du bout du doigt de celui qui l'emmène, la bienvenue est offerte à Lucas avec autant de chaleur, quelle que soit sa couleur.

Le vendredi est un jour particulier, Denise n'est pas là et Lucas ne viendra pas les deux jours à venir…

C'est vendredi, tu me reconnais bien, je suis la marionnette verte. Tu sais que tu ne verras pas Denise, c'est Emmanuelle qui fera ton jus de fruit. Tu sais aussi que tu ne viens pas demain, c'est samedi et ta maman reste à la maison. Elle espère dormir beaucoup. Tu ne viens pas non plus le jour d'après, c'est dimanche. Tu peux faire un petit coucou à la marionnette bleu foncé à côté. Coucou ! Un petit bonjour aussi à l'orange dans la dernière maison, au bout. Elles dorment toutes les deux, il ne faut pas les déranger. Chut !

Autre atelier génial dans cette crèche : sur un grand plancher carré de 2 mètres de côté environ étaient collées une chaussure d'homme, une chaussure de ski, deux chaussures (différentes) de petite fille, une autre à talons, une pantoufle, un soulier verni de taille 36, plusieurs chaussons de bébé, une ballerine, une mule, une babouche, une espadrille… tout en un seul exemplaire. J'ai pu voir un bébé qui ne marchait pas encore, naviguer, ravi, à quatre pattes parmi tous ces collages. Je l'ai vu mettre les deux pieds dans la chaussure de ski et s'asseoir sur le talon. Je l'ai observé tâtonner des mains et des pieds dans toutes ces chaussures. Le plus bouleversant pour moi fut quand, ayant choisi un chausson nettement trop petit pour lui, il tenta d'y introduire son pied de force, en vain. J'imaginais ce qui se passait dans la tête de ce petiot : *C'est impossible que j'aie grandi aussi vite. Ce chausson m'allait encore l'été dernier* !

D'une manière subliminale, le « bout d'chou » constituait déjà deux classes, la classe des chaussures qui étaient trop petites pour lui, qu'il pouvait mettre « avant », et la classe de celles qu'il mettrait « après », quand il serait plus grand. Le bébé philosophe était en train de comprendre le passé et l'avenir appliqués à son propre corps…

Jeux à propos de la série des jours de la semaine

Lorsque les enfants sont capables de donner la suite des jours de la semaine, toute une série de jeux permettent un travail d'ancrage de cette sériation.

Les uns peuvent s'organiser d'une manière linéaire, mais d'autres, qui proposent la disposition circulaire, sont aussi très intéressants parce qu'ils montrent l'aspect cyclique et infini du temps.

<u>Matériel</u>

Chaque jour de la semaine est noté sur un carton. L'enseignant ou l'animateur distribue à sept enfants un des cartons.

1. Il invite celui qui a le lundi à venir se placer devant lui. Les autres sont priés de se ranger dans l'ordre des jours de la semaine, les uns derrière les autres, pour constituer un petit train. Un huitième enfant, le contrôleur, vient vérifier le bon ordre des wagons.

2. Cette fois, c'est le jeudi qui est invité à se situer en première place. Les autres, en respectant l'ordre des jours,

reconstituent le train avec ce changement d'origine. Le contrôleur parcourt la totalité du train en demandant à chacun d'énoncer son nom suivant sa place dans la série. Il est en général très difficile de changer d'origine dans une suite circulaire donc à l'infini, apprise par cœur. Il suffit pour s'en convaincre de demander à un enfant de dire l'alphabet en commençant par « F ». On pourrait donc penser qu'avec ce changement d'origine, cette activité est trop difficile pour des enfants de maternelle. Il n'en est rien. J'ai pu assister à ces activités dans des classes et observer le bonheur de ces petits qui prenaient conscience de leur place relative et unique dans une série conventionnelle.

3. Les enfants constituent le petit train des jours de la semaine. Cette fois, chacun cache son nom à l'exception d'un seul dans la succession. Le contrôleur doit trouver comment s'appelle l'un ou l'autre des élèves désignés.

4. Un enfant de la classe sort quelques instants. Durant ce temps, deux enfants dans la suite permutent leurs places, détruisant ainsi volontairement l'ordre des jours de la semaine. En rentrant, il doit trouver l'erreur et rétablir la succession véritable.

5. Sept chaises sont installées en cercle. Les enfants tirent au sort un jour de la semaine. L'enseignant désigne une des chaises comme étant le lundi. Chacun est invité à se placer le plus vite possible dans le cercle en respectant l'ordre.

6. Même exercice, mais c'est l'enfant « vendredi » qui choisit sa place. Les autres doivent s'adapter à cette nouvelle disposition.

7. Même consigne : le « mardi » choisit la place où il s'assoit. Un foulard est placé au hasard sur deux autres chaises. Seuls les deux enfants concernés doivent venir s'asseoir.

8. 7 cerceaux sont disposés au sol en désordre. On fait sortir un enfant et on distribue les cartons des jours de la semaine à six autres. Chacun s'assoit au centre d'un cerceau. Lorsque celui qui était dehors revient, il doit trouver, d'après les noms de ceux qu'il voit, celui qui manque et qui lui est donc attribué.

Tous ces jeux entraînent d'une manière ludique la mobilité de la pensée des enfants. Celle-ci s'exerce à travers les modifications continuelles des dispositions spatiales (agencements linéaires ou circulaires), des «noms étiquettes» attribués aux enfants, des changements d'origine, des rôles de meneur ou de contrôleur dans le groupe. Tout en jouant, les enfants doivent continuellement raisonner, réfléchir, s'adapter, se situer à une place unique dans la suite conventionnelle : c'est bien le travail spécifique qui conduit à la maîtrise de la sériation.

L'adaptation de ces jeux n'est pas limitée à une classe, un club de loisirs ou à un atelier pédagogique – c'est-à-dire à la pratique en groupe. Les parents peuvent tout aussi bien jouer avec leur enfant. Dans ce cas, des petites chaises miniatures et quelques Playmobil offrent les mêmes occasions de fonctionner que dans la réalité avec les enfants.

Les cinq éphémérides

Le découpage du temps

Les calendriers se présentent sous une multitude de formes. Chacune de ces représentations nous offre un champ de réflexion à propos du temps et de la date. Toutes poursuivent le même but : montrer spatialement un découpage temporel, en utilisant quatre mots-clés – le jour, la semaine, le mois, l'année.

De ces quatre mots, un seul est rythmé hors de notre volonté. C'est le jour. De tout temps, les hommes en subissent le rythme par la force des choses. Nous passons d'un jour à l'autre en traversant la nuit. Cette alternance, qui impose la succession des pages de l'éphéméride que l'on détache quotidiennement, est appelée « circadienne » – du latin *circa*, presque et *diem*, jour – ou « nycthémère » – du grec *nux*, *nuktos*, nuit et *hêméra*, jour : espace de temps comprenant un jour et une nuit et correspondant à un cycle biologique (*Petit Robert*).

Cette alternance repose en effet en grande partie sur le rythme de notre « horloge interne », qui fait se succéder régulièrement activité motrice et période de sommeil. Michel Siffre s'est passionné pour l'étude des liens entre « l'horloge interne » et « l'horloge astronomique ». Ce scientifique n'a pas hésité à vivre pendant 2 mois cloîtré au fond d'un gouffre. D'après lui, privé de tout repère, ce rythme circadien perdure un moment chez l'être humain, puis il s'allonge, mais reste proche des 24 heures.

Ce qui est vrai pour le jour ne l'est pas pour les trois autres mots – la semaine, le mois et l'année –, qui sont des découpages créés par l'homme d'une manière arbitraire et qui, chacun, relèvent d'une histoire où se mêlent soit les observations du cosmos, soit des symboles et des croyances.

Le passage d'une semaine à l'autre se fait par regroupement de sept jours. Le nombre sept est d'origine biblique. Ce découpage du temps a été remis en question à l'époque de la Révolution française. Ce fut la période extraordinaire de la création du système métrique sur le modèle du système numérique, par regroupement à dix. Les scientifiques de l'époque ont ainsi uniformisé les mesures de l'espace à une, deux et trois dimensions (celles des capacités et des masses) en assemblant le tout en un seul système homogène. Par la suite, ce principe magnifique a été adopté ou est en voie d'adoption par la quasi-totalité des pays du monde.

Se posait alors le problème du découpage du temps. Comment l'adapter au système décimal ?

Fut instauré à ce moment-là, pour les horloges :

– 100 secondes pour 1 minute,

– 100 minutes pour 1 heure.

On peut découvrir ces horloges décimales au musée du conservatoire des Arts et Métiers, à Paris, et au musée de l'Horlogerie, à La Chaux-de-Fonds en Suisse. En France, ce découpage a duré de 1793 à 1795.

Pour le calendrier, le même principe a été tenté :

– 1 semaine durait 10 jours,

– 3 semaines constituaient le mois,

– 12 mois pour l'année.

Ce fut le calendrier républicain révolutionnaire, qui dura plus longtemps que l'horloge décimale : il a été édité et prescrit dans notre pays de 1793 à 1805. En URSS, ce même calendrier a été adopté de 1929 à 1940, c'est le calendrier révolutionnaire soviétique.

Si le système métrique a surmonté les vicissitudes, ce découpage du temps n'a pas résisté aux multiples pressions.

Revenons à notre calendrier actuel, pour lequel rien n'est systématique. Les regroupements des jours pour constituer un mois varient de 28 à 31. Ce nombre lié au jour s'appelle le « quantième ». Nous le tenons du calendrier grégorien chrétien. Le découpage est différent dans d'autres religions. Il est, ici comme ailleurs, le fruit d'une longue élaboration, le résultat de multiples péripéties dans lesquelles nous ne rentrerons pas.

Quant à l'année, elle nous est imposée par le soleil, mais l'histoire de son comptage jusqu'à 365 fut aussi le résultat d'interminables et savantes observations, d'ajustements dans lesquels les Égyptiens ont joué un grand rôle.

« Semaine, mois, année » sont donc des conventions et leur appropriation ne relève pas de la logique, mais d'un apprentissage. Notre but, à travers ce travail des éphémérides, est d'aider les enfants à s'approprier ces découpages conventionnels auxquels il faut bien s'adapter.

L'éphéméride

L'éphéméride (du grec *hêméra*, jour) s'avère être un trésor pour matérialiser ces temps longs. C'est un calendrier dont on détache une feuille chaque jour. Le temps qui est, par essence même, du continu est donc transformé en discontinu numérique.

Il devrait comporter 365 ou 366 feuilles empilées. Malheureusement, en France, la plupart des éphémérides vendues dans le commerce rassemblent, en une seule feuille, le samedi et le dimanche. Ceci est très préjudiciable pour ce que nous voulons en faire. Les Suisses, champions de la maîtrise du temps par leurs horloges et leurs calendriers, respectent le côté unique de chaque jour. Leurs éphémérides comportent un nombre de feuilles qui correspond exactement au nombre de jours de l'année.

Cet objet s'avère être le meilleur outil de base pour la construction des relations du jour à chacune de ces trois durées : année, mois et semaine.

Pour ce que nous voulons en faire, une seule éphéméride n'est pas suffisante. Nous en préconisons cinq (identiques), chacune ayant un rôle bien précis à jouer, comme nous allons le montrer.

Pour réaliser cet atelier, une préparation matérielle est nécessaire. Chaque notion que nous voulons faire passer requiert en effet une disposition particulière.

Les quatre premiers panneaux vont devoir être construits à l'échelle des éphémérides. Chaque page détachée devra pouvoir s'insérer à un endroit prévu pour elle dans l'organisation spatiale de l'année ou du mois.

1. Le premier calendrier concerne l'année scolaire entière. Il se présentera sous la forme d'une seule et longue ligne horizontale.

2. Pour prendre conscience du mois, le deuxième calendrier aura la configuration de douze bandes verticales.

3. et 4. Pour fabriquer les deux suivants, toujours pour prendre conscience du mois, il faudra concevoir deux tableaux à double entrée, l'un avec les jours notés horizontalement, et l'autre notés verticalement.

5. Enfin, le dernier a pour but de faire sentir la dissociation entre semaine et mois, dont les rythmes ne coïncident pas. Il ne sera pas nécessaire de prévoir une fabrication de panneaux d'affichage.

Le calendrier linéaire de l'année scolaire

Il faut savoir que la procédure la plus efficace pour rendre prégnante la durée d'une année est de la matérialiser d'une manière linéaire unique.

Pour les enfants et pour les jeunes, ce n'est pas l'année légale qui se structure en priorité, mais bien l'année scolaire.

Kévin, un patient de CE2, me dit fin décembre :

– Après les vacances, je rentre en CM1.

– Tu changes de classe ? lui dis-je très étonnée.

– Oui, c'est la fin de l'année…

Pour Kévin, ce n'est pas une confusion de langage, mais bien une méconnaissance de ces deux calendriers qui ne coïncident pas. Celui de l'année légale et celui de l'année scolaire. Ce qui nous concerne ici, c'est le rythme de l'année scolaire.

En reprenant le chemin de l'école à la fin des grandes vacances, chacun se souvient des sentiments de son enfance. Sentiments de curiosité, d'intérêt, de plaisir, d'inquiétude ou d'anxiété, c'est notre histoire personnelle.

Sophie refuse d'aller se coucher une veille de rentrée.

– Il faut aller dormir, pourquoi ne veux-tu pas aller te coucher ?

– Je veux rester éveillée pour profiter des vacances jusqu'au bout.

La rentrée des classes est toujours le début d'une nouvelle période. Chacun sait qu'elle sera longue et qu'elle est rivée à la fois à un niveau de classe et à un enseignant. La fin paraît tellement éloignée qu'elle est inenvisageable.

On peut se demander à quel âge un enfant accède réellement à la conscience de la durée d'une année scolaire. C'est au cours de la scolarité primaire que s'instaure petit à petit ce sens des durées longues chez les enfants. Le calendrier scolaire linéaire est d'un grand secours pour accéder à cette conscience dès l'instant où il est matérialisé, et ce même avec les petits.

Fabrication anticipée du calendrier

Il devra être fabriqué par l'enseignant avant la rentrée.

Il s'agit d'un rouleau de papier, comme celui utilisé dans les machines à calculer. Il comporte autant de cases que de jours depuis le début septembre, jour de la rentrée scolaire, jusqu'aux grandes vacances, fin juin ou début juillet. Chaque case est prête à recevoir une page d'éphéméride aux dimensions exactes et dans le sens gauche/droite. L'année scolaire comporte environ 303 jours, si l'éphéméride a 4 centimètres de large, la longueur totale de la bande devra avoir : 4 cm × par 303 jours = 1 212 cm = 12,12 m de longueur.

Cette longueur impressionnante permettra à tous de visualiser la durée d'une année scolaire. Ce support visuel marquant est la meilleure façon de prendre conscience de ce que représente cette durée. Ceci est valable que ce soit en maternelle, en primaire, avec des adolescents ou des adultes pour qui ce concept d'année est totalement abstrait. Dans une école, une institution, une association de lutte contre l'illettrisme, afin que chacun profite de ce travail sur le temps, on a tout intérêt à accrocher cette bande le long d'un mur dans un couloir ouvert à tous. Un partage de la responsabilité à remplir cette bande quotidiennement peut faire évoluer tous les groupes ou classes de l'institution ou de l'école.

À défaut d'un mur assez long pour que cette bande soit représentée en une seule ligne, un autre moyen permet quand même la matérialisation de ce calendrier. Il suffit de punaiser l'extrémité droite de la bande, qui correspond au terme de l'année scolaire, sur un bâton et d'enrouler toute la longueur de l'année sur cette fixation. L'autre extrémité de la bande est alors punaisée sur un second bâton. À mesure que le temps passe, on enroule la bande, d'un bâton sur l'autre, en laissant apparente la portion de la période en cours.

Sur cette bande annuelle, spécialement conçue pour l'année en cours, les samedis et dimanches sont marqués par des cadres d'une certaine couleur, les jours fériés d'une autre. Pour ceux qui fréquentent l'école, les périodes de classe sont signalées par une troisième couleur, les vacances par une quatrième.

Chaque jour, un enfant ou une personne, désignée comme « maître du temps », détache une page de l'éphéméride et à l'aide d'un bâton de colle la fixe à sa place sur la bande murale.

Des pinces à linge ordinaires permettent d'accrocher un petit papier vert indiquant un événement marquant, prévu à l'avance et lié à un jour précis. Il sera fixé en dessous de la date en question. L'événement étant passé, il sera réécrit sur un papier bleu et raccroché à l'emplacement où il a eu lieu. Les couleurs choisies sont les mêmes que dans le travail au chapitre « Les trois boîtes » : verte pour le futur, bleue pour le passé.

Ainsi présenté, ce dispositif va permettre de nombreuses activités, toutes structurantes. Nous allons en décrire quelques-unes.

La découverte du calendrier pour l'année scolaire

Dès le premier jour de classe, en septembre, l'enseignant va faire découvrir cette ligne du temps, soigneusement préparée en concordance avec le calendrier de l'année en cours.

Lors de la mise en route de cette activité à long terme, il est indispensable que chacun voie la longueur totale que représente l'année, à l'échelle de cette unité « jour». Un déroulement dans une cour de récréation est indispensable pour que se concrétise, d'un seul coup d'œil, la succession des jours réunis en une seule bande.

Je suis votre enseignante et vous serez avec moi dans la classe tout au long de cette année. Chaque jour, nous allons coller une page sur ce calendrier.

Elle explique, en montrant les feuilles empilées de l'éphéméride, que chaque jour l'une d'elles sera détachée et collée sur la bande. Elle fait observer d'un bout à l'autre la ligne continue et laisse les enfants l'explorer. Dans le cas d'une fixation murale, pour que ce soit à la hauteur de leurs yeux, il faut, dans la plupart des cas, couper la bande à l'endroit des portes. Certains centres ou écoles, pour ne pas rompre avec la continuité, contournent l'ouverture par le haut, ce qui oblige le responsable du collage à monter sur une table aux jours situés sur la partie haute des portes. Ainsi la continuité est-elle respectée.

Cette séance découverte est d'une richesse inouïe. Les enfants sont libres d'exprimer ce qu'ils voient, et de poser autant de questions qu'ils veulent.

La première impression dite, c'est bien sûr :

Que c'est long !

Il y a beaucoup de jours !

Tout ça avec toi ?

Ils sont invités à repérer les différentes couleurs et à leur donner un sens. Ils trouvent celle des dimanches, qui délimitent les semaines et qui se répètent avec une régularité sans faille. Ce n'est pas le cas pour les périodes de classe, les vacances et les jours fériés, plus complexes à interpréter puisqu'ils ne se présentent pas d'une manière algorithmique.

D'un jour à l'autre

Nous l'avons déjà signalé précédemment, le temps se construit avec de la ritualisation. C'est elle qui entre en jeu dans le fait qu'un geste scande les passages successifs d'un jour à celui qui suit, d'un quantième du mois au quantième suivant. Ce collage de la feuille symbolise le « aujourd'hui ». Cette action marque le temps présent d'une manière punctiforme. Ainsi sont créés deux espaces : à gauche, ce qui est passé, c'est la partie des feuilles collées. A droite, le futur, vierge de pages de l'éphéméride, montrant ce qui est l'avenir (à venir). Les cases existent sous nos yeux en tant que projet, mais elles sont vides. Ce sont les journées qui vont suivre.

Sur ce calendrier, l'algorithme immuable de la succession des jours d'une semaine apparaît dès le premier coup d'œil. Mais on ne va pas à l'école tous les jours ! Comment alors respecter le collage des feuillets quotidiens ?

Le rythme hebdomadaire scolaire est le suivant : deux jours de classe, un jour de repos, deux jours de classe, deux jours de repos. Pour intégrer cette succession, le mardi, outre la page du jour détachée et collée, celle du mercredi est aussi détachée. Mais elle ne peut être fixée d'avance : aussi sera-t-elle suspendue sous la bande à l'aide d'une pince à linge.

Demain, il n'y a pas d'école. Cette feuille, nous la collerons jeudi.

Le jeudi matin, deux feuilles sont fixées par le « maître du temps » : celle de la veille et celle du jour. À l'identique, le vendredi soir, deux feuilles cette fois quittent le talon de l'éphéméride et vont attendre le lundi pour trouver leur place aux jours du week-end, lorsque celui-ci est passé.

À l'identique, les veilles de départ en vacances, les feuilles leur correspondant sont, une à une, détachées par correspondance terme à terme avec le pointage sur la bande murale. Ces gestes sont accompagnés oralement de la répétition *Vacances, Vacances, Vacances...* ou bien en comptant le nombre de jours sans classe. Le paquet ainsi constitué est fixé sous la bande et chacune des feuilles sera collée au retour.

Le travail sur le temps présent : la date d'« aujourd'hui »

Élèves, nous avons écrit la date du jour sur nos cahiers, en copiant sur le tableau comme le font encore tous les écoliers. Ils reproduisent lettre à lettre, sans réflexion, ces trois renseignements, auxquels s'ajoute l'année. Si cette activité, nécessaire, permet à la longue de construire le marquage du temps, elle n'est pas opératoire, dans la mesure où il s'agit d'une copie. Ce n'est pas une activité qui demande de raisonner.

En revanche, donner du sens à chacun de ces quatre mots notés exige qu'il se passe beaucoup de choses dans la tête des enfants.

Jour	Quantième	Mois	Année

C'est ce qui doit être fait chaque jour pour qu'il y ait construction opératoire.

Le « maître du temps » est l'acteur, les autres sont les spectateurs actifs.

Le cérémonial qui caractérise l'arrachage quotidien de la feuille de l'éphéméride pour la coller dans sa case revêt une importance réelle parce que ce geste est opératoire. La feuille collée prend sa place en lien avec ce qui précède et ce qui suit. Sa position relative permet réellement la construction temporelle, qui va bien au-delà du fait d'écrire la date du jour. Ce jour prend toute sa valeur dans une suite.

C'est l'occasion d'un travail collectif très structurant. Il s'agit tout d'abord d'observer cette feuille que l'on vient de coller : « la date ». Elle nous donne trois renseignements différents. Les deux premiers varient tous les jours, le troisième tous les mois. Chacun fait partie de suites distinctes qui évoluent d'une manière autonome, sans synchronisation entre elles.

Le jour, c'est « un » parmi les sept, dans l'ordre des jours de la semaine. Le nombre progresse (+1+1+1…) depuis 1 jusqu'à 28, 29, 30 ou 31. C'est ce qui s'appelle l'incrémentation et qui prend appui sur la numération. Enfin le mois demeure invariant jusqu'au nombre butoir, nombre qui varie d'une manière irrégulière suivant la convention du calendrier.

L'énonciation de la date d'aujourd'hui devient alors le résultat de trois raisonnements indépendants suivant trois sériations parallèles, aux algorithmes différents, mais non coordonnées entre eux. La bande permet d'édifier et de visualiser très clairement cette trilogie : à gauche, le passé qui progresse régulièrement. Il s'allonge et représente les structures du réel. Ce qui a été vraiment vécu. Au milieu, aujourd'hui, c'est la feuille unique, c'est le présent qui est tout de suite révolu – le « point » dont parle Aristote. À droite : le futur, dont on peut parler. Ce sont tous nos projets et le mystère qui entoure ce qu'ils deviendront...

Des questions pour naviguer dans le temps

À propos d'« hier ». Les questions permettent de travailler la rétroaction, de réfléchir sur la période écoulée, dont on peut parler puisque nous l'avons vécue. Les feuilles d'éphéméride sont bien alignées. C'est le passé.

À propos de « demain ». C'est l'anticipation ou le travail sur le futur.

Dès les premiers jours de la rentrée des classes, il est très important de prévoir les prochaines vacances et de les structurer.

Quelle sera la date de demain ?

Et après-demain ?

Viendrez-vous en classe ce jour-là ?

Et pourquoi non ?

Comment s'appellent ces prochaines vacances ?

Où vont-elles commencer ?

Où vont-elles finir ?

Combien de temps vont-elles durer ?

Quelle sera la saison à cette époque ?

Quel temps peut-on espérer à ce moment-là ?

Y a-t-il des enfants dont la famille a des projets pour cette période ?

Montrez-moi la distance qui sépare « aujourd'hui » de ces vacances.

Quelles seront les vacances suivantes ?

Les vacances sont situées en les nommant (Toussaint, Noël, hiver, printemps). Sont pointés le jour de Noël, celui du Mardi gras, les autres événements marquants de la programmation... Sont aussi visualisées ou comptées par anticipation les feuilles représentant cette durée.

Des questions pour apprivoiser les « mots vecteurs du temps »

En travaillant sur cet outil visuel, à tout âge, cette démarche permet une structuration du temps très précise. Dans les écoles qui pratiquent cet atelier ritualisé, dès la maternelle, il est étonnant de voir les petits naviguer sur cette bande du temps, sachant répondre à toute question, et ce sous deux formes.

La première, c'est le « montre-moi ». Il s'agit des mots déictiques tels que : aujourd'hui, hier, demain, jeudi prochain, samedi dernier, les prochaines vacances, les dernières vacances, dans trois jours, il y a deux jours... La question est posée verbalement et la réponse des participants est un pointage du doigt sur la bande.

Plus tard s'installe le « comment s'appelle ». Cette fois, c'est l'animateur qui désigne une case ou une durée et qui demande de nommer ce qui est pointé.

Cette dernière question est beaucoup plus complexe et la réponse correspond à deux niveaux logico-mathématiques. Voici un exemple.

C'est aujourd'hui jeudi. Je demande : *Montre-moi hier.* L'enfant désigne la case du mercredi qui jouxte à gauche.

Montre-moi avant-hier : c'est mardi qui est pointé sans hésitations.

Immédiatement après, j'interroge : *Comment appelle-t-on ce jour par rapport à aujourd'hui?* (en indiquant ce jour).

La réponse sera *mardi* et non pas *avant-hier* comme on aurait pu l'espérer.

Dans ce cas « *mardi* » est une dénomination, c'est le premier niveau.

« *Avant-hier* » est une réponse relative qui demande d'énoncer la position d'un jour par rapport à un autre qui, lui, est fixe. C'est le deuxième niveau.

Je l'ai déjà dit, mais on ne le répète jamais trop ! : voilà qui, selon nous, confirme que les structures logico-mathématiques précèdent la capacité d'exprimer par le langage ce qui est compris.

Le mot « demain » après lequel on court sans cesse

– *Aujourd'hui, on est demain ?* demande Charles.

– *Ah ! non, aujourd'hui, nous sommes mardi, demain c'est mercredi.*

– *Tu m'as dit « Demain c'est après la nuit » : ça y est, j'ai dormi !*

Raisonnement purement logique, Charles est d'une rigueur incontestable, mais comment lui faire comprendre ce problème que demain, jamais on n'y arrive. Il fuit devant nous sans que nous puissions le rattraper ! Ainsi, le barbier qui annonce « *Demain, on rase gratis* » ne court aucun risque de travailler bénévolement !

Ce calendrier permet d'assimiler, à long terme, ce mot dont la mobilité relative à « aujourd'hui » est tellement troublante.

Trois papiers mobiles vont nous permettre de dépasser cette difficulté :

un bleu `hier` un rouge `aujourd'hui` et un vert `demain`.

Le « maître du temps » va, chaque jour, effectuer une translation d'une case vers la droite pour les trois papiers. Ce déplacement réalisé quotidiennement et accompagné de verbalisation a toutes les chances d'être compris, à condition d'être repris régulièrement.

Le calendrier du mois linéaire vertical

Il s'agit de 12 bandes verticales de 28, 29, 30 ou 31 cases à l'échelle de l'éphéméride qui va être utilisée.

Comme la bande est très longue, il est nécessaire de la fixer au mur en hauteur, au niveau du plafond.

Au début du mois, avec l'aide de l'enseignant, le « maître du temps » de ce calendrier doit, pour coller sa feuille d'éphéméride, grimper sur une table surmontée d'une chaise. C'est une escalade périlleuse qui marque le commencement d'un mois.

Au fur et à mesure des jours qui passent, la chaise n'est plus indispensable, puis vient le temps où la table n'est plus nécessaire non plus. En fin de mois il faut même s'accroupir pour coller la feuille journalière. La dernière case de la bande est importante. C'est l'ultime tâche du «maître du temps», qui doit transmettre le prochain jour ses fonctions à un autre enfant de la classe. Il signe en bas de la bande, clôturant ainsi le travail qu'il a bien mené. Celui qui va prendre le relais le lendemain sait qu'il pourra compter sur l'enseignant pour l'aider à grimper à son tour sur l'échafaudage afin d'atteindre le plafond. Pour tous les enfants, le changement de mois aura été marqué par un événement qu'ils n'oublieront pas et qui leur fera espérer être nommé « maître du temps » de ce calendrier.

Suivant la place murale dont on dispose, les différentes bandes mensuelles sont soit empilées pour ne laisser visible que la dernière en cours, soit accolées les unes aux autres pour en percevoir tout l'écoulement.

Dans cette activité encore, le rôle de la psychomotricité joue en la faveur des acquisitions temporelles. Le geste quotidien d'un côté et l'ascension pour atteindre le plafond de l'autre marquent, d'une manière radicale, un passage non visible dans la vie courante.

Je revois la tête des parents de Claire, haute de ses quatre ans, lorsqu'au retour de l'école, elle déclara très fière :

– On a changé de mois. Avant c'était avril et maintenant c'est mai.

– Comment sais-tu cela ?

– Demain, je suis la Reine de mai et je monte sur la table. Raison, ô combien valable, d'être fière !

Les tableaux à double entrée

Tout le monde connaît ces calendriers d'une page par mois, où les nombres sont rangés dans un quadrillage. Ces cases à l'échelle des éphémérides permettent à deux autres « maîtres du temps » de ritualiser la tâche quotidienne tout en structurant le principe de la semaine.

L'intérêt de cette présentation dans un tableau à double entrée appelé « tableau cartésien », c'est de placer côte à côte les deux dispositions de ces calendriers.

L'un comporte 7 colonnes correspondant aux 7 jours de la semaine, ceux-ci sont marqués horizontalement. Pour l'autre, les sept jours sont inscrits verticalement. Il s'agit alors de 7 lignes.

Deux enfants sont donc nommés responsables chacun d'un calendrier.

Le trouble provoqué par la succession simultanée du collage vertical chez l'une et horizontal chez l'autre provoque de vives réactions chez les enfants spectateurs. Ils soufflent tantôt à l'un, tantôt à l'autre, que leur collage est faux. Ils leur conseillent de faire comme chez la voisine. C'est une bonne occasion de travailler la mobilité de la pensée chez les petits et les plus grands.

Le calendrier qui montre la dissociation semaine-mois

Cette dernière utilisation des éphémérides ne demande pas de préparation, sinon de rassembler :
– une aiguille à tricoter,
– de toutes petites pinces à linge,
– quelques-unes plus grosses.

Chaque jour, une feuille est détachée de l'éphéméride et, après qu'on a fait un trou dedans, elle est transpercée sur l'aiguille à tricoter.

Lorsque les feuilles d'une semaine, du lundi au dimanche, sont enfilées sur l'aiguille on les unit à l'aide d'une petite pince à linge que l'on fixe sur un côté. Lorsqu'un mois complet est achevé, du premier jour à la fin, on réunit les pages à l'aide d'une grosse pince à linge de l'autre côté des feuilles. Apparaissent alors les décalages entre les deux sortes de pinces, le regroupement par semaine et celui par mois n'étant jamais synchrones.

Au travail pour fabriquer ces calendriers !

À quels âges ces calendriers sont-ils utilisables ?

La progression de ces 5 éphémérides suit l'évolution de la pensée logico-mathématique des enfants.

Le premier, linéaire pour une année scolaire, convient dès les classes maternelles, moyenne section. Il s'agit d'initier les petits, par le collage régulier des pages journalières, à cette construction du temps à long terme et aux notions qui s'y rattachent. C'est surtout pour les enfants de grande section de maternelle que tout ce travail est développé. Ils sont mûrs pour assimiler les opérations abordées dans les calendriers 1 et 2. Pour les CP, on y ajoute les tableaux à double entrée décrits en 3 et 4. Enfin, celui avec les aiguilles à tricoter rend grand service en CE1 pour faire comprendre les décalages de deux listes non synchrones jour et quantième.

Dans le cadre des centres de jeunes ou d'adultes en difficultés, ces dispositifs sont indispensables et doivent faire l'objet d'un travail quotidien et d'activités permanentes.

Le « coin du Temps »

Dans la vie, nous avons l'occasion d'utiliser différentes sortes de calendriers. En famille, dans une classe ou un centre de rééducation, j'ai toujours recommandé la création d'un « coin du Temps », au mur duquel on accroche de nombreux calendriers de présentations variées. Un enfant ou un jeune est alors responsable de l'un d'eux et, dans la séquence de début de journée consacrée à l'activité Temps, il doit accomplir un geste qui marque le jour. Il a pour tâche soit de coller une gommette, soit de barrer le ou les jours écoulés, soit de faire une marque à l'aide d'un tampon à l'emplacement qui convient.

Annuels et perpétuels...

Nous distinguons deux sortes de calendriers : les annuels, fixes, imprimés sur papier, que l'on consulte et qui nous indiquent l'ensemble de tous les jours de l'année ; les perpétuels, qui ne nous renseignent ni sur la date du jour ni sur l'année, qui sont formés de trois éléments mobiles et indépendants – le jour, le quantième et le mois – et qu'il nous faut mettre à jour au travers d'une action.

Les calendriers annuels imprimés

De présentations spatiales extrêmement variées, ils se répartissent visuellement par page.

– **1 page par jour**. Ce sont les éphémérides dont nous avons développé tout l'intérêt précédemment. Le rôle des enfants est fondamental et très constructif.

– **1 page par semaine** en 1 colonne. Ce calendrier convient pour les tout-petits. Nous avons vu que, chez les bébés, le rythme hebdomadaire pouvait être intégré très tôt d'une manière intuitive par la ritualisation des actions. Malheureusement, il existe peu de calendriers hebdomadaires jolis et attrayants. Pourtant ils auraient leur place dans la famille, à la tête du lit de chaque enfant entre 2 et 6 ou 7 ans. Ils devraient comporter, sur chaque ligne, un espace libre, sans illustration pour permettre de dessiner ou d'écrire par anticipation comment va se dérouler la semaine. La projection dans l'avenir du petit se construit dans la mesure où la famille le fait participer verbalement et visuellement par avance à ce qui va se passer. Son sens de l'organisation en dépend. J'en ai déjà parlé avec « Papa doit partir 5 jours ». L'enfant responsable de ce calendrier prend conscience du cycle de la semaine par le geste hebdomadaire qui consiste à ôter une page.

– **1 page par mois**. Nous en trouvons de quatre dispositions différentes : deux présentent le mois d'une manière linéaire, soit horizontalement soit verticalement ; les autres sont disposés sous forme de tableaux à double entrée (voir le chapitre précédent). Rien, dans la nature ni dans la vie, ne laisse paraître le passage d'un mois à l'autre, aussi l'arrachage mensuel de la page fait-elle prendre conscience de cet événement.

L'imagination des hommes est merveilleuse. Je possède un calendrier en trois dimensions en forme de dodécaèdre. C'est un solide régulier (toutes les faces sont égales) avec 12 faces pentagonales (5 côtés), et sur chaque face un mois est inscrit en tableau à double entrée. Ce bel objet est malheureusement annuel, donc vite périmé. Pourquoi ne pas le faire fabriquer en carton fort par les enfants eux-mêmes ?

– **1 page tous les deux mois** offre peu d'intérêt pour les enfants. Ce calendrier est appelé «bimestriel» – par opposition à «bimensuel» qui veut dire deux fois par mois.

– **1 page par trimestre.** Le trimestre ne prend sens pour les enfants que par rapport aux bulletins scolaires et aux vacances. Or celles-ci découpent l'année scolaire en trois morceaux aux limites élastiques et variables du fait du découpage de la France par zones. C'est la raison pour laquelle les enfants n'acquièrent que tardivement le sens du trimestre.

– **1 page par semestre**, présentée en colonnes mensuelles, avec au recto les 6 premiers mois et au verso les 6 autres. C'est la disposition de tous les agendas. Au début du livret,

6 colonnes sur la page de gauche et 6 colonnes sur la page de droite permettent un coup d'œil général pour l'année. En fin de livret, la même présentation offre la possibilité de programmer l'année suivante par anticipation.

«L'almanach du facteur» présente, depuis son origine au milieu du XIXe siècle, cette disposition semestrielle. Ce calendrier a l'avantage d'être présent dans tous les foyers français.

– **1 page par an**. C'est le modèle que l'on trouve dans les banques, en grand format cartonné, ou au contraire en petit feuillet publicitaire que l'on glisse dans le portefeuille. Il consiste en 12 colonnes, et il est agrémenté du nom des saints du jour.

Deux modèles (d'un grand format 60 × 40 environ) sont très intéressants pour les enfants. Les semaines y sont mises en valeur. Tous deux sont fabriqués en Suisse. Pour l'un, les mois de l'année sont notés horizontalement, ce qui donne 12 colonnes. Verticalement ce sont les jours de la semaine (lundi, mardi...) qui sont inscrits. Les quantièmes se trouvent à l'intérieur du quadrillage, verticalement. Tous les dimanches font ainsi des lignes horizontales de couleur vive.. Ce qui offre un coup d'œil d'une belle rigueur. Pour l'autre, c'est l'inverse : les 12 mois sont notés verticalement et les jours de la semaine se répètent cinq fois horizontalement. Les quantièmes forment des lignes à l'intérieur du tableau. Les dimanches, dans ce cas, donnent de belles colonnes colorées. Avec cette disposition, les enfants comprennent que le premier du mois n'est que rarement un lundi.

– **1 cahier par décennie.** Un autre trésor suisse (il s'agit de la Maison Biella à Bienne), cet agenda sur 10 ans! C'est un outil extraordinaire pour les personnes qui doivent projeter, longtemps à l'avance, des rendez-vous, et conserver en un seul cahier, en référence, à la fois les années passées et futures. De format horizontal, il utilise une double page par an: 6 mois occupent la page du haut et 6 mois la page du bas.

Tout ceci montre la grande variété de présentations de tous ces calendriers. S'adapter à chacun d'eux entraîne la mobilité de la pensée.

Les calendriers perpétuels

Ceux-là ont quelque chose de particulier: c'est à nous à composer la date. Pour cela, il faut la connaître!

Dans le «coin du Temps», quelques calendriers perpétuels sont des objets très pédagogiques, des trésors, puisqu'il est question de créer la date, en général en exécutant trois gestes, l'un pour le jour, à choisir parmi 7 données, l'autre (pour le quantième) à choisir parmi 31 nombres et le dernier (le mois) à choisir parmi 12 données.

L'esprit humain a eu, dans ce domaine aussi, bien des idées pour créer des objets ingénieux, artistiques, agréables à manipuler. Les enfants sont passionnés. C'est à qui sera le «Maître» de tel ou tel calendrier!

Je n'en décrirai que quelques-uns. Ce sont des modèles qui ont été fabriqués en atelier de menuiserie lors de fêtes sur le temps.

– Le plus classique est constitué d'une planchette sur laquelle sont inscrites les trois listes : les 7 jours, les 31 nombres et les 12 mois. Un curseur permet de se déplacer de haut en bas le long de chaque liste.

– Une sphère avec 3 anneaux mobiles qui tournent jusqu'à mettre le jour, le quantième et le mois de la date d'aujourd'hui en face d'une flèche fixe.

– Une planchette avec des trous formant une ligne horizontale de 7 trous en haut, un cercle constitué de 31 trous avec un joli décor en fond occupant le milieu. Enfin une seconde ligne horizontale en bas de 12 trous. Trois taquets permettent de fixer la date en les enfonçant dans les trous.

– Une planche avec 3 fenêtres évidées. Derrière, trois disques qui, en pivotant, font apparaître les trois éléments de la date.

Analyse des petits symboles sur les calendriers

Au premier abord on ne les voit pas, ces petits symboles. Il s'agit souvent des phases de la lune : la pleine lune représentée par un cercle blanc, la nouvelle lune par un disque noir, les premiers et derniers quartiers par des croissants orientés différemment. Belle occasion pour parler de cet astre dont le parcours se modifie sans cesse, dans le temps comme dans l'espace.

Certains calendriers numérotent les 52 semaines de l'année, d'autres inscrivent en petit le nombre de jours écoulés depuis le 1er janvier et le nombre de jours qui restent avant le 31 décembre.

En demandant à chaque élève d'apporter un calendrier ou bien, dans une famille, en collectionnant divers modèles, une observation approfondie de ces objets mesureurs du temps est toujours d'un grand intérêt.

Ces études comme les jeux qui vont suivre (et tous ceux du livre) sont d'excellentes animations lors de fêtes sur le temps, de rallyes dans un club de loisirs. Ils allient l'aspect ludique et l'aspect pédagogique.

Jeux avec les calendriers

Jeu n°1 : repérage dans le calendrier

3 participants

Matériel :

– 3 calendriers identiques ;

– des jetons que l'animateur distribue à chaque réussite.

C'est un jeu de rapidité. L'animateur a les trois enfants en face de lui. Il faut montrer du doigt la réponse à la question posée. Le premier qui a répondu a un jeton. Gagne celui qui a le plus de jetons.

Montrez-moi le 23 février.

… le 7 septembre.

… le troisième dimanche du mois de mars.

Combien de dimanches dans le mois de mars ?

Montrez-moi trois jours après le 15 avril.

… une semaine avant le 12 mai.

… le lundi de Pentecôte.

Quel jour de la semaine sera Noël ?

Je pars en vacances le 17 juillet pour 3 semaines, quelle est la date de mon retour ?

Le troisième lundi de juillet est à quelle date ?

Cette année, il y a combien de mois qui ont 5 dimanches?
Montrez-moi aujourd'hui.
… demain.
… hier.
… dans une semaine.
… il y a trois semaines.
… la fête du travail
… Noël
Quel jour de la semaine sera le premier janvier de l'année prochaine?
Montrez-moi la date de votre anniversaire.

Jeu n°2: repérage dans le calendrier

Même dispositif, mêmes questions mais cette fois les 3 calendriers sont différents.

Les questions sont les mêmes, mais avec un système tournant, les enfants changent de calendriers.

Jeu n°3: création de dates sur les calendriers perpétuels

Il faut pour cela avoir collectionné ou fabriqué différents calendriers perpétuels. Toutes les questions sont à reposer. Il faut noter celles auxquelles on ne peut pas répondre avec ces nouveaux outils.

Les mots vecteurs du temps

Pour parler du temps et raconter les événements, ou les prévoir, les moyens offerts par la langue française sont tels que l'on peut tout exprimer avec une précision étonnante. Le vocabulaire, la syntaxe, la grammaire mettent à notre disposition un panel incroyable de formes pour parler soit de faits liés à un moment précis dans le passé, le présent ou l'avenir, soit de durées plus ou moins longues, achevées ou inachevées.

Par écrit, afin d'organiser notre temps personnel dans la vie de tous les jours, nous avons l'outil le plus rationnel : l'agenda. Une merveille de concision où sont consignés les heures, les jours, les semaines, les mois et l'année. C'est la forme écrite la plus cartésienne, qui fait la synthèse du passé, du présent et de l'avenir, associant l'horloge avec ses nombres et le calendrier avec ses nombres. L'un et l'autre sont adoptés universellement, ce qui est bien commode ! Il faut juste tenir compte des décalages horaires pour être branchés, via Internet, avec le monde entier. Dans notre situation hyperoccidentalisée, aucune personne active ne peut se passer de son agenda. Pour les programmations à long terme, les Suisses, virtuoses dans la maîtrise du temps, fabriquent même des agendas décennaux. Des trésors malheureusement très peu exportés !

L'agenda, qui utilise un minimum de langage – se passant presque de mots –, est un peu un cas particulier : dans les autres formes écrites, et à l'oral, nous utilisons constamment une multitude de « vecteurs du temps ». Ces mots, ces expressions, ces tournures de phrases nous sont indispensables pour communiquer avec les autres, accorder nos temps respectifs, se rencontrer, travailler… en un mot vivre en société de langue commune. Représentant deux aspects du langage temporel, ces vecteurs sont par conséquent de deux sortes : les mots « déictiques » et les mots relatifs à un moment donné. Prenons tout de suite pour exemple trois mots de chaque catégorie pour bien faire la différence : « aujourd'hui », « hier » et « demain » sont déictiques, « un jour », « la veille » et « le lendemain » sont des mots relatifs de récit.

Les mots déictiques et la structuration du temps chez les petits

Avant même de parler, les enfants commencent à s'approprier les vecteurs temporels déictiques (du grec *deiktikos*, « démonstratif », et *deixis*, « désignation »). Ces mots servent dans le cas où le locuteur se situe réellement dans le temps –

maintenant, aujourd'hui – et dans l'espace – ici, là. Celui qui parle ou qui écrit s'exprime par rapport à l'instant présent. Dans les romans au présent, c'est le langage déictique qui est utilisé : le lecteur suit au jour le jour les événements, instant par instant, en symbiose avec le héros. Il vit et ressent à l'unisson tout ce qui lui arrive. Les pensées qui affleurent dans la tête sont sur le mode déictique. Les dialogues le sont aussi, par la force de leur présentation «ici et maintenant».

Ces mots déictiques que les enfants entendent et s'approprient vont leur permettre d'initier la synthèse du temps, de l'espace et de la causalité, et donc d'appréhender des faits temporels, d'en comprendre la logique, et, *in fine*, de se structurer.

Papa rentre de la crèche avec Gaël.

Ce matin, les enfants ont assisté à une séance de marionnettes.

Gaël mime alors Guignol qui tape avec son bâton. Il a compris cette phrase et, en mimant la séquence, il revit un épisode passé.

*Va chercher tes chaussures, on va partir **tout de suite**.*

Camille court chercher ses sandalettes. Bien sûr, il voit ses parents sur le départ, ce qui implique qu'il doit mettre ses souliers : il comprend l'imminence de l'événement.

*S'il fait beau **demain**, on ira à la piscine.*

Anton, au réveil le lendemain, va chercher dans son armoire le maillot de bain.

En même temps que se développe le langage chez eux, il est très étonnant d'observer leur façon de s'approprier les vecteurs temporels, leur compréhension, leur utilisation.

Maman, tu viens ?

Tout de suite.

Non pas tout de suite, maintenant !

Je recommande aux parents qui ont un enfant de cet âge d'être attentifs à l'utilisation de ces mots qui vont structurer ce concept très particulier qu'est le temps. Les ayant entendus, les petits vont tenter de les utiliser, dans différentes circonstances, à plus ou moins bon escient. Très vite, chaque mot va prendre sa valeur temporelle. Les progrès à l'âge de la maternelle sont stupéfiants dans ce domaine. L'école y contribue pour beaucoup par l'utilisation quotidienne des mots déictiques.

Dès cet âge, on peut déceler, avant même qu'ils rentrent à la «Grande École», ceux qui risquent de développer ce que nous appelons une «dyschronie» et dont nous avons parlé dans l'introduction de l'ouvrage. Ceux-là ne jonglent pas, en pensée et en parole, avec ces mots et ce trouble peut ne pas se révéler avant plusieurs années, comme tout ce qui concerne la pathologie du domaine du temps.

Voici les mots ou les expressions typiquement déictiques :

Il y a...						Dans...
	avant-hier	hier	aujourd'hui ↑	demain	après-demain	
	mercredi 3 août	jeudi 4 août	vendredi 5 août 9 h 38	samedi 6 août	dimanche 7 août	

Sur votre agenda, vous pouvez pointer tout ce qui suit de part et d'autre de la page d'aujourd'hui sans aucune ambiguïté. S'il s'agit d'un rendez-vous, il est situé dans le temps.

Il y a 3 minutes	Dans 3 minutes
il était 9 h 35	il sera 9 h 41
...... 3 heures	...... 3 heures ......
...... 3 jours	...... 3 jours ......
...... 3 semaines	...... 3 semaines ......
...... 3 mois	...... 3 mois ......
...... 3 ans	...... 3 ans ......
...... 3 siècles	...... 3 siècles ......
Il y a...	**Dans**...
induit l'imparfait	implique un futur
ou le passé composé	

En parlant de ce qui précède, si vous avez l'intention de raconter quelque chose qui s'est passé à ce moment-là, vous situerez pour le passé et pour ce qui va advenir vous direz :

*la semaine **dernière***	*la semaine **prochaine***
le mois dernier	*le mois prochain*
l'année dernière	*l'année prochaine*
le siècle dernier	
l'an passé	
l'année passée	

Pour une temporalité proche mais plus vague, vous direz :

l'autre jour	*dans les jours qui viennent*
dernièrement	*prochainement*
ces derniers temps	*dans quelque temps*
ces temps derniers	*incessamment*
	dans quelque jours
	sous peu

et dans le présent :

maintenant

dorénavant

présentement

séance tenante

actuellement

en ce moment

d'ores et déjà

à cette heure

C'est donc dans le registre déictique que les enfants s'épanouissent, avant de faire la différence entre « hier » et « la veille », entre « demain » et « le lendemain ». Une distinction qui nous amène à l'autre type de vecteurs du temps, les mots de récit. Ceux-ci exigent une décentration temporelle qui débute après la première année d'école maternelle.

Les mots relatifs à un événement

Un narrateur utilise une autre catégorie de mots que ceux qui sont décrits précédemment. En situant le moment du récit, il demande à ceux qui l'écoutent de quitter le présent. Le discours étant décalé dans le temps (« ce jour-là »), il ne peut dire « hier », mais énonce « la veille », pour parler du jour précédent. Il troque le « il y a trois jours » contre « trois jours auparavant ». Toute la syntaxe et la grammaire (avec la fameuse concordance des temps, si subtile dans la langue française) s'en trouvent modifiées. En outre, selon qu'il s'agit d'une histoire racontée oralement ou par écrit, le style du langage narratif ne sera pas forcément le même.

L'enfant baigne dans tous ces modes d'expression et fait le tri, s'y adaptant au fur et à mesure de l'évolution de sa pensée logique. C'est ce qui est fascinant chez l'enfant : il utilise spontanément des formes linguistiques adaptées, et, en quelques années, c'est en place ! Les premières années sont primordiales ; par la suite, suivant le milieu dans lequel il vit, l'expression va s'enrichir. Ses capacités de classer, sérier, réorganiser une histoire dont les conséquences s'enchaînent se retrouvent dans la structure de son langage et dans sa compréhension de celui d'autrui.

Voici les mots ou les expressions typiquement « de récit » :

… jours avant	l'avant -veille	la veille	un jour	le lendemain	le surlendemain	… jours après
			1er janvier 2000 à 00 : 00			

Aucune ambiguïté dans cette situation non plus. Vous pouvez situer tout ce qui suit :

...... 3 minutes avant	...... 3 minutes après ......
...... 3 heures	...... 3 heures ......
...... 3 mois	...... 3 mois ......
...... 3 années	...... 3 années ......
...... 3 siècles	...... 3 siècles ......

	le réveillon de l'an 2000	
le jour d'avant...		le jour d'après...
la semaine d'avant...		la semaine d'après...
....		....
le ou la .... précédent(e)	*ce jour-là*	le ou la .... suivant(e)

Un répertoire riche et complexe

Toutes les catégories grammaticales comportent de nombreux exemples de mots du temps :

– les verbes qui marquent une durée : *grandir, endurer, prolonger, conserver, poursuivre, perpétuer, continuer, attendre, dormir...*, qui portent en eux une notion de continuité sans même être conjugués ;

– des noms : *jour, matin, éternité...* ;

– des adverbes ou locutions adverbiales : *vite, longtemps, jamais, maintenant, tout de suite...* ;

– des adjectifs qualificatifs : *long, récent, contemporain, interminable...* ;

– des adjectifs numéraux cardinaux : *5* (heures) ;

– des adjectifs numéraux ordinaux : *à la deuxième* (minute) ;
– des prépositions : *depuis, pendant, avant* ;
– des conjonctions : *quand, pendant que, dès que, alors que, jusqu'à ce que, après que…* ;
– des expressions : *à l'instant même, de temps à autre, « je suis en train de… », pour le moment.*

Liste non exhaustive…

Certains termes sont polyvalents, comme « avant », « après » qui peuvent être :
– adjectif : *la semaine d'avant* ;
– adverbe : *il est parti avant* ;
– préposition : *avant lui* ;
– conjonction : *avant que tu reviennes.*

Arrêtons-nous quelques instants sur chacun de ces mots et imaginons de faire percevoir la précision temporelle qui le sous-tend à des enfants sourds ou malentendants.

Essayons par exemple de faire sentir la différence entre les conjonctions « avant que », « dès que », « pendant que », « alors que », « jusqu'à ce que », « après que ». Chacune d'elles concerne des rapports temporels très spécifiques :
– les uns sur des événements, les autres sur des durées ;
– les uns sur la simultanéité, les autres sur les successions ;
– les uns sur des temps emboîtés, les autres sur des durées se chevauchant ;
– les uns en référence au début d'une durée, les autres à la fin.

On se rend alors compte de l'immense difficulté pour faire comprendre les subtilités de chacun, sa valeur de précision !

Sans compter que tout ceci repose sur du temporel, non visible!...

J'ai souvent entendu des parents ou des enseignants dire : « Il ne comprend pas ce qu'il lit ». Entre le déchiffrage d'un texte et sa compréhension se situe la logique. Or, nous venons de le constater, la logique temporelle exprimée par des mots ou des expressions est très complexe et ne repose pas que sur le simple vocabulaire... Ce sont toutes ces subtilités qui rendent difficile l'apprentissage d'une langue.

À propos du temps, du langage et des enfants, il est un autre aspect qui nous concerne, celui du langage dans la mathématique. Nous l'analyserons spécifiquement dans la quatrième partie de l'ouvrage, à propos des « énoncés en mathématiques ». La rigueur des raisonnements logiques et numériques, et les opérations arithmétiques elles-mêmes sont très liées aux actions qui se déroulent dans le temps.

Je voudrais clore ce chapitre par un court hommage à un autre type de langage temporel, en dehors de l'écrit, mais toujours dans le récit : le cinéma. C'est l'art le plus accompli de l'expression du temps par du temps. Véritables funambules, réalisateurs et scénaristes inventent des artifices et des trucages pour retracer ce temps immatériel. Leur virtuosité s'exprime dans des œuvres dont on ne peut qu'admirer les réalisations magnifiques : cadrages, montages, couleurs, actions sont organisés temporellement pour faire revivre ce qui est passé, comme si on le vivait au présent... Des raccourcis, des artifices rendent simultanés des époques différentes, des lieux variés – le temps de la projection, notre pensée a le don d'ubiquité… Le but est de maintenir le public en haleine jusqu'à la fin. Tout cela est le fruit d'une construction minutieuse, à laquelle s'ajoute le paramètre imposé de la durée, qui varie entre 1 h 30 et 2 h. C'est vraiment l'art complet du temps !

Le « jeu de bataille » du temps

Au fil des pages de ce chapitre, l'enfant a fait de multiples découvertes et acquisitions à propos de l'horloge et du calendrier. Pour que s'installent progressivement toutes ces acquisitions, il faut du temps ! Cette progression s'effectue au cours des cinq années de la scolarité primaire, par petites étapes, en travaillant simultanément trois aspects de la mesure des durées.

1° *L'apprentissage de conventions*. Par exemple : c'est la petite aiguille qui indique les heures ; 1 h = 60 minutes ; la grande aiguille fait 24 tours en une journée ; un quart d'heure, c'est 15 minutes. Ce sont des choses qu'il faut apprendre. Pour qu'elles deviennent vraiment efficientes, ces connaissances apprises ont besoin d'un entraînement régulier.

2° *Un entraînement au calcul mental et aux opérations*. Il est indispensable pour maîtriser les nombres en système de regroupement par 60 ou 24 : 3 heures c'est 3×60 ; 3 jours c'est 3×24 ; 1 h 20 c'est $60 + 20$; 150 minutes c'est 2 h et demie. Comme tout ce qui relève du calcul mental, plus on en fait, plus la rapidité de réponse augmente.

3° *L'organisation de structures logiques autour de* « *l'équivalence numérique* », qui ne relève pas d'un apprentissage mais d'un raisonnement. Nous en avons analysé la complexité précédemment, dans « Comment mesurer le temps ».

Ces acquisitions, nécessaires à la vie de tous les jours, et qui font si cruellement défaut à certaines personnes adolescentes ou adultes, peuvent être identifiées en une série de capacités précises :

– Savoir lire l'heure sur l'horloge à aiguilles et la traduire en mots. Inversement, savoir passer de mots à la représentation sur l'horloge à aiguilles.

– Être capable de lire l'heure sur l'horloge digitale – dans ce cas, c'est une simple lecture de nombres – et de traduire ces nombres en une durée, proportionnellement à la journée (par exemple 12 heures, c'est ½ journée) et à l'heure (je lis 5 : 20 : ce « 20 », c'est 1/3 de l'heure).

– Pouvoir transposer les acquis de l'horloge chiffrée à l'horloge à aiguilles, et inversement.

– Naviguer facilement dans les complémentaires à 60 – par exemple savoir répondre à cette question : il est 10 h 40, mon train est à 11 h, dans combien de temps part-il ? (En d'autres termes, être capable de déterminer ce qu'il manque à 40 pour faire 60.)

– Connaître au moins le sens de quelques fractions simples ainsi que leur écriture : 1/4, 1/2 , 1/3, 1/6, 1/12.

– Pouvoir traduire ¼ en 15 minutes,

½ en 30 minutes,

¾ en 45 minutes.

– Être capable de changer d'origine (« il est 6 h 25, j'ai un quart d'heure d'attente, à quelle heure mon dossier sera-t-il prêt ?) et de comprendre la différence entre « le quart » et « dans un quart d'heure».

– Être à l'aise dans le double regard :

3 h plus 50 minutes, c'est…

4 h moins 10 minutes, c'est…

– Savoir opérer différents calculs qui mêlent les nombres et les fractions.

– Connaître le parcours de chacune des trois aiguilles de l'horloge et la valeur temporelle de leur déplacement.

– Avoir acquis la navigation sur les calendriers.

– Et, bien sûr, avoir l'équivalence numérique dont nous avons précédemment décrit l'évolution logico-mathématique.

Chacune de ces capacités travaillées à propos de l'horloge et du calendrier a pour but de donner du sens à ces deux outils, de comprendre leur fonctionnement et leur rôle, et dans la vie de chaque jour, d'être parfaitement à l'aise dans tous les aspects de ce temps social conventionnel.

Dans les associations de lutte contre l'illettrisme, les personnes qui accueillent les apprenants savent bien que le rendez-vous qu'ils donnent au nouveau venu, c'est déjà une première activité sur le temps. Le jour et l'heure du prochain rendez-vous sont élaborés en commun sur table, avec calendrier et planning d'une journée. Sur le calendrier, l'apprenant souligne lui-même la date « d'aujourd'hui » et repère précisément sur la colonne du mois la ligne de la date convenue. Sur une feuille d'emploi du temps, l'heure dans la journée est aussi notée de sa propre main. La manière d'inscrire ces renseignements en apprend déjà beaucoup à l'observateur sur la manière d'être à l'aise ou non sur un calendrier et une horloge. Il est très fréquent de rencontrer des apprenants ayant une méconnaissance totale de ces deux outils. Ce handicap fragilise beaucoup celui ou celle qui ne les maîtrise pas.

Tout ceci, redisons-le, demande un certain entraînement.

Le meilleur moyen de le réaliser sans lassitude, c'est de le rendre ludique. Alors, créons un jeu de cartes du type « jeu de bataille », adapté à chaque niveau d'acquisitions. « Jouer » est plus agréable que rabâcher !

Le jeu de cartes

Ce jeu est à constituer au fur et à mesure des notions étudiées et comprises. Chaque carte présente une des variétés d'écriture d'une durée ou le dessin d'une horloge dont une partie est grisée. Voici, pour exemple, 16 cartes différentes qui représentent toutes une même durée : 15 minutes.

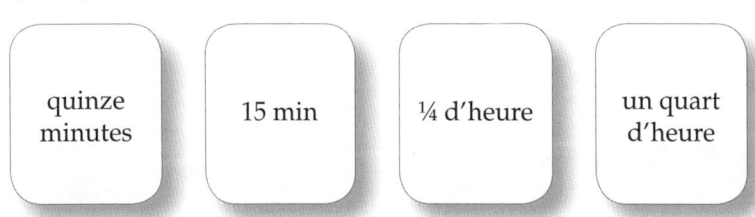

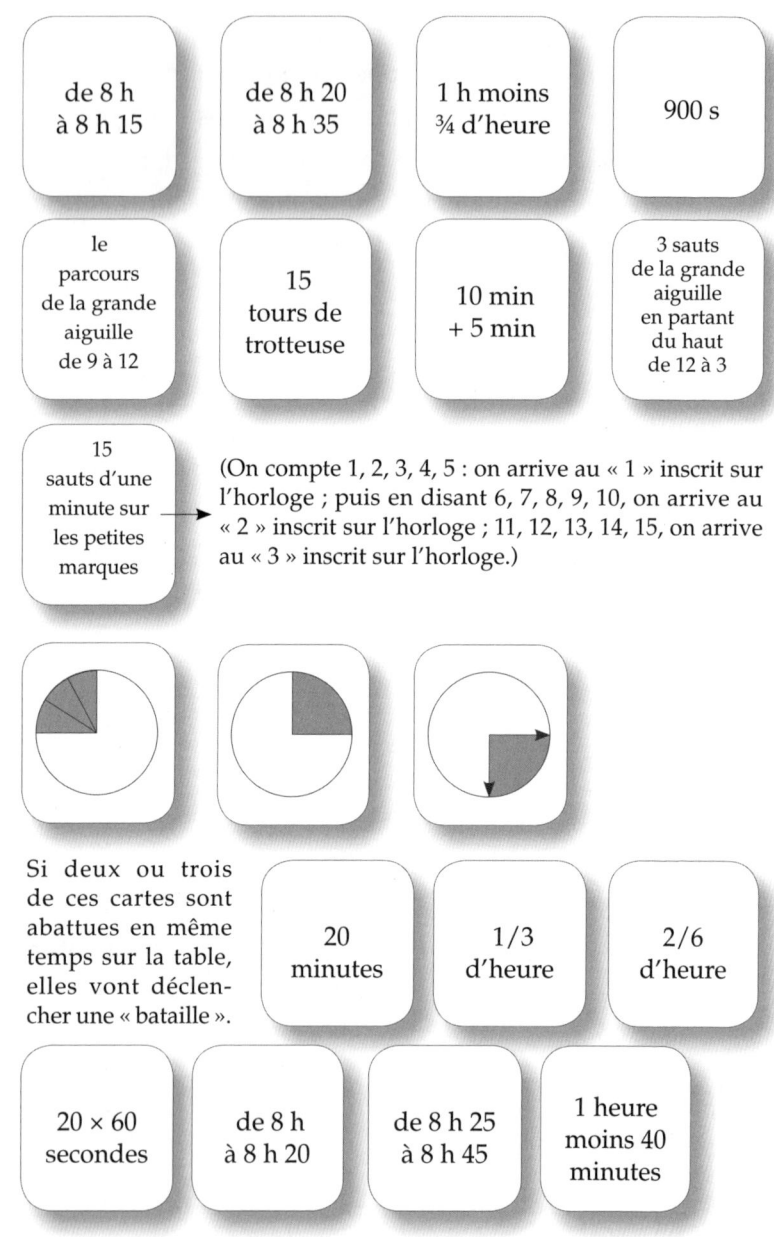

de 8 h
à 8 h 15

de 8 h 20
à 8 h 35

1 h moins
¾ d'heure

900 s

le
parcours
de la grande
aiguille
de 9 à 12

15
tours de
trotteuse

10 min
+ 5 min

3 sauts
de la grande
aiguille
en partant
du haut
de 12 à 3

15
sauts d'une
minute sur
les petites
marques

(On compte 1, 2, 3, 4, 5 : on arrive au « 1 » inscrit sur l'horloge ; puis en disant 6, 7, 8, 9, 10, on arrive au « 2 » inscrit sur l'horloge ; 11, 12, 13, 14, 15, on arrive au « 3 » inscrit sur l'horloge.)

Si deux ou trois de ces cartes sont abattues en même temps sur la table, elles vont déclencher une « bataille ».

20
minutes

1/3
d'heure

2/6
d'heure

20 × 60
secondes

de 8 h
à 8 h 20

de 8 h 25
à 8 h 45

1 heure
moins 40
minutes

Pour évoquer une durée, nous disposons donc d'un large choix de représentations. Pour être totalement exhaustifs, il faudrait, à ces « instantanés », ajouter des films sur les durées (les aiguilles se déplaçant sur le cadran – par exemple, la séquence de film montrerait la grande aiguille bleue allant de 12 à 4 ou bien de 4 à 8. Dans tous les cas, il s'agit de 20 minutes).

Classement des cartes

Donnons maintenant une liste de cartes possibles. Elles sont regroupées selon la progression de l'acquisition des compétences.

La première accolade ci-dessous présente les cartes qui s'adressent à des niveaux CE1. Ce sont les plus simples. Les autres sont à créer et à mettre en jeu suivant la progression des enfants, à partir du CM.

1°)

1 jour
5 jours
7 jours
1 semaine
15 mois
2 semaines
40 jours
5 ans
5 semaines
« du lundi
au jeudi inclus »
« du mercredi
au samedi inclus »
1 h
une heure
03 heures
3 h
3 heures de jour
3 heures de nuit
10 heures
12 heures
24 heures
26 heures
1 minute
5 minutes
15 min
20 minutes
trente minutes
31 minutes
45 min
60 minutes
1 seconde
60 secondes

Dans cette liste on peut tomber sur quelques « batailles » comme :

24 heures = 1 jour

1 heure = 60 minutes

60 secondes =1 minute

7 jours = 1 semaine

2°)

36 heures
1 jour et demi
17 jours, 4 semaines
1 trimestre
3 mois
1 semestre   travail sur le calendrier
6 mois
2 semestres
1 an
1 année bissextile
1 année
6 semestres
3 ans
12 trimestres

3°)

48 heures
160 secondes   division
120 minutes   travail
                                   sur les
                                   opérations
3 fois 20 minutes
6 fois 5 min   multiplication

4°)

deux mi-temps de 45 min   travail de
2 h et 15 min   décomposition par
1 minute et 30 secondes   regroupement d'unités

5°)

½ journée ¼ journée
½ heure   ¼ heure
¾ d'heure
1/3 d'heure
un quart d'heure
½ minute
¼ d'heure moins 10 minutes
2 heures moins le quart

travail
sur les fractions
d'heure

6°)

1 tour de trotteuse
¼ de tour de trotteuse
½ tour de trotteuse
1 tour ¼ de trotteuse

1 tour de grande aiguille
¼ de tour de grande aiguille
1 quart de tour de grande aiguille
½ tour de grande aiguille
1 tour ¼ de grande aiguille
2 tours de grande aiguille

travail sur
les fractions
de tour
d'aiguilles

1 tour de petite aiguille
¼ de tour de petite aiguille
un quart de tour de petite aiguille
½ tour de petite aiguille
1 tour ¼ de petite aiguille
10 tours de petite aiguille

7°)

de 8 h 00 à 11 h 15
de 8 h 12 à 9 h 18
de 11 h 17 à 11 h 28
de 7 h 15 à 8 h 05
de 20 h à 2 h du matin
de 3 h 20 min 12 s à 3 h 24 min 17 s

ce sont
les calculs
d'opérations
en système
sexagésimal

Alors on joue ?

Les cartes sont distribuées entre les joueurs, qui les gardent dans la main, face contre eux. Le jeu peut être mené de deux manières différentes. Soit le gagnant sera celui qui a la durée la plus longue, soit celui qui a la durée la plus courte. Ensemble, les enfants retournent la carte du dessus de leur paquet et comparent les durées. Le gagnant ramasse les cartes.

On peut jouer à deux, à trois, ou plus. Un enfant peut même, sans partenaire, jouer seul, en posant simultanément les cartes et en les comparant. Il lui faut alors les placer par couple, les durées les plus longues d'un côté, les plus courtes de l'autre. Un adulte, en vérifiant les cartes deux à deux, peut instantanément voir ce qui est assimilé et les erreurs qui indiquent les acquisitions à revoir.

Le gagnant d'une mise doit expliquer pourquoi il a ramassé. La manière d'en commenter la raison confirme ou infirme la maîtrise du jeu.

Le jeu avec une classe entière

Il est possible de jouer avec un grand groupe à l'aide de cartes géantes. Deux enfants au tableau posent chacun leur carte aux yeux de tous. Le premier qui a trouvé le vainqueur lève le doigt. Il est invité à expliquer tout haut son raisonnement. (On peut aussi demander à chacun des élèves de lever la main du côté gagnant. L'un des enfants est désigné pour commenter son choix.)

Dans cette façon de fonctionner, il faut une grosse horloge aux aiguilles mobiles fixée au tableau, afin que le commentateur puisse accompagner son raisonnement du déplacement des aiguilles.

L'enfant gagnant reste au tableau et l'autre est remplacé par un autre élève, pour un nouveau couple de cartes. En cas de « bataille », le premier des deux qui s'en aperçoit doit se cacher sous le bureau du maître, par exemple !

Le jeu est à moduler suivant les acquisitions de l'enfant ou des élèves de la classe. Au fur et à mesure des thèmes abordés, le nombre de cartes augmente.

Lors de la « Fête du Temps », au cours de laquelle les enfants d'une école invitent les parents à jouer, j'ai pu observer des adultes littéralement stupéfaits de voir la rapidité avec laquelle leur progéniture jugeait qui devait ramasser les cartes. L'entraînement avait fonctionné favorablement.

Pauvres parents qui avaient besoin d'un très long temps de réflexion pour se représenter, sur l'horloge, la durée de trois quarts de tour de petite ou de grande aiguille ! Imaginez pendant ce temps la fébrilité et le grand bonheur de leur enfant, qui, lui, avait tout de suite trouvé…

Partie 4

Le temps
et les mathématiques

Les opérations sur les durées

Je me souviens très bien lorsque, élève en classe de CM1, CM2, j'avais à résoudre en mathématiques des problèmes du genre :

Un train part à 8 heures, il arrive à 10 heures. Quelle est la durée du parcours ?

Je simplifie volontairement les données numériques qui, pour compliquer l'affaire, comportaient en général des minutes et des secondes (nous allons rapidement y revenir).

J'avais appris qu'il fallait soustraire de l'heure d'arrivée l'heure du départ, donc faire une soustraction du plus grand nombre moins le plus petit. Dans chaque situation de problème, je faisais ce que j'avais appris. Je m'exécutais, ma réponse était juste. Alors, pourquoi, malgré ma bonne note, me posais-je des questions ? Je me disais : « *Ce que je fais, c'est absurde.* »

Que se passait-il dans ma tête pour qu'il y ait conflit entre ce que l'on m'enseignait et ma propre logique ?

Ce problème d'un élève, qui doit apprendre et appliquer un raisonnement sans en comprendre le sens, je l'ai maintes fois abordé avec des enseignants.

Je vous propose de vous arrêter quelques instants et de vous dire : j'ai mon enfant, mon élève, ou un adulte en formation en face de moi. Visiblement, il veut comprendre cette notion. Comment vais-je m'y prendre ? Où est le problème ?

Un train part à 8 heures, il arrive à 10 heures. Quelle est la durée du parcours ?

La façon la plus naturelle de fonctionner est de raisonner par complémentarité : de 8 h à 9 h, cela fait une heure, puis de 9 h à 10 h, cela fait encore une heure, donc de 8 h à 10 h, la durée est de 2 heures. Cette opération par complémentarité est compréhensible, parce qu'on compte des *durées*, des *intervalles* : je prononce deux nombres 8 et 9, mais cela fait « un » (intervalle).

Mais on peut aussi procéder en opérant via une soustraction « 10 – 8 ». 10 et 8 sont alors des points… et c'est là que les ennuis commencent !

Aïcha, rencontrée dans une association de lutte contre l'illettrisme, m'a poussée sur la voie de réflexion sur ce problème (j'ai déjà évoqué cette anecdote très significative) :

– *Ma patronne, elle me vole. Je travaille tous les jours 3 heures et elle ne me paie que 2 heures.*

– *Comment cela ? Expliquez-moi.*

– *J'arrive à 14 heures, je pars à 16 heures.*

– *Et alors ?*

– *Ça fait bien 3 heures :* 14, 15, 16 (en comptant sur ses doigts).

Comment faire comprendre cette notion mathématique à Aïcha – les explications verbales de la patronne ne l'ayant pas convaincue ? Comment rendre évidente cette soustraction qui choquait mon raisonnement, enfant ?

Les deux règles pour opérer sur le temps

La solution n'est pas simple. Elle nous ramène à la différence entre le discontinu et le continu, expliquée dans la première partie de ce livre. Le temps, c'est du continu. Celui-ci se présente sous deux formes :

– sous l'aspect punctiforme. Par exemple : « *Il est 3 heures.* » C'est bien un point ;

– sous l'aspect d'une durée : « *La séance a duré 3 heures.* »

Le problème se situe là : dans le continu, aucune opération ne peut être exécutée sur des points, elle n'est possible que sur des durées. Lorsque les données sont punctiformes, il faut donc immédiatement les transformer en durées – c'est-à-dire en intervalles – pour pouvoir les traiter.

Autre point, très technique, mais incontournable : dans le continu, il n'est pas possible d'éviter le retour à l'origine. Il nous faut, dans tous les cas, revenir au zéro.

Reprenons notre train qui part à 8 heures, donnée punctiforme, et transformons ces 8 heures en durées. C'est là que se trouve la solution. Matérialisons ce nombre 8 en posant sur la table 8 allumettes bout à bout, chacune représentant la durée d'une heure, en partant de minuit. Le train part bien à un point situé à l'extrémité droite de ces huit allumettes.

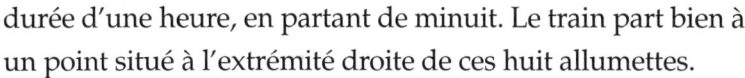

Il arrive à 10 heures. Sur cette même ligne, deux allumettes sont ajoutées pour arriver au point 10. Les dix heures parlant des dix durées depuis minuit sont bien sous nos yeux.

Le raisonnement devient alors évident. Depuis minuit jusqu'à 10 heures, il y a 10 durées d'une heure, d'où 10 allumettes. Depuis minuit jusqu'à 8 heures, il y a 8 durées d'une heure, d'où 8 allumettes. Or, le train a roulé depuis minuit jusqu'à 10 heures, *moins les 8 heures pendant lesquelles il ne roulait pas*. C'est vraiment là que réside la difficulté : le retour à zéro.

Voici un autre exemple qui, j'espère, vous éclairera sur ce fameux retour à l'origine : lors d'un voyage, ayant relevé le compteur au départ et à l'arrivée, il s'agit de calculer la distance parcourue. Pour la voiture, revenir à l'origine équivaut à songer à la voiture neuve, ce qui peut paraître absurde, mais c'est la seule façon de donner du sens à l'opération : je monte dans ma voiture et je vois 24 739 km. Je passe mes vacances à voyager et, de retour, je note 25 940 inscrits au compteur. Aurais-je parcouru cette dernière distance pendant mes vacances ? C'est beaucoup quand même ! Non, il faut que j'ôte les 24 739 km qui étaient accumulés depuis la voiture neuve et qui étaient déjà enregistrés quand je suis partie. Je fais donc une soustraction, mais je n'ai pu éviter de penser à ma voiture neuve.

Cette obligation, d'une part, de transformer des points en durées et, d'autre part, de revenir à zéro dans tous les domaines du continu, est fondamentale pour pouvoir raisonner, ce dans de nombreux domaines.

– Dans le domaine du temps, pour trouver un âge d'après une date de naissance : Monsieur X est né en 1973, il s'est marié en 2004, quel âge avait-il en se mariant ? Expliquer l'opération posée (2004 – 1973) revient à dire : depuis Jésus-Christ (l'origine) jusqu'au mariage de Monsieur X…, il s'est passé 2004 années. Depuis Jésus-Christ jusqu'à la naissance de Monsieur X, il y a eu 1973 ans. Donc Monsieur X a vécu célibataire depuis Jésus-Christ jusqu'en 2004, moins les 1973 années pendant lesquelles il n'était pas sur la Terre ! Cela paraît absurde, mais c'est la réalité temporelle : il faut revenir à l'origine… (Le raisonnement par complémentarité serait quant à lui le suivant : de 73 à 80 = 7, de 80 à 2000 = 20, de 2000 à 2004 = 4. 7 + 20 + 4 = 31 ans.)

– Dans la graduation de la droite, en secondaire, lorsque les programmes comportent les calculs de la mesure algébrique d'un nombre :

$$\overline{AB} = x(B) - x(A)$$

– Pour les ateliers techniques : je sais, pour l'avoir travaillé à l'Institut national des jeunes sourds, à Paris, que dans les ateliers de plomberie et de métallerie, toutes les mesures de cotes reposent sur ce concept – ainsi de la fabrication d'un « chapeau de gendarme » (superbe pièce de plomberie), qui ne peut se faire si on ne maîtrise pas ce concept.

Certains me diront qu'il est inutile de donner cette explication aux enfants. Eux-mêmes ne fonctionnent-ils pas sans se poser autant de questions ? Je pense que si on m'avait expliqué, jeune, que toutes les opérations à propos du temps ne pouvaient s'exécuter que sur des intervalles, en rapport avec une origine, je n'aurais pas eu ce conflit logico-mathématique entre « savoir faire » et « comprendre ». Et avec la concrétisation de ces intervalles à l'aide de bâtonnets, il m'aurait semblé d'autant plus évident qu'en ôtant les huit intervalles des dix, la réponse ne pouvait être que des intervalles...

La temporalité
dans les énoncés mathématiques
Claudine Decour-Charlet

À l'école, très tôt, et pour longtemps, l'élève va être confronté à ce qui est appelé « un problème de mathématiques ». Exercice qui augmente en difficulté avec le niveau de la classe, le problème reste ancré dans la langue quotidienne pendant toute la scolarité du primaire. Plus tard, l'énoncé sera formulé en écriture algébrique. En attendant, les enfants ont donc à lire des petits textes qui ressemblent à des « mini-histoires »… Mais ils sont tenus de les décrypter à la manière de détectives, afin d'en comprendre les opérations cachées…

Lorsqu'un élève se trouve face à un problème à résoudre, on sait bien que ce qui va d'abord lui paraître important, ce sont les « nombres » ; c'est un deuxième niveau de lecture qui lui permettra d'associer à ces nombres une ou des opérations en fonction du vocabulaire rencontré : ainsi « *il a perdu* », par exemple, évoquera presque certainement une soustraction.

D'autres indices, comme la question posée, les unités de mesure du texte (mètres, kilos, euros) et surtout le souvenir de la dernière leçon abordée en cours de mathématiques, seront pour lui autant d'éléments l'aidant à la résolution.

D'autres indices l'amèneront à suivre la logique interne du texte, et lui permettront de trier les informations, d'organiser et d'effectuer ses opérations selon un ordre précis.

Ces derniers indices sont beaucoup moins apparents, parfois implicites. Une partie d'entre eux sont d'ordre temporel. Mais l'élève qui lit un problème a-t-il toujours conscience de l'importance des différentes marques du temps qui apparaissent dans le texte? Quel est le rapport entre le choix d'une opération à la lecture d'un énoncé et les marques du temps présentes dans celui-ci?

Justement, il nous semble que la temporalité est une composante essentielle du problème, depuis sa compréhension jusqu'à la résolution. Que ce soit par le vocabulaire lié au temps ou par la présence des terminaisons de conjugaison, la phrase écrite s'inscrit presque toujours dans un déroulement temporel. L'utilisation de verbes nous oblige quasi mécaniquement à organiser les actions les unes par rapport aux autres; dans un problème, l'ordre de ces actions prend toute son importance car il s'agit de comprendre le sens du texte afin de choisir les opérations correspondantes et de les effectuer dans l'ordre. Il arrive pourtant souvent que le texte ne respecte pas cette chronologie d'enchaînements d'actions: il faudra alors la reconstituer mentalement.

De même, les verbes des énoncés de problèmes sont souvent porteurs des actions ou des états liés à des opérations ; rien de plus facile ensuite, pense-t-on, que de faire coller l'un à l'autre. Quand je lis « gagner 10 », j'associe « + 10 », par exemple. Hélas, là encore, ce n'est pas aussi aisé : le choix des opérations et l'ordre dans lequel elles devront être effectuées peuvent être carrément inversés par rapport à la phrase ! Ainsi, je pourrai être amené à effectuer une soustraction, dans un problème contenant « gagner 10 ». De même, s'il s'agit de gagner la valeur de 10 journées de travail, il faudra préalablement calculer le gain d'une journée de travail avant d'en compter 10...

On le voit, « enchaînements », « succession », « ordre », « sens » sont des mots qui ont toute leur place dans le travail logique qu'implique la résolution d'un problème. Ce sont ces différents points que nous nous proposons de développer.

Les indices linguistiques du temps

Nos petits détectives, s'ils partaient à la recherche des « marques du temps » dans les problèmes, en relèveraient de plusieurs sortes :

Les « noms du temps »

Certains énoncés en contiennent un grand nombre. Ce sont ceux qui ont pour but de faire travailler l'équivalence numérique contenue dans les mots mêmes. Par exemple : 1 année est à la fois 12 mois, 52 semaines, 365 jours (et quart!). Et 1 jour peut se compter en heures, en minutes ou encore en secondes.

Nombreux sont les exercices s'appuyant sur ces nombres cachés, destinés à faire travailler conversions, multiplications et divisions.

Ainsi : « *Chaque jour, sauf le dimanche, un employé passe 50 min en déplacements entre son domicile et son bureau. Calcule en heures et en minutes le temps qu'il perd ainsi dans un mois de 30 jours.* »

Le texte ajoute même : « *2 réponses possibles* ». Il fallait y penser! Un mois de 30 jours peut avoir 4 ou 5 dimanches…

La fréquence des mots du temps est bien sûr très élevée dans ce type d'exercice, mais comme nous l'avons relevé, il s'agit surtout de mots qui cachent des nombres.

Les compléments circonstanciels de temps

Ils placent l'énoncé dans un contexte. À la lecture des manuels scolaires, on peut constater que nombreux sont les problèmes débutant par un de ces compléments. Les marques temporelles qui nous intéressent ici servent à situer le problème mathématique dans l'univers de «petite histoire» choisi par son rédacteur :

« *Pour la sortie de fin d'année…* » (commande de cars)

« *Pour son goûter d'anniversaire…* » (nombre de gâteaux mangés)

« *Chaque année, en février…* » (calcul du tiers imposable)

Dans ce cas, ces informations circonstancielles ne sont pas réellement essentielles à la résolution de l'énoncé : elles n'ont souvent pas d'autre intérêt que celui d'une présentation. Chacun de ces énoncés pourrait d'ailleurs être résolu en l'absence de ces indications.

Les marques de conjugaison

Elles devraient logiquement faire partie de cette recherche. Les élèves y consacrent beaucoup de leur temps d'apprentissage et devraient être à même de les reconnaître. Ces marques, qui apparaissent directement sur les verbes, sont-elles davantage nécessaires à la compréhension, et donc à la résolution ?

Certains énoncés (de loin les plus nombreux) sont écrits en utilisant le présent. Toutes les actions sont donc énoncées à des présents successifs :

Prenons un simple énoncé de billes :

« *Denis arrive à l'école ce matin avec 18 billes. À la récréation du matin, il en perd 7. Combien en a-t-il lorsqu'il compte ses billes à midi ?* »

D'autres sont écrits entièrement au passé :

« *Des élèves ont pesé une boîte pleine de gâteaux : 452 g ; ils ont ensuite vidé la boîte, puis l'ont pesée vide : 78 g…* » (poids des gâteaux ?)

En voici un qui va du passé au futur :

« *Pour son goûter d'anniversaire, Brigitte a invité 4 camarades. Maman leur a acheté 4 douzaines de petits gâteaux. Combien de gâteaux mangera chacune des fillettes, si elles en mangent toutes autant ? Combien en restera-t-il pour Maman ?* »

Certains, encore, se font plus « littéraires » :

« *En 1900, l'écrivain américain Mark Twain écrivait que l'embouchure du Mississippi s'ensablait et qu'ainsi la longueur du fleuve diminuait de 2 150 m par an. Heureusement, ce phénomène ne s'est pas poursuivi, sinon le fleuve, long de 6 210 km, aurait fini par disparaître ! En quelle année aurait-il disparu complètement ?* »

On rencontre donc une grande variété d'utilisations des conjugaisons. Mais une grande partie de ces énoncés peuvent être réécrits au présent, sans que la compréhension en soit altérée.

On s'aperçoit ainsi, dans le travail auprès des enfants, qu'il est possible de rédiger le texte d'un même problème entièrement au présent, au futur ou au passé ! Cela revient juste à déplacer l'histoire sur l'axe du temps, sans que cet « exercice de conjugaison » n'ait une influence quelconque sur la structure du problème ni n'en modifie la résolution.

Par exemple : « *Pour son goûter d'anniversaire, Brigitte invite 4 camarades. Maman leur achète 4 douzaines de petits gâteaux. Combien de gâteaux peut manger chacune des fillettes, si elles en mangent toutes autant ? Combien en restera-t-il pour Maman ?* »

Serait-ce donc que, contrairement à ce que nous avions postulé, malgré les nombreux indices linguistiques temporels présents dans les énoncés (noms du temps, compléments circonstanciels, conjugaison), le temps n'est que secondaire dans la compréhension des problèmes ?

Reprenons l'exemple plus haut du problème réécrit au présent. On remarque que la deuxième question se doit d'être au futur. En effet, la première question situe une action dans le temps (le moment de manger les gâteaux). Le moment où des gâteaux « resteront » est forcément postérieur à l'action de les manger. L'utilisation du futur est ici rendue obligatoire par la chronologie des actions. Il ne s'agit pas de jouer avec les conjugaisons, mais bien d'utiliser des marques qui vont venir organiser les différentes actions les unes par rapport aux autres.

Le temps, celui qui passe et qui fait que les actions s'enchaînent, vient ici de faire son entrée.

Le déroulement des actions

Depuis que le monde est monde, ce qui est fait est fait. C'est ainsi que les hommes vivent : le passé ne se rejoue pas, nous sommes confrontés à l'universelle irréversibilité du temps. Les actions se déroulent dans le temps, elles ont donc un début, une durée et une fin. Il est possible de les anticiper, puis de se les remémorer, mais pas de revivre celles qui ont déjà eu lieu. Vouloir renouveler la même action n'aboutirait qu'à la dupliquer. Chaque fois que je déchire un papier, il me faut un nouveau papier, il s'agit donc d'une nouvelle action à l'échelle du temps.

Dans la réalité, donc, les faits s'enchaînent, irréversiblement de façon chronologique. Ainsi Charlemagne a vécu avant Napoléon, et Napoléon avant le général de Gaulle.

Les livres d'histoire respectent cette chronologie, d'ailleurs rendue visible par le sommaire et la pagination. Si je cherche la page parlant de Napoléon dans mon livre d'histoire, et que mon livre s'ouvre au chapitre de Charlemagne, je sais que la période que je recherche et qui vient «après» se trouve dans les pages à ma droite. Le livre s'organise selon le déroulement de l'Histoire, les événements les plus anciens au début et les plus récents à la fin. C'est une sériation irréfutable, car s'appuyant sur des faits réels.

Cette chronologie d'événements va se retrouver dans les actions supports des opérations qui s'enchaînent dans une situation problème. Chaque problème raconte une petite histoire dans laquelle on peut distinguer au minimum trois moments.

Le plus repérable est celui de l'action décrite par un verbe, et qui correspond généralement à une opération (« *ajouter* » *ou* « *gagner* » pour une addition, «*perdre*» pour une soustraction, par exemple).

Cette opération vient transformer une situation de départ, «l'état initial», qui serait comme une date, sur l'axe du temps. Ainsi est créée une nouvelle situation, «l'état final», résultant de cette transformation, et que l'on pourrait comparer à une date postérieure à la première.

Cela donne un ordre chronologique d'enchaînement des états et des actions, qui est l'essence même du problème.

De ces trois moments de nature différente, la «transformation-action», ou opération, est la seule qui a une durée.

Reprenons l'énoncé des billes cité plus haut:

«*Denis arrive à l'école ce matin avec 18 billes. À la récréation du matin, il en perd 7. Combien en a-t-il lorsqu'il compte ses billes à midi?* »

(La version complexe du problème aurait pu lui en faire regagner à la récréation de la cantine et/ou à celle de 15 heures… mais ne compliquons pas!)

Que la question porte sur ce qu'il avait en arrivant, ce qu'il a perdu, ou sur ce qu'il avait en quittant l'école, ne changera rien à l'ordre dans lequel l'histoire s'est déroulée ni au fait que la quantité de billes du midi est inférieure à la quantité de billes du matin.

Ce qui fonde un problème en mathématiques, c'est l'ordre dans lequel les actions se déroulent. Pour pouvoir le résoudre, il faudra en prendre conscience, ce qui, en soi, pour l'élève, est déjà une difficulté. C'est de cette perception d'un déroulement logique, et nécessaire, que naîtra la notion de cause à effet: comprendre que «c'est parce qu'il a perdu des billes qu'il en a moins» ne va pas de soi pour tous les enfants. Certains enfants troublés dans leur représentation du temps, appelés «dyschroniques» par Bernard Gibello, ne prendront pas spontanément conscience de ce déroulement et des conséquences logiques qu'il entraîne en mathématiques.

De ce problème simple, il faut pouvoir comprendre que la plus grande quantité de billes est celle du matin (état initial). Et qu'on doit retrancher par une soustraction (transformation) le nombre de billes perdues au cours de la journée pour trouver les billes restantes au dernier temps de cette chronologie (état final).

L'ordre d'énonciation des actions

Certes, les événements s'enchaînent dans la réalité. Nous pouvons donc en faire un récit, qui les rapportera dans l'ordre où ils se sont produits. Mais le langage, support de ce récit, apporte une dimension nouvelle : la capacité qu'offre la syntaxe d'organiser le texte sans tenir compte de la chronologie.

Cette liberté tient à la fois à la subtilité et à la richesse de la langue, mais vient aussi du fait qu'un récit se fait « hors situation », c'est-à-dire sorti du déroulement des faits. Il fait appel à la mémoire, ainsi qu'à la capacité de décentration (se mettre à la place de l'autre et raconter ce qui a été vécu ou ressenti).

Celui qui raconte choisit son vocabulaire, il choisit de mettre en perspective tel ou tel aspect du récit, et il a toute latitude pour raconter les événements dans l'ordre où ils se sont déroulés ou dans un ordre différent.

Pour reprendre l'exemple de notre problème de billes, en conservant les verbes « *il a* », « *il perd* », « *il a maintenant* » et leurs compléments, il est possible de fabriquer 6 énoncés du même texte. Il suffit pour cela de combiner différemment les 3 moments en les énonçant dans un ordre différent :

Denis arrive à l'école ce matin avec 18 billes. À la récréation du matin, il en perd 7. Combien lui en reste-t-il lorsqu'il les compte à midi ?

Denis arrive à l'école ce matin avec 18 billes. Combien lui en reste-t-il lorsqu'il les compte à midi, sachant qu'à la récréation du matin il en a perdu 7 ?

Denis a perdu 7 billes à la récréation ce matin. Combien lui en reste-t-il lorsqu'il les compte à midi, sachant qu'il est arrivé à l'école avec 18 billes ?

(À noter cette formulation spécifique des problèmes de mathématiques « *sachant que* », qui vient dire « *attention, les informations qui suivent sont à connaître…* »)

Le nombre d'énoncés possibles augmente encore dans la mesure où la place de la question est variable et peut porter sur l'un des 3 « moments de l'énoncé » :

Combien Denis avait-il de billes en arrivant à l'école ce matin, sachant qu'il en a perdu 7 à la récréation et qu'il en a 11 lorsqu'il les compte à midi ? (La question porte sur l'état initial.)

Denis avait 18 billes en arrivant ce matin à l'école. Lorsqu'il les compte à midi, il lui en reste 11. Combien en a-t-il perdu à la récréation ? (La question porte sur la transformation.)

Denis a perdu 7 billes à la récréation du matin, combien en a-t-il lorsqu'il les compte à midi, sachant qu'il est arrivé à l'école avec 18 billes ? (La question porte sur l'état final.) *Etc.*

Sans modifier la constitution du problème et en gardant le même vocabulaire, nous arrivons déjà à 18 possibilités d'organisation !

Or, la seule chose qui importe vraiment, et que l'enfant doit absolument repérer, c'est :

– *Quel est l'état initial* ou *qu'y avait-il au début ?*

– *Quelle a été la transformation* ou *que s'est-il passé ?*

– *Quel est l'état final* ou *qu'y a-t-il maintenant ?*

En sachant que, bien sûr, il devra trouver lui-même la réponse à l'une de ces trois questions.

Il va donc falloir que l'enfant, dans sa lecture intelligente du texte, mobilise sa réflexion autour de la reconstitution de l'ordre chronologique des événements.

Des travaux déjà anciens de Michel Fayol sur l'impact de la place de la question dans un énoncé de problème ont d'ailleurs mis en évidence que la question posée en début de texte facilite grandement la résolution du problème. En effet, cela permet à l'enfant d'orienter sa lecture vers les indices lui permettant de trouver la solution.

Ainsi donc, comme nous venons de le voir, la langue nous offre de nombreuses possibilités d'organisation temporelle d'un même texte. Bien sûr, si l'on reprend les exemples du paragraphe précédent, on remarquera qu'il a fallu organiser le texte pour qu'il garde sa cohérence et que l'on puisse en le lisant reconstituer l'ordre chronologique de départ.

Certains « outils » de langue ont été nécessaires. En tout premier lieu, la conjugaison ou, plus précisément, la concordance des temps. C'est en effet ce qui permet d'indiquer l'antériorité d'une action sur une autre et de comprendre que « avait » précède « a perdu » qui lui-même précède « compte ». Le choix d'un imparfait et d'un passé composé pour parler de la situation initiale et de la transformation, ainsi que l'utilisation du présent pour la situation finale viennent donc soutenir la compréhension de la chronologie, même dans un récit qui ne respecterait pas l'ordre de déroulement des événements.

Il nous est donc possible de formuler un problème en ne respectant pas l'ordre chronologique de la succession : état initial, transformation et état final. Pour autant, de même que la question en début d'énoncé facilite la résolution, de nombreux travaux sur la compréhension de la lecture montrent que plus l'ordre d'énonciation est proche de l'ordre chronologique, meilleure est la compréhension du texte.

La temporalité propre aux opérations

On l'a maintes fois constaté, langue courante et langage mathématique ne se recouvrent pas totalement. Difficile de passer de l'une à l'autre. Nos petits et grands élèves s'y emploient souvent, avec plus ou moins de bonheur.

C'est que les opérations mathématiques, les écritures qui en rendent compte et le langage qui les raconte n'obéissent pas à la même temporalité. Ce qui rend ce niveau de compréhension extrêmement complexe.

Lorsque, après une lecture attentive du texte, *j'aurai compris* qu'à la quantité initiale de billes (18) il me faut retrancher (−) la quantité de billes perdues (7), il ne me restera qu'à poser dans cet ordre les signes correspondant à cette compréhension : *18 − 7*.

Cette écriture mathématique est le résumé d'une « mini-histoire opératoire ».

L'opération est posée – Stella Baruk dirait qu'« elle est terminée » : ne reste en effet à écrire, de l'autre côté du signe égal, que le résultat du calcul de cette opération.

Il est donc possible de faire « coller » *les signes opératoires* au plus près de la *compréhension chronologique* du texte.

Les choses se compliquent singulièrement quand on essaye de mettre des mots sur les opérations elles-mêmes ou sur leurs résultats.

Ainsi l'opération citée plus haut (18 − 7) se dira-t-elle ainsi : « la différence entre 18 et 7 ».

On constate très souvent que s'il faut mettre des mots sur une suite opératoire, ou sur les résultats de ces opérations, l'écoulement du langage n'obéira pas au sens de l'écriture, mais, au contraire, ira dans le sens inverse du déroulement dans lequel les opérations sont faites ! Cette organisation du langage en situation mathématique est particulièrement difficile à repérer pour les élèves.

En voici un exemple :

L'écriture « 7 × (multiplié par) 3 » se dit : « le **triple de 7** » − « triple » signifiant le résultat d'une multiplication par 3. « 7 », la quantité qui est multipliée, apparaît en fin de groupe (complément du nom « triple »).

En lisant les énoncés correspondant à des suites opératoires, on se rend mieux compte de cette particularité :

Je cherche à calculer **les 3 quarts de 20 dollars.**

Examinons attentivement les mots :

− « Les » : *déterminant, attend une suite*

− « 3 » : *nombre, cardinal de quel ensemble ?*

− « quarts » : (signifie littéralement « le résultat d'une division par 4 »). *Donc, j'en ai 3, mais à partir de quoi se fabriquent ces quarts ?*

− « de 20 » : *des quarts de 20, mais 20 quoi ?*

− « dollars »…

Ça y est, je sais de quoi il s'agit : il me faut des dollars, 20 précisément ; puis je les divise en 4 pour faire des quarts ; je prends ensuite (par multiplication) 3 de ces quarts.

L'écriture opératoire sera la suivante : « 20 × 3/4 ».

Comme on peut le constater, la multiplication intervient dans l'écriture avant la division, alors que le sens commanderait une division préalable pour obtenir des quarts. Il fallait aller jusqu'au bout de la proposition puis utiliser les informations dans l'ordre inverse de celui où elles ont été énoncées !

De même, les phrases géométriques ne peuvent être comprises que si on les lit jusqu'au bout, puis qu'on déroule les opérations en partant de la fin : **« tracer une droite D' parallèle à D passant par le point A »**.

– « Tracer une droite » : *bien, règle, crayon à papier sont nécessaires, et l'objet à tracer est une droite. N'importe laquelle ?*

– *Non, elle doit être* « parallèle à… ». *Il faut la suite : aucune droite n'est parallèle toute seule !*

– « D » : *voilà la 2e droite. Mais où la tracer ?*

– « passant par A ». *Je vois A.*

Donc, dans l'ordre : à partir de A, tracer D puis D'.

« **3 m²** » Qu'est-ce que 3 mètres carrés, alors ?

– *Ce sont des* « carrés » (« carrés » *est un adjectif qui qualifie* « mètres »)…

– *… qui ont 1* « mètre de côté ».

– *J'en compte* « 3 ».

On peut mesurer ici la difficulté des exercices proposés aux élèves du collège, qui consistent à transformer en suites opératoires des phrases du type :

« La somme des produits de 3 par x et de y par 20 », ou « x est le double de la différence entre 37 et 43 ».

Le langage ne se coulant pas dans le déroulement des opérations, il serait donc vain pour ces derniers de vouloir coller au plus près du texte et d'essayer d'effectuer les opérations au fur et à mesure où elles sont énoncées, en utilisant les nombres au fur et à mesure de leur rencontre dans le texte.

Pour terminer, il nous reste un dernier regard « temporel » à porter : sur la réversibilité des opérations.

La réversibilité de la pensée opératoire

Nous l'avons vu, le processus de l'action elle-même est figé dans un ordre irréversible. Si l'on tentait d'en modifier le déroulement, par exemple de l'effectuer à l'envers, il ne s'agirait plus de la même action – à l'image de ces films d'amateurs où l'on voit le plongeur sortir de l'eau les pieds en premier, regagner élégamment dans l'air le plongeoir, puis exécuter de gracieux mouvements de bras préparatoires.

Le verbe de la phrase amène une action et donc un sens mathématique – par exemple, « perdre » induit *a priori* une soustraction, car la quantité de billes de l'état initial est supérieure à la quantité de l'état final.

Notre problème est donc, semble-t-il, un simple problème soustractif : il y a perte de billes lors de la transformation et, à la fin de la journée, l'enfant a moins de billes que le matin en arrivant.

Et pourtant, choisir de poser la question sur ce qu'il y avait le matin et non sur ce qui s'est passé ou ce qui reste, va entraîner le choix d'une opération différente…

À la question : combien de billes Denis a-t-il à midi ?, correspondra l'opération « 18–7 ».

À la question : combien de billes Denis a-t-il perdu ?, correspondra l'opération « 18–11 ».

Mais à la question : combien de billes Denis avait-il ce matin ?, correspondra l'opération : 11+7 (ou 7+11).

Il y a comme simultanéité de 2 opérations inverses, qui forment un couple opératoire « addition-soustraction » : je dois pouvoir utiliser l'un comme l'autre dans la même situation mathématique, selon ce que je cherche. Dans ce problème, qui raconte une histoire de perte et qui est donc *a priori* porteur d'une soustraction, la recherche de l'état initial implique de remonter le temps. Il faut donc utiliser l'opération inverse (l'addition) de celle qui serait utilisée pour la recherche du nombre de billes que Denis possède à midi.

La structure logique qui permet d'utiliser une opération inverse pour retrouver une quantité de départ, et que Piaget appelle « réversibilité de la pensée », sera développée dans le chapitre suivant.

Il est à noter que chez nombre d'enfants, cette structure n'est pas encore arrivée à la maturité nécessaire pour leur permettre de réussir à l'école les problèmes qui y font appel. Les parents et les enseignants marquent alors leur étonnement devant ces enfants qui parfois réussissent les problèmes, et parfois non, alors qu'ils semblent avoir compris la structure opératoire correspondante…

Tout rééducateur de la pensée logique sait à quel point cette structure est complexe et combien il faudra y consacrer de temps de travail.

Nous avons pu mesurer à quel point le temps jouait un rôle fondamental dans la compréhension des textes de problèmes, dans l'ordre et le choix des opérations. Il est utile d'en prendre conscience pour pouvoir entraîner les enfants à porter leur regard sur tous les éléments du texte qui leur permettront d'accéder à la résolution.

Avec des jeunes enfants ou avec des enfants en difficulté dans ce domaine, il sera souvent nécessaire de réécrire le texte d'un énoncé avec eux, repérant ainsi le déroulement et la chronologie, et débarrassant le texte d'« habillages stylistiques » qui n'apportent rien à la compréhension, voire même parfois entravent celle-ci.

C'est le travail autour du sens des opérations, de leur déroulement, et non de leur mécanique seule, qui permettra que l'enfant, sachant « de quoi on parle », saura « comment on le dit » et « comment on l'écrit ».

Le temps
dans les opérations arithmétiques

Nous venons de voir que le temps jouait un rôle capital, en mathématiques, dans les énoncés de problèmes. Il joue un rôle tout aussi important dans les opérations arithmétiques.

Avant toute chose, posons-nous la question :

Qu'est-ce qu'une opération ?

Le *Petit Robert* en donne la définition suivante : « Acte ou série d'actes (intellectuels ou matériels) supposant réflexion et combinaison de moyens en vue d'obtenir un résultat déterminé. »

Il est intéressant de constater que ce mot s'emploie aussi bien lorsqu'il s'agit d'opération en bourse, d'opération chirurgicale, d'opération militaire, et d'opération en calcul. Chacun de ces cas est régi par la relation causalité / conséquence.

Causalité et conséquence

Que ce soit l'appât du gain, le désir de recouvrer la santé, de gagner ou regagner des territoires ou de résoudre un problème, il y a toujours, au départ, une cause, un projet. Celui-ci va réclamer une réflexion compétente et exhaustive avant toute action. C'est l'aspect intellectuel de l'opération, au cours duquel celui qui opère va devoir relever un maximum d'indices puis, en fonction des indications les plus pertinentes et du passage en revue des démarches envisageables, établir un plan d'action.

Une fois la décision prise et la démarche adoptée, il convient d'exécuter. Nous passons de la cause à la conséquence. Cette étape requiert de combiner la réflexion en cours à une excellente connaissance des moyens mis en œuvre et à une parfaite maîtrise des techniques afin de mener à bien l'enchaînement des actions.

Causalité et conséquence sont directement liées aux questions temporelles en mathématique : nous l'avons déjà dit à maintes reprises, toute action s'effectue dans la durée.

Toute action, toute opération consiste à agir sur des objets. Cette action, lorsqu'elle est exécutée sur la table, est très bien comprise. Mais dès que l'on veut raconter sur papier ou au tableau ce qui vient d'être réalisé, la symbolisation soulève alors trois problèmes incontournables.

Voici un exemple : $\boxed{3}$ $\widehat{(+2)}$ = $\boxed{5}$

Une symbolisation problématique

Cette écriture va nous permettre d'illustrer et d'analyser ces trois points qui posent problème chez les enfants.

1°. Contre toute apparence, (+), (−), (×) et (:) sont les symboles d'actions toutes différentes et très rigoureuses dans leur exécution. Un enfant de six ans ne peut découvrir leur sens qu'en agissant – ce qui devrait être toujours le cas et hélas l'est rarement.

2°. Le passage de l'opération exécutée à sa symbolisation fait que 3 et 5 représentent deux photos d'un seul lieu, prises à des temps différents. La situation est visuellement dédoublée.

3°. La conséquence du point précédent fait que le passage inverse de la symbolisation vers une réalité matérielle soulève des difficultés propres à chaque opération arithmétique.

Il est nécessaire de reprendre successivement ces points pour les commenter.

1°. (+) (–) (×) (:) sont des symboles d'action

Toute opération peut être décrite en trois phases :

Première phase

Nous utilisons des objets réels et visibles posés sur la table. C'est ce que nous appelons les structures du réel. Il est possible d'en faire une photo ou un dessin. Ainsi la situation est-elle fixée sur un papier ou une pellicule : c'est « l'état initial ». Cette symbolisation statique, spatialisée, très proche du réel, réalise une première trace. Elle demeure du domaine spatial. Le temps dans cette phase n'intervient pas.

La deuxième phase est celle de l'action, qui consiste à opérer sur ces objets. Il s'agit d'exécuter sur eux des gestes mathématiques. Dès lors que nous agissons, il n'est plus question de photo : pour garder des traces réelles de ces actions dans leur déroulement temporel, il n'y a qu'une caméra qui puisse convenir. La caméra, c'est l'appareil d'élection de la sauvegarde du temps.

Se pose alors le problème de représenter des verbes comme « ajouter », « retirer », « dupliquer », « partager » qui sont des séquences de films. Comment symboliser un déroulement dans la durée ?

Les mathématiciens des XVe et XVIe siècles ont créé des signes (+ − × et :), exprimant, d'une manière économique, le déroulement d'une action. À chaque action très précise correspond un signe académique, porteur d'un sens mathématique.

Chez les enfants, ces signes, faute d'être étudiés sous l'aspect de l'impact temporel, s'avèrent, à l'école, être la source de nombreuses difficultés. En effet, dès les petites classes, ils apprennent ces signes par les écritures, sans qu'ils soient accompagnés des gestes qu'ils représentent : ils ne peuvent associer une action à un signe opératoire et inversement passer du symbole à sa démarche raisonnée. Tant qu'ils n'ont pas compris qu'à chaque signe académique correspond une action très exacte, porteuse d'un sens mathématique, ils oscillent constamment dans leurs choix pour l'une ou l'autre des quatre opérations.

Pour cette deuxième phase, nous représentons l'opérateur par un cercle comme le veut la coutume.

Troisième phase

Nous avons défini l'état initial comme étant une photo et l'opérateur comme étant un film. Au moment où l'action est achevée, nous prenons une nouvelle photo : celle-ci définit ce que nous appelons « l'état final ». Cette seconde photo est le résultat, c'est-à-dire la conséquence de ce qui précède.

Toute opération réalisée se présente donc sous cette forme :

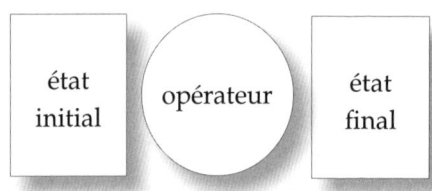

Voici posé l'un des grands problèmes concernant les opérations arithmétiques : les deux états, l'initial et le final, sont des photos d'objets ou d'êtres numériques, ils reposent sur de l'espace, et demeurent donc visibles dans le récit de ce qui s'est passé ; l'opérateur étant une action, fait quant à lui partie du domaine du temps, il n'est pas visible. La convention, qui attribue un symbole unique à la narration d'un film, est totalement abstraite et demande d'être expliquée et travaillée pour être comprise par les écoliers.

Et ce d'autant qu'addition et multiplication, d'une part, soustraction et division, d'autre part, qui semblent partager certaines similitudes d'action, impliquent des écritures qui, chacune, ont leur logique rigoureuse. Si l'enfant méconnaît les règles qui régissent chacune de ces actions opératoires, il se trouve constamment devant une loterie à quatre options ! Or, l'écriture de chaque opération est unique et va déterminer le « c'est juste » ou « c'est faux » tellement traumatisant pour un écolier…

2°. Le passage de l'opération réalisée à sa symbolisation

Nous nous retrouvons avec deux photos qui ne sont pas identiques, mais qui ont été prises sur le même lieu, celui où s'est effectuée l'action, et qui représentent deux temps différents : le « début » ou « état initial et la « fin » ou « état final ».

Là réside une autre difficulté : bien que ces deux traces correspondent à une situation vécue, les deux états vont poser un réel problème. Pour en prendre conscience, il suffit de poser la question suivante :

Est-ce qu'il y a une ou deux boîtes dans cette histoire ?

En montrant la table où a été exécutée l'action, il répond :

Il y en a une.

Si on lui montre la feuille où l'histoire est représentée, il répond :

– Il y en a deux.

– C'est une ou c'est deux ?

– …

La question le désarme totalement. C'est incompréhensible pour lui. Il passe alternativement de la réalité à la symbolisation et inversement, voyant dans un cas une seule boîte réelle et dans l'autre deux boîtes dessinées. Ce problème est soulevé par la symbolisation de toute chronologie, qu'elle soit dessinée ou écrite en nombres.

En réalité, sur la table où se passe l'action il n'y a qu'une seule boîte. Sur le papier, il y en a deux, à des temps différents : le temps « 1 » du début et le « 2 » de la fin.

Une histoire représentant une seule opération dans son écoulement temporel laisse toujours apparaître deux images :

l'enfant pense alors qu'il s'agit de deux boîtes différentes puisqu'il en voit deux.

Pour faire comprendre qu'à une seule réalité correspondent plusieurs représentations, j'ai toujours à portée de la main cinq de mes photos personnelles, prises à des moments variés de ma vie. Je les montre une à une et lorsque je suis sûre d'être reconnue sur chacune d'elles, je questionne l'enfant pour savoir s'il admet qu'il s'agit de plusieurs représentations d'une même personne. Cette prise de conscience de l'écoulement du temps est encore plus percutante lorsqu'elle est complétée par un travail sur les photos personnelles que l'enfant apporte.

En classe, il est, sur cette question, très amusant de réaliser une investigation d'après une bande dessinée. En prenant n'importe quelle page d'un album de Tintin, par exemple, on compte depuis le haut de la page de gauche jusqu'en bas de la page de droite tous les Tintin visibles simultanément. On arrive à douze. Je pose alors la question :

Il y a 1 Tintin ou 12 Tintin ?

Les élèves sont partagés. La discussion s'instaure entre ceux qui répondent « *douze* » parce qu'ils ont entendu compter jusqu'à « douze » et qui voient douze représentations du même personnage et ceux qui choisissent de répondre « *un* ».

Ceux-là, je les interroge :

Peux-tu nous expliquer pourquoi tu ne vois qu'un Tintin, j'ai pourtant bien compté jusqu'à 12…

L'argument de sa réponse repose sur la succession des événements :

Il n'y a qu'un Tintin, mais là il saute sur le mur, après il se cache et après il appelle Milou et après… et après…

Dès le début du CP (la «1re primaire» pour l'ensemble des pays), tous les enfants sont confrontés à cette ambiguïté. Au cours des formations que je dispense, de nombreux enseignants expriment leur désarroi quant à ce problème devant les opérations :

Ils n'ont pas compris le «égal». Regardez, à cet exercice «3 + ? = 5», ils écrivent « 3 + 8 = 5 ».

Ils voient 2 nombres et le signe +, ils additionnent. Or, ils devraient se faire dans leur tête le récit suivant :

Hier, j'avais 3 €. Il s'est passé quelque chose que je ne connais pas, c'est justement ce qu'on me demande. Et aujourd'hui, je me retrouve avec 5. Qu'est-ce qui s'est passé ? J'ai plus qu'hier, la petite souris est venue m'apporter quelque chose.

Je retourne dans le passé en prenant les 3 euros de la photo d'hier. Pour trouver les 5 euros de la photo d'aujourd'hui, je cherche l'action qui me donne la réponse au problème posé.

Or c'est précisément sur cette notion de temps que se situe l'ambiguïté : dans la réalité, il s'agit d'un seul lieu, dans l'écriture, il s'agit de deux photos de ce même lieu modifiées par une action/opération.

Il est important de travailler les récits en insistant sur la notion de «photo» à propos d'opérations : la photo d'hier et la photo d'aujourd'hui.

Une manière de faire sentir ces deux moments successifs consiste à dessiner l'état initial et l'opérateur sur le recto d'une feuille, en le verbalisant au passé : *C'est ce qu'il y avait hier.*

Il s'agit ensuite de représenter l'«aujourd'hui» sur son verso, en tournant la feuille ou en pliant la page pour ne laisser qu'une seule photo apparente à la fois. Le résultat est sous les yeux, c'est le contenu de la boîte modifiée par l'opération. Cependant, je peux toujours revenir en arrière pour parler de ce qui est arrivé avant.

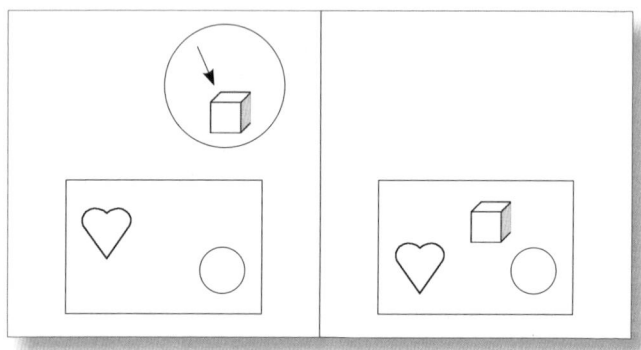

L'arbitraire de ces signes mathématiques nous est si familier, à nous adultes, que nous n'avons plus à en chercher le sens, nous savons ce qu'ils impliquent. Pour faire admettre aux enfants qu'il s'agit d'une convention évoquant une succession d'actions, il faut d'abord les leur faire vivre. Ensuite il est nécessaire de leur faire raconter le déroulement de ces actions, puis de les leur faire mimer (en l'absence d'objets). C'est seulement après que sera possible la transcription par les symboles conventionnels.

3°. Le passage de la symbolisation à la réalité

Tout exercice visant à traduire des consignes symboliques en actes nous confronte au problème inverse.

Si je présente le dessin ci-contre et demande à l'enfant de reproduire sur la table l'opération racontée, il y a toutes les chances qu'il prenne d'abord un cœur et une balle, puis un cube et enfin à nouveau un cœur, une balle et un cube. Il colle à la réalité visuelle, qui l'aveugle en escamotant la notion temporelle du récit.

Cet exercice, effectué dans une classe de grande section de maternelle ou de CP, permet de partager les enfants en deux catégories. Interrogés sur ce qu'ils doivent aller chercher pour passer de l'état initial à l'état final, certains affirment qu'il faut prendre trois objets : le cube, le cœur et la balle, puisque c'est ce qu'ils voient. Ils sont au stade narratif, mais n'« opèrent » pas. L'autre groupe, ceux qui « opèrent », ce sont ceux qui vont quérir uniquement le cube.

Ce petit exercice permet à un adulte de « lire » ce que l'enfant a dans la tête et d'en déduire que ceux du deuxième groupe sont mûrs pour aborder les opérations arithmétiques, puisqu'ils possèdent les structures logiques temporelles de l'opérativité.

Maintenant que nous avons pointé la complexité temporelle du raisonnement mathématique opératoire, nous allons étudier chaque opération en tant que telle.

Dans toute situation opératoire, il existe une inconnue. Ce qui est demandé à l'enfant, c'est de trouver, par ses propres moyens, une réponse à une énigme. Il est sollicité dans le but d'« opérer », c'est-à-dire, suivant la situation, d'agencer des données d'une certaine manière, afin d'en élaborer la conséquence. Commençons par la première de ces façons d'opérer.

L'addition

Elle se présente sous deux formes. L'une temporalisée, l'autre spatialisée.

La première est la plus aisée à travailler avec les enfants. La seconde relève, comme nous allons le voir, de structures logico-mathématiques qui, malgré leur faible participation aux actions, sont intéressantes à repérer.

La forme temporalisée de l'addition

Reprenons l'histoire précédente en décrivant la procédure.

On dépose dans une boîte opaque le cœur et le rond. Avant de les dissimuler, on demande aux enfants de les dessiner : c'est le «temps initial». Puis on maintient en suspens, au-dessus de la boîte, l'objet que l'on veut ajouter – le cube.

Les élèves sont invités à imaginer l'état final d'après le dessin du départ et l'ajout qu'ils ont sous les yeux. Ce qu'ils doivent reproduire devrait comporter le contenu de la boîte qu'ils ne voient plus, auquel s'ajoute l'objet lorsqu'il sera lâché.

On observe deux types de dessins :
– celui de ceux qui opèrent :

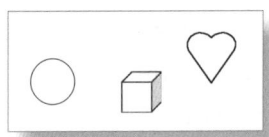

– celui de ceux qui n'opèrent pas :

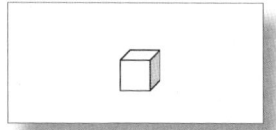

Les premiers effectuent dans leur tête un regroupement, d'après leur dessin et l'action qui est en train de se réaliser ; les seconds dessinent uniquement ce qu'ils ont sous les yeux.

Cet exercice met en lumière le rapport causalité-conséquence. Il montre d'une manière très simple ce qu'est une opération, c'est-à-dire ce qui doit s'effectuer dans la tête de celui qui exécute l'opération.

Nous donnons une suite à cet exercice, encore plus significative pour repérer la capacité des enfants à opérer. Nous demandons de raconter ce qui s'est passé d'après les dessins suivants :

 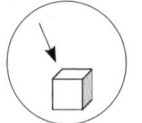 

Nous pouvons alors observer deux stades correspondant à deux niveaux logico-mathématiques différents.

Le premier stade est descriptif. Devant les trois temps ci-dessus, l'enfant, invité à raconter l'histoire-pourtant vécue précédemment va décrire ce qu'il voit : «*Il y a…, il y a…, il y a*». Dans ce cas, il est évident qu'il ne maîtrise pas les liens de causalité et de conséquence. On sait instantanément qu'il va falloir faire un travail spécifique sur le temps.

Le second stade est narratif. L'enfant est capable d'énoncer, avec un pointage de chacun des trois dessins : « *J'avais... j'ai ajouté... alors j'ai maintenant...* ». Cette manière parfaite d'exprimer ainsi les événements vécus révèle à la fois la capacité de l'enfant à opérer sur les objets et à évoquer un déroulement temporel d'après sa représentation. L'utilisation des temps employés en est le révélateur.

Que ce soit en individuel ou en groupe, des activités variées, travaillant simultanément action, symbolisation, temporalité et langage concourent efficacement à la construction de la pensée des enfants. On les voit s'organiser petit à petit à travers le questionnement et le dialogue. La mobilité de pensée que réclament ces exercices de lecture de dessins, de représentation d'actions, de réalisation de mimes permet aux enfants d'adopter par la suite, en connaissance de cause, les conventions des manuels scolaires.

L'expérience nous a montré qu'en commençant les activités par des objets réels, disparates et en trois dimensions, sur lesquels il est toujours possible de revenir, les enfants n'ont pas le sentiment de faire des mathématiques. Leur curiosité est mise en éveil. Nous voyons s'instaurer les structures de temporalité et d'opérativité pour lesquelles nous passerons progressivement à du matériel de plus en plus abstrait. Les jetons de nain jaune (ce que nous appelons du « semi-numérique ») viennent ensuite, puis des « nombres de » (petits cubes dessinés) et enfin des nombres. Ces activités exercées en maternelle ont prouvé que les enfants, l'année suivante en CP, n'avaient pas de difficultés à démontrer leur raisonnement lors d'une opération mathématique.

La forme spatialisée de l'addition

La seconde forme d'addition, celle que l'on nomme « spatialisée », est beaucoup plus complexe parce qu'elle ne comporte pas d'actions. Il s'agit de regrouper, de mettre ensemble, mais ceci en pensée. Cette opération se met particulièrement en place lors des activités de classifications : c'est la capacité de penser simultanément deux collections différentes, par exemple, les garçons d'un côté, les filles d'un autre, et en même temps la totalité, nommée d'un terme générique – « les enfants ». Si, en pensée, je suis capable d'effacer ces deux parties dichotomiques, de les regrouper mentalement, pour concevoir un seul ensemble qui constitue leur réunion, dans ce cas, j'ai opéré. S'il est question par exemple d'un nombre de garçons (4) et d'un nombre de filles (5), le (4 + 5) réclame que je sache réaliser cette opération mentale de synthèse. La réponse numérique n'est que le calcul de cette opération. Ce problème est relativement simple. En voici un autre qui l'est moins : *Dans un cinéma, il a été vendu 378 billets. Il y a 46 fauteuils inoccupés. Combien ce cinéma comporte-t-il de places ?*

Ce problème-ci repose sur l'inclusion de classes et les rapports qui relient les parties et le tout d'une collection. Il demande aussi de convertir les billets en personnes, les personnes en fauteuils occupés et les fauteuils occupés en places…

Contrairement à l'addition temporalisée, il n'y a pas d'état initial, ni d'état final, il n'y a plus d'action, donc pas de temporalité. C'est une activité exclusivement mentale (simultanéité de deux points de vue), qui demande un travail très spécifique qui sort du cadre de ce livre.

La soustraction

La soustraction, comme l'addition, se présente sous ces deux mêmes formes : temporelle et spatiale.

La forme temporalisée de la soustraction

Cette forme est assimilée en premier, car il s'agit justement d'actions sur des objets accompagnées d'un récit. Celui-ci s'exprime en termes de présents successifs : *J'ai. Je veux enlever. Je peux ou je ne peux pas. Si je ne peux pas, mon activité s'arrête là, puisque ce n'est pas possible. Par exemple, si je me trouve avec des poires mais que ce sont des pommes que je veux retirer, je renonce. Ou bien, si j'ai 4 billes et que l'on m'en demande 6, je suis dans l'impossibilité de réaliser cette action, j'abandonne. En revanche, si je peux, alors j'agis : j'exécute l'opération demandée.*

L'état initial créé avec des objets réels, dessinés ou symbolisés, se trouve ainsi transformé par le retrait. La photo prise avant l'action est incontestablement différente de celle qui est prise à la fin, lorsque j'ai soustrait ce qui m'était nécessaire. La soustraction se pratique de la même manière que l'addition, en travaillant suivant une progression similaire – action, symbolisation et récit d'après les dessins.

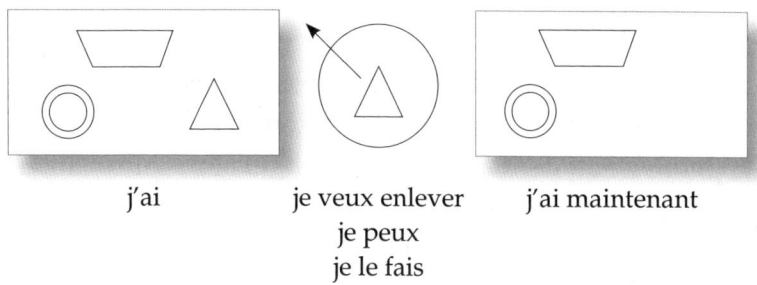

j'ai   je veux enlever   j'ai maintenant
              je peux
              je le fais

Cette forme d'activité est intéressante dès la maternelle. Les enfants qui ont pratiqué ces animations opératoires comme des jeux sont mûrs pour les opérations mathématiques. Ils sont habitués à passer des actions sur les objets à la symbolisation, et inversement à pratiquer des opérations réelles d'après des récits temporalisés.

La forme spatialisée de la soustraction

Un exemple va permettre de comprendre la différence entre cette soustraction et la précédente.

Dans un parking, il y a 72 voitures. Il y a 120 places. Combien y a-t-il de places libres ?

Dans cette situation il n'y a pas d'action, donc pas de temporalité. Nous retrouvons cette difficulté liée à l'inclusion de classes, à savoir que les 72 voitures doivent être converties en «places occupées». Il faut raisonner ainsi : «*Le nombre de places du parking moins le nombre de places occupées donne le nombre de places libres.*» Comprendre que c'est une soustraction qui permet de résoudre ce problème réclame une étude spécifique sur l'évolution des structures de pensée qui nous éloignerait de notre sujet.

Mobilité de la pensée

Dans l'étape précédente (formes temporalisées de l'addition et de la soustraction), nous disposions de deux données : la photo d'état du départ dit « initial » et la transformation. La question était alors d'opérer pour imaginer la deuxième photo, celle de l'état final.

Dans une seconde étape, il va être question de changer ces données, c'est-à-dire, connaissant l'état initial et l'état final, de poser la question :

Que s'est-il passé entre ces deux représentations pour que la situation ait été ainsi modifiée ?

À l'Institut national des jeunes sourds, nous avons fait travailler des enfants de 3 et 4 ans. Sur la table étaient posées des paires de lunettes, des foulards, des boucles d'oreilles, des chapeaux… Sur le mur était dessinée une bande avec une dizaine de visages identiques :

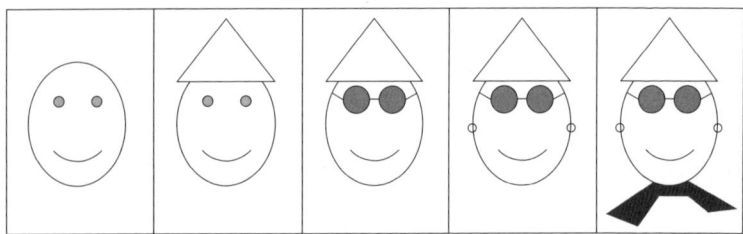

Avec cette bande sous les yeux et le matériel nécessaire à disposition, ces petits opéraient, découvrant quelles actions permettaient la succession des représentations imagées.

La démarche mentale est la suivante :

1° Je parcours des allers et retours entre la première et la deuxième image pour les comparer.

2° Dans les deux images, le visage est identique, donc je l'oublie.

3° Je repère ce qui est différent. Dans ce cas, c'est le chapeau.

4° Je comprends que cette différence constitue l'action à exécuter.

5° J'exécute l'«opération» qui consiste à mettre le chapeau.

Ces cinq raisonnements successifs m'ont beaucoup appris sur ce que veut dire «opérer». Sans langage, leurs raisonnements étaient d'une limpidité saisissante parce que directement traduits en gestes.

Exercice permettant de «lire» le niveau d'un enfant pour sa capacité d'opérer

 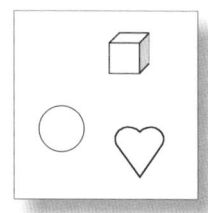

Nous venons de faire cette opération sans dessiner l'opérateur : j'ai mis une balle et un cœur dans la boîte. J'ai ajouté un cube. Maintenant il y a une balle, un cœur et un cube dans la boîte.

Je renverse le contenu de la boîte et invite l'enfant à me dicter les actions pour refaire l'histoire d'après les deux dessins qu'il a sous les yeux.

– C'est toi qui commandes. Tu me dis ce que je dois faire.

– Dans la boîte, tu mets un cœur et une balle.

Je m'exécute en cachant le résultat.

– Maintenant, tu mets une balle, un cœur et un cube. (Au lieu de me dire d'ajouter seulement un cube.)

J'obéis et je montre le nouveau contenu.

– Ah non, non, tu enlèves le cœur et la balle.

– On recommence tout. Tu me dis seulement ce que je dois faire.

– Tu mets une balle et un cœur.

– Et après ?

– Tu mets une balle, un cœur et un cube.

Je ne force personne à me croire, mais cinquante années d'activité en tant que rééducatrice de la pensée logico-mathématique m'ont persuadée qu'il suffit de quelques situations pour décrypter ce qui se passe dans la tête des enfants. Faites vous-même ces petites expériences soit à la maison, en classe ou en soutien scolaire et, dans la foulée, faites fi de la tentation d'« enseigner », d'expliquer, de montrer, de souligner les erreurs. Sachant que la réponse d'un enfant est toujours vraie pour lui, c'est à nous de situer son niveau et d'élaborer un plan de construction. Dans ce cas, où il s'agit des rapports du temps et des opérations mathématiques, il va falloir créer une multitude de situations aux cours desquelles l'enfant devra raisonner, répondre à nos questions, prouver, argumenter ses jugements sur les objets afin de s'approprier ces notions logico-mathématiques temporelles cachées dans les apprentissages scolaires.

Pour que la pensée des enfants devienne mobile et qu'elle évolue dans la maîtrise de ces deux opérations, notre rôle est de modifier continuellement les données (aussi bien dans les ajouts que dans les retraits), en plaçant l'inconnue soit sur l'état initial, soit sur l'opérateur, soit sur l'état final. La pensée enfantine s'adaptera en prenant appui sur deux concepts : la temporalité et la réversibilité. La première demande de transformer les situations en récits, la seconde conduira les enfants à envisager, comme le font les mathématiciens, l'addition et la soustraction comme étant une seule et même opération.

La multiplication

Dans les manuels scolaires, la multiplication est toujours présentée comme une addition particulière. Les enfants se raccrochent à l'addition pour la bonne raison que si on la représente avec du matériel, tout est visible. Ils ne peuvent alors s'approprier le sens de la multiplication qui réclame, comme nous allons le voir, des capacités autrement complexes.

Dans cette opération, la notion temporelle est capitale, mais elle est bien cachée. Tout d'abord, rappelons que les deux nombres qui constituent une multiplication s'appellent les facteurs et que l'opération posée se nomme le produit. Dès lors, la question fondamentale à se poser est la suivante :

Que représente chacun des facteurs d'un produit ?

Avant d'entrer dans le vif du sujet en répondant à cette question, je vous pose, à vous lecteur, deux interrogations auxquelles je vous demande de répondre avant même de poursuivre la lecture de ce chapitre. Je vous prie de jouer le jeu sincèrement car la suite dépend de votre réflexion personnelle et de vos réponses :

Est-il possible, pour résoudre un problème, de multiplier un nombre de vaches par un nombre de vaches ? Si oui, la réponse numérique est un nombre de quoi ?

Est-il possible, pour résoudre un problème, de multiplier un nombre de vaches par un nombre de messieurs ? Si oui, la réponse numérique est un nombre de quoi ? un nombre de vaches ou un nombre de messieurs ?

Si, à chacune des questions précédentes, vous avez répondu « oui », il vous faut inventer un problème qui serait l'illustration de votre opinion.

J'ai proposé cette épreuve dans de multiples circonstances, soit à des enfants, dès le CE1 jusqu'en cinquième, soit à quantités d'adultes : le nombre de « oui » à la première question et de « non » à la deuxième est très impressionnant. À la première question, je demande :

Que trouve-t-on ?

La réponse est immédiate :

Un nombre de vaches.

Mais lorsque nous demandons de donner un exemple de problème qui illustrerait cette réponse affirmative, les interrogés sont bien étonnés de découvrir que les deux facteurs d'une multiplication ne sont pas de même nature...

La forme temporalisée de la multiplication

Exemple : *3 fermiers ont chacun 5 vaches.*

En voici une représentation graphique :

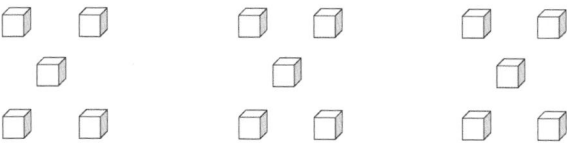

On est très tenté par 5 + 5 + 5…

Pour arriver à concevoir le « 3 » de 5 × 3, mon seul moyen est de poser sur chaque groupe de 5 vaches une coupelle renversée qui va faire disparaître les 5 cubes représentant les vaches. Je prends une coupelle, je la pose retournée sur les 5 premières vaches en comptant « 1 », puis je prends une deuxième coupelle en la posant à l'envers sur le deuxième groupe en disant « 2 » et enfin une troisième coupelle en comptant à haute voix « 3 ». Ce qui laisse apparaître ceci :

Effacement du contenu (vaches) au bénéfice des contenants (coupelles) : ce mouvement qui se déroule dans le temps à trois reprises permet de concevoir ce facteur « 3 », d'ordre temporel.

La verbalisation de cette situation est très importante. Je montre cinq cubes (représentant les 5 vaches) déposés dans une coupelle (constituant l'étable d' « 1 » fermier). Je demande :

Ce que j'ai dans la main, c'est « 1 » ou c'est « 5 » ?

Les uns répondent « 1 » et les autres « 5 ».

Or la réponse pour comprendre ce qu'est une multiplication, c'est : *Les deux ! C'est « 5 » lorsqu'il s'agit de vaches, c'est « 1 » lorsqu'il s'agit de fermier ou d'étable où elles vivent.*

Le concept logique de ce deuxième facteur prend appui sur «l'équivalence numérique», déjà rencontrée dans cet ouvrage : la capacité de nommer une quantité soit par son contenu (un nombre de vaches), soit par le contenant – en l'occurrence l'étable ou l'attribution à «1» fermier. Le premier est un nombre d'éléments formant le contenu visible d'«1» contenant, mais l'autre facteur est le nombre de contenants. En l'occurrence, pour le premier, il s'agit de vaches, mais pour le second, il est impensable que ce soit un nombre de vaches. Ce peut être un nombre de pâtures, de camions, de propriétaires...

Rivé à une présentation additive (qui n'est pas fausse, il faut le reconnaître), l'apprenant est englué par l'aspect visuel, donc spatial de l'addition. Il demeure dans l'incapacité de comprendre le deuxième facteur qui, lui, est exclusivement temporel.

Car il est très difficile pour un adulte de réaliser que le mot «fois» utilisé par tout un chacun dans ces circonstances est un mot qui implique du temps. Il est rarement compris comme tel parce qu'il est très difficile d'avoir ce double regard contenu/contenant.

Je propose une toute petite épreuve que j'expérimente dans toutes les classes dans lesquelles j'interviens et auprès de la totalité de mes patients.

J'écris sur un papier ou un tableau, sans dire un mot :

$$3 \times 2$$

Et je demande, en posant des petits cubes sur la table, de me montrer cette opération. Dans un grand nombre de cas, voilà ce que j'obtiens :

Je m'étonne :

– *Trois multiplié par deux, cela fait cinq d'après ce que je vois ?*

– *Non, non, ça fait six.*

L'enfant rajoute alors un cube à côté du groupe des deux cubes.

Je demande alors :

Montre-moi le 3 ?

Il me montre les trois cubes de gauche.

Montre-moi le 2 ?

Il enlève le cube qu'il vient de poser à droite.

Inutile de poursuivre… Je sais que cet enfant ne peut pas apprendre les tables de multiplication. 3 × 2 : pour lui la réponse est 5 – alors qu'en classe, il doit retenir par cœur que c'est 6…

Je reconnais que, dans les classes, j'ai quand même souvent cette réponse :

C'est une bonne réponse, donc je pourrais penser que le sens de la multiplication est acquis. Je questionne aussitôt :

Montrez-moi le 3 ?

Ils me montrent les trois cubes de gauche.

Montrez-moi le 2 ?

Certains ôtent un cube du groupe de droite. Dans la plupart des cas, ils ne peuvent pas montrer ce que représente 2 : deux ensembles égaux, montrables par deux gestes.

Certains réalisent une autre présentation tout aussi valable :

Je demande alors en premier :
Montrez-moi le 2 ?
Les deux cubes sont désignés.
Montrez-moi le 3 ?
Je n'ai pas de réponse.

Je conseille au lecteur de mener lui-même l'enquête ; il risque de perdre bien des illusions vis-à-vis des évidences que nous, adultes, avons.

Revenons aux questions précédentes. À la première, *Est-il possible, pour résoudre un problème, de multiplier un nombre de vaches par un nombre de vaches ?*, la réponse est « *non* ».

Quant à la deuxième question – *Est-il possible, pour résoudre un problème, de multiplier un nombre de vaches par un nombre de messieurs ? Si oui, la réponse numérique est un nombre de quoi ? un nombre de vaches ou un nombre de messieurs ?* – la réponse est, dans un premier temps « *oui* », et, dans un deuxième, *un nombre de vaches ou un nombre de messieurs.*

Résumons-nous : les deux facteurs d'une multiplication ne sont jamais de même nature.

1°. L'un est spatial, il se voit, c'est une photo, c'est la quantité d'objets que l'on a l'intention de prendre (en l'occurrence les vaches représentées par les cubes).

2°. Le deuxième facteur est exclusivement temporel, il n'est pas visible, c'est le nombre d'actions. Pour pouvoir compter, il faut, par n'importe quel moyen, effacer les contenus (cubes): en posant sur chaque tas de cubes une coupelle qui cache tout du premier facteur, on peut alors compter des contenants. Lesquels doivent toujours comporter le même nombre d'objets. (J'aime le faire promettre aux enfants: *Promis, juré!*)

Des jeux amènent les enfants à comprendre cette opération, à condition de temporaliser le deuxième facteur. En voici un exemple maintes fois réalisé dans nos groupes:

« *Les machines qui multiplient* »

Quelques enfants sont désignés comme étant des «machines». Chacun possède des cubes et a une pancarte accrochée au cou.

Prenons l'exemple de quatre enfants:

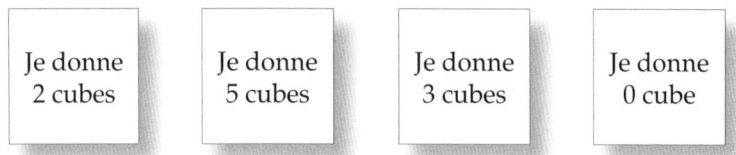

D'un sac, un cinquième enfant tire au hasard un papier. Il tombe sur 3 cubes

puis il extrait d'un panier un second papier noté 4 glings

Il se dirige vers l'enfant qui donne 3 cubes, comme lui indique le papier. Comme avec une machine à sous, il lui actionne le bras quatre fois de suite, accompagnant chaque geste en comptant à haute voix : « *Un gling, deux glings, trois glings, quatre glings.* »

Ainsi apparaît d'une manière évidente, dans le déroulement de cette opération, la différence entre le premier facteur, c'est-à-dire les cubes dont on peut faire une photo :

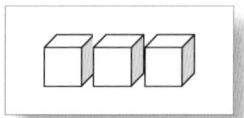

et les quatre gestes, strictement temporels, qui s'exécutent les uns après les autres, et qu'on ne peut pas représenter.

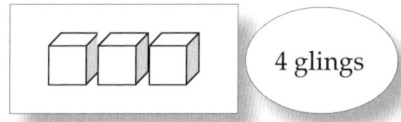

L'écriture symbolique peut aussi prendre cette forme :

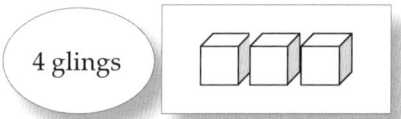

Il s'agit ensuite de diversifier les expériences en modifiant soit les quantités de cubes par le changement de « machine », soit le nombre de gestes à effectuer. En travaillant simultanément les passages des actions aux symboles et, inversement, des écritures aux actions, nous parcourons tous les possibles. L'expérience nous a montré que ces moyens participent réellement à la construction du sens de la multiplication en différenciant les deux facteurs, ceci sans qu'il soit nécessaire d'employer le mot « fois », ni le signe ×. C'est seulement lorsque sera construite cette différenciation espace (cubes) / temps de l'opération (glings) que des aspects davantage scolaires seront abordés.

Ce procédé offre un autre intérêt à propos des problèmes que pose généralement le cas particulier du zéro. Dans ce genre de mise en scène, ceux-ci s'évanouissent :

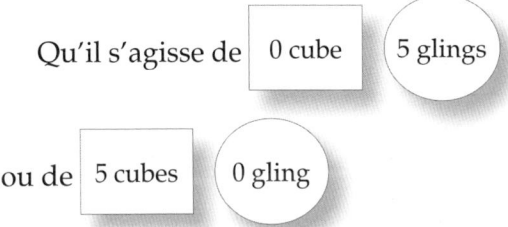

Qu'il s'agisse de 0 cube 5 glings

ou de 5 cubes 0 gling

le résultat est très vite intégré par les enfants comme étant nul. Sans parler du plaisir évident de cette découverte !

La forme de la multiplication dite « par grilles »

Nous n'aborderons pas les autres aspects de la multiplication, en particulier celui qui concerne les rapports proportionnels, mais nous tenons cependant à étudier celui que nous appelons multiplication « par grille », très méconnue en général et qui aide vraiment les enfants à tous les niveaux de la scolarité.

Reprenons la question posée à propos du nombre de vaches et de la capacité de les multiplier entre elles. Il nous est souvent rétorqué : *J'ai compris que l'on ne peut pas multiplier deux types d'éléments identiques, mais lorsqu'il s'agit de trouver l'aire du rectangle, on multiplie bien un nombre de mètres par un nombre de mètres pour trouver un nombre de mètres carrés !*

Soit. Prenons le cas de : longueur   5 m

largeur   3 m

Comment faites-vous pour trouver l'aire de ce rectangle ?

La réponse, accompagnée de gestes, est souvent :

Sous la dictée je pose les allumettes, chacune représentant 1 mètre. Je m'étonne : *Je vois 8 allumettes, mais je ne vois pas 15 quelque chose…*

On m'indique alors que le 3, ce sont des rangées (signe que le sens de la multiplication commence à être compris). J'obéis à nouveau et dispose les 5 allumettes multipliées par trois rangées comme suit :

Je ne vois toujours pas 15 carrés. Je vois 15 allumettes !

Les mathématiciens me rétorqueront : *il est absurde de poser de telles questions ! On ne multiplie que des nombres entre eux. Vouloir tout matérialiser est impensable pour forger un esprit mathématique !*

Ma réponse est simple : avec un enfant sourd, on ne peut pas tricher, il ne peut pas appliquer la formule «longueur multipliée par la largeur» – «L × l» – s'il ne l'a pas inventée lui-même.

Lorsqu'on veut calculer une aire, nous travaillons d'après des données écrites en mètres, mais dans la mesure où nous nous situons dans un espace à deux dimensions, il faut traduire ces 5 mètres en 5 « carrés-mètres ». Le 5 parlera de carrés et le 3 de rangées de carrés.

Comme dans l'exercice précédent, nous instaurons des machines à donner des carrés. Du sac, un enfant extrait le papier :

5 carrés

Du panier voisin, le papier (3 glings / voyages

Chaque voyage est un « gling » impliquant un déplacement auprès de la machine à donner 5 carrés.

Nous y voilà ! Nos 15 carrés sont sur la table, c'est de l'espace.

Les trois rangées ont été constituées par trois déplacements, c'est du temps.

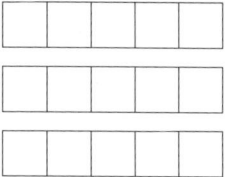

La formule de l'aire du rectangle peut désormais s'énoncer : « *Nombre de carrés disposés dans la longueur multiplié par le nombre de rangées dans la largeur.* »

Ainsi les enfants attribuent-ils un sens aux calculs d'aires et peuvent commenter chacun des deux facteurs de la multiplication. Le premier, spatial, est le contenu d'une rangée, c'est la photo de ce que donne la machine : 5 carrés. Le second facteur est un nombre de rangées/contenants, exécuté temporellement, donc non visible, et qui correspond aux 3 déplacements chez un marchand de carrés. À chaque voyage, on a compté : « 1 voyage », « 2 voyages », « 3 voyages ».

Suit immédiatement la question : *Le « 5 », c'est un nombre de quoi ?*

– *De carrés.*

– *Le « 3 », c'est un nombre de quoi ?*

– *De voyages.*

– *Tu peux multiplier un nombre de carrés par un nombre de voyages ?*

Lorsque la réponse est « *oui* », je peux être satisfaite.

Ainsi, la formule $L \times l$ prend tout son sens du fait que chaque nombre correspond à une réalité :

Montre-moi L ?

C'est 5 et ce sont des carrés.

Montre-moi l ?

C'est 3 et ce sont des rangées.

Quel bonheur de voir les enfants capables de montrer tous les éléments d'une formule totalement abstraite !

Une classe entière qui a compris la multiplication

Pour clôturer cette partie sur la multiplication, j'aime à raconter une séance dans une classe, en fin de CE1 – séance-démonstration animée par l'enseignante titulaire. Nous avions particulièrement travaillé cette opération, réinvestie quotidiennement dans les cours de mathématiques par l'enseignante. Une vingtaine de stagiaires enseignants assistaient à l'animation.

Afin de ne pas privilégier un « bon élève » qui donne toujours des réponses exactes, l'enseignante propose à l'assistance : *Choisissez vous-même un élève pour qu'il vous montre ce que chacun sait.*

Un des stagiaires désigne alors un élève au hasard et l'enfant se place devant tout le monde. D'un sac, il tire au sort un papier sur lequel est dessinée une pomme. Puis il tire d'un panier un autre papier sur lequel est écrit « 3 × 2 ».

On lui demande d'inventer un problème où il serait question de pommes et pour lequel la réponse exigerait cette opération : 3 × 2. Il demande alors : *Voulez-vous que ce soit le 3 ou le 2 qui soit des pommes ?*

L'assistance : *Gloup !*

L'enseignante lui répond :

– *Tu inventes un problème de chaque.*

– *Je vous invente un problème où ce sont les 3 qui sont des pommes : "j'ai 2 paniers de 3 pommes chacun. Je cherche combien de pommes j'ai en tout." Maintenant, c'est le 2 qui sont des pommes : "j'ai 3 assiettes de 2 pommes chacune, je cherche combien j'ai de pommes en tout."*

Voici, dans le détail, tout ce qui est compris :

1°. Il sait que les deux facteurs d'une multiplication ne sont jamais de même nature.

2°. Il a compris que l'un des deux nombres est un contenant et l'autre le contenu.

3°. Il invente deux contenants différents, c'est donc qu'il a l'équivalence numérique.

4°. Il commence la création du texte par les contenants, comme la plupart des problèmes : « j'ai deux paniers… » et « j'ai 3 assiettes… » alors que, pour le faire, il est nécessaire de penser d'abord aux pommes.

5°. Il utilise les mots « chacun » et « chacune », si difficiles à faire employer pour donner du sens au texte.

6°. Il associe « chacun » avec « panier » et « chacune » avec « assiette ». Sur le plan grammatical, c'est très fort, parce que le mot auquel il s'accorde est éloigné et qu'un substantif l'en sépare !

7°. Il sait qu'un problème a un but, trouver une solution, et qu'il comporte une question ! Là, elle n'est pas formulée en question mais en termes de ce qu'il cherche.

Que toute une classe ait compris, à 7 ou 8 ans, autant de notions qui concernent la multiplication m'a absolument bouleversée. Et cette classe n'était pas un cas isolé ! « C'est possible » !

La division

C'est une opération exclusivement temporelle puisqu'il s'agit de répartir un tout. Elle se présente aussi sous deux aspects ; dans l'un comme dans l'autre, la temporalité joue un rôle primordial.

La division partage

Celle-ci est relativement amusante : il s'agit d'un partage à réaliser sans faire de jaloux.

Tu donnes la même chose à chacun.

Pour les enfants de maternelle, le geste de distribuer, qu'il s'agisse de bonbons ou de cartes ou de tout autre chose, est une activité ludique. Pour nous, cette activité motrice est hautement mathématique – même si nous n'en sommes pas encore à nous préoccuper de nombre. Suivant la manière dont les petits réalisent ce geste, on peut repérer ceux qui maîtrisent l'algorithme du partage tout en possédant le sens du tout et des parties attribuées à chacun.

Certains ne peuvent en revanche considérer en même temps la totalité des bonbons, le geste d'attribution à une personne et la quantité que chacun obtient individuellement. N'ayant aucun recul vis-à-vis de la situation et n'ayant pas perçu le sens de la division, ils continuent à distribuer jusqu'au bout, sans tenir compte du partage équitable. Pour eux, un travail spécifique s'impose, qui s'attachera plus particulièrement au passage d'une vision globale à un regard particulier (et réciproquement) et, surtout, aux gestes qui partagent équitablement du discontinu.

Deux difficultés apparaissent en cours d'exécution de la division.

Tout d'abord, la question du reste. Pour les opérations précédentes, il s'agissait de cette définition : *à tout couple de nombres, on fait correspondre la somme, la différence ou le produit.* Dans la division, il en est tout autrement : *à tout couple –*

dividende, diviseur – on fait correspondre un couple – quotient, reste.

C'est très troublant lorsqu'un enfant constate que l'opération ne tombe pas juste ! De ce fait, nous avons toujours soin de mettre une corbeille pour y déposer le reste, ce que l'on ne peut attribuer au risque de faire des jaloux si les éléments à distribuer ne sont pas sécables.

La recherche du quotient pose un second problème. Le partage étant achevé, on a tout sous les yeux : la quantité de départ si l'on regarde la globalité – c'est le dividende. On voit aussi le diviseur, c'est le nombre de personnes qui ont profité du partage. Les différentes répartitions égales sont aussi visibles, de même que le reste. Or ce que l'on cherche, le quotient, demande, dans tout ce qui est sous les yeux, de sélectionner la valeur d'une seule part. Il faut donc oublier les parts des autres mais aussi le contenu de la corbeille/reste. Pour pallier cette difficulté de sélection, je demande aux enfants, une fois la répartition achevée, de mettre les mains de part et d'autre du visage en guise d'œillères, et de s'approcher le plus possible de la table pour ne plus voir qu'une seule part. Cette centration, c'est le but de cette opération.

Voici un schéma :

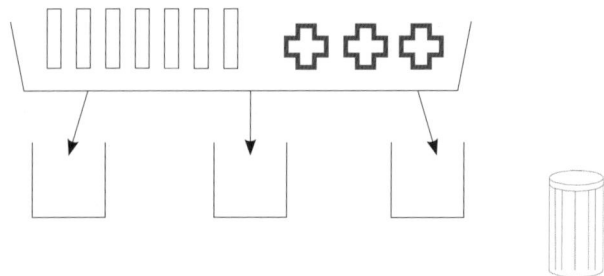

L'opération étant terminée, l'état final est le suivant :

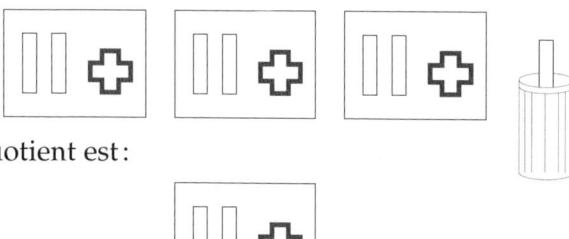

mais le quotient est :

En distribuant, les enfants vivent temporellement la causalité et montrent spatialement la conséquence. En les observant, nous comprenons à quel point souplesse et mobilité de pensée président à la réalisation de l'opération.

La division par soustractions successives

C'est l'opération la plus difficile à faire découvrir, pour plusieurs raisons.

D'abord parce qu'il n'est pas possible de la schématiser, alors que toutes les autres, comme nous l'avons montré précédemment, peuvent être dessinées.

L'autre difficulté de cette division est la suivante ; pour l'aborder, nous aimons poser cette question : *Peut-il arriver que, dans un problème, il faille diviser un nombre de vaches par un nombre de vaches pour trouver un nombre de messieurs ?*

Spontanément, la réponse est « *non* » accompagnée d'un sourire ironique. Or voici un énoncé courant : *Un fermier a 15 vaches, il les groupe par 5 et confie chaque groupe à un vacher. Combien faut-il de vachers ?*

L'inconnue est un nombre de messieurs – et pourrait tout aussi bien être un nombre de pâtures pour les faire paître, un nombre d'établés pour les rentrer la nuit ou de camions pour les transporter...

Cette division n'est pas réellement un partage, mais une suite de soustractions qui s'effectue ainsi : des 15 vaches, je retire 5 vaches. Celles-ci forment un groupe confié à « 1 » vacher. Je renouvelle les gestes en ôtant encore 5 vaches, constituant un autre groupe attribué à un autre vacher, et ce jusqu'à épuisement du tout.

Nous avons pu observer la perplexité de nombreux enfants et adultes devant cet aspect étonnant de la division, qui se résume en des soustractions successives toutes identiques, mais dont les gestes paraissent contredire l'action de diviser.

Dans cette division particulière, je connais le tout, je sais ce que chacun recevra, et mon inconnue est le nombre de contenants ou d'attributions. On retrouve là le problème de la multiplication où il fallait transformer les 5 vaches en un « 1 » propriétaire : lorsqu'on retire les 5 vaches, il faut effectuer la même opération mentale de conversion de ces « 5 vaches » en « 1 vacher ». Cette opération repose sur l'équivalence numérique : c'est « 5 » si la pensée porte sur les vaches, c'est « 1 » si l'on songe au vacher qui va s'en occuper. Ces deux aspects doivent être pensés simultanément et c'est ce qui est si difficile. L'équivalence numérique dans cette opération atteint son summum de complexité, ce que l'on recherche n'étant pas de même nature que les objets sur lesquels on travaille.

Une belle illustration de cette difficulté m'a été offerte par Carole, qui arrive un jour pour sa rééducation en me racontant, très troublée :

— *Aujourd'hui, dans le livre de maths, on a fait un problème complètement idiot !*

— *Raconte.*

— *Un maraîcher a 725 poireaux. Il les groupe par 5. Vous savez la question qui était posée ?*

— *Non, dis-moi.*

— *Combien a-t-il fait de bottes ?*

Et Carole de rire de bon cœur en me montrant les superbes bottes de cuir que sa maman venait de lui acheter.

— *Et qu'as-tu écrit ?*

— *Je n'ai rien fait. Je n'ai pas osé dire à la maîtresse que c'était idiot. Qu'est-ce que vous en pensez, vous ?*

— *Il faut voir dans le dictionnaire si le mot « botte » veut dire autre chose…*

Pauvre petite Parisienne qui ne connaissait que les bottes pour se chausser ! Elle a découvert les trois sens du mot : assemblage de végétaux, chaussures et coup porté à un adversaire avec le fleuret. Ce fut une belle occasion de travailler cette division si compliquée.

L'aspect temporel s'avère, dans cette division, aussi prégnant que dans la précédente parce que chaque action, c'est du temps…

Une parfaite compréhension des deux aspects de la division

Dans l'école où j'avais été bouleversée par les connaissances des élèves sur la multiplication, j'ai connu, à la même époque, mais dans la classe supérieure, en CE2, le même bonheur à propos de la division.

Le cadre est le même et le public des enseignants à peu près semblable. Un des spectateurs/stagiaires choisit au hasard un enfant de la classe.

L'enfant désigné vient devant tout le monde et tire du sac un papier noté « canards », puis, du panier des écritures opératoires, il sort $12 : 3$. Il sait qu'il doit inventer un problème de division.

L'enfant demande tout naturellement : *Voulez-vous un problème de partage ou un problème de soustractions successives ?*

Le public d'adultes ouvre de grands yeux. L'enseignante, tout aussi naturellement, répond comme sa collègue de CE1 :

Tu inventes un problème de chaque.

Instantanément, en mimant à l'aide de gestes rigoureux, il commence :

D'abord la division partage. Un fermier a 12 canards (geste global devant lui). *Il les partage dans 3 mares* (geste de répartition un à un jusqu'au bout des 12). *Je cherche combien il y a de canards dans une mare* (geste de mettre ses mains comme des œillères en s'approchant d'une des trois mares).

Maintenant, je vous invente un problème de soustractions successives. Ma voisine a 12 canards. Chaque fois qu'elle prend 3 canards, elle les enferme dans un poulailler. Ce que je cherche, c'est le nombre de poulaillers.

Tout ceci est accompagné de gestes très précis. Au départ, les canards sont représentés devant lui. Il mime trois retraits successifs qu'il met dans sa main. Il fait semblant de les regrouper, transformant ainsi ces « 3 » en un « 1 » qu'il place sur sa gauche. Il renouvelle les retraits de canards par trois, qu'il place successivement à quatre endroits côte à côte. Subjugué, l'ensemble des enseignants/spectateurs a, en l'espace de cinq minutes, tout compris grâce au mime de l'enfant. Il n'aurait pas prononcé un seul mot, le public aurait pu écrire le problème d'après ses gestes.

Qu'il s'agisse des deux sens de la division ou de la différence de gestes à effectuer pour l'une et pour l'autre, la démonstration a été si brillante que les applaudissements ont explosé. Ils étaient destinés à l'acteur, mais aussi à l'enseignant, ainsi qu'aux autres élèves tout aussi capables d'une telle démonstration de leur savoir.

Je conclurai en rappelant qu'agir et symboliser ne suffit pas : il ne faut pas omettre de faire parler, raconter le déroulement de toutes ces activités. La verbalisation nous renseigne souvent avec justesse sur les capacités rétroactives et anticipatrices des enfants et nous indique le niveau de leurs acquisitions face à toute situation opératoire, dont le chef d'orchestre est le temps.

Conclusion
L'opticienne du temps

Le temps est un domaine d'une immensité telle que nous aurions beau jeu de nous vanter de l'avoir, en un ouvrage, entièrement parcouru. D'une partie à l'autre de ce livre, nous en avons néanmoins exploré quatre grandes contrées. Considérons le chemin parcouru…

Pour ce faire, et avant que d'aucuns ne hurlent à la gageure – «Contempler le temps?… mais il est invisible!» –, je vous invite à chausser quatre paires de lunettes «métaphoriques».

Nos lunettes de pédagogues pour voir la théorie

Pour la première partie, qui repose sur la théorie, c'est nous, pédagogues, qui les portons. Il s'agit de comprendre la différence entre le discontinu, domaine des mathématiciens, et le continu, domaine du physicien. Le temps relève de ce dernier, mais le mathématicien intervient dès l'instant où l'on y met du nombre pour le découper en périodes régulières.

Avec la même paire, nous nous tournons ensuite vers la logique et particulièrement vers les deux grandes structures logiques qui régissent le temps dans la vie : les classifications et les sériations. Elles sont consubstantiellement imbriquées, si j'ose dire, mais nos lunettes nous offrent la possibilité de les étudier séparément.

Les lunettes adaptées aux enfants

Nous les abandonnons pour une autre paire, plus colorée. Dans la deuxième partie de cet ouvrage, c'est l'enfant qui les porte. Son regard se tourne sur lui-même, sur sa propre vie – c'est le temps subjectif, qui le fait « exister » à ses propres yeux. Mais il appréhende aussi ce temps qui lui colle à la peau – c'est le temps du monde qui l'entoure, le temps objectif, traité en termes de durées et de successions. Au fur et à mesure qu'il se repère dans l'un, qu'il s'approprie l'autre, son champ de vision s'élargit. Il donne du sens aux choses, exerce sa pensée, opère… il progresse harmonieusement.

Les lunettes de l'enfant à propos du temps structuré

Nouveau changement de lunettes, pour la troisième partie. C'est encore l'enfant qui les porte, mais ces lunettes-ci permettent de voir un autre aspect du temps. Il peut être question de jours… de semaines… d'années… Appréhender ce temps passe par la découverte et l'utilisation des instruments de mesure : l'horloge et le calendrier. L'enfant rentre dans le temps social et ses découpages. Son champ de vision devient numérique et universel. Cette troisième paire est à double foyer : celui qui les porte vogue sans cesse sur les deux versants complémentaires de la compréhension et de l'apprentissage. La troisième partie de l'ouvrage est saturée d'activités, de mises en situation, d'ateliers dirigés qui passent à la fois par l'action, la visualisation, la symbolisation, l'opérativité et la reconstitution de récits.

Les lunettes pour l'école

Dans la quatrième partie, les lunettes nous reviennent. Cette paire-là met en lumière le rôle du temps dans les opérations, les problèmes et la mathématique dans son ensemble… et l'importance à l'y débusquer, sous peine de grandes difficultés. Toutes ces difficultés que les enfants et les adolescents rencontrent, il nous faut absolument les comprendre… Pour filer la métaphore jusqu'au bout, je dirais même que ces lunettes devraient être teintées. Le soleil de nos évidences nous aveugle si souvent ! Éblouis par nos connaissances, la tentation des « *Tu vois bien* », « *Mais regarde !* », « *Je te l'ai déjà montré* », « *Relis ton problème* » est grande… Il voit, il regarde, il relit. La vue est bonne, mais il attend désespérément la paire de lunettes qui va le faire accéder à la connaissance.

Tout au long de ma longue carrière professionnelle, j'ai constamment chaussé alternativement ces quatre paires, en prenant soin d'aider l'enfant à ajuster la deuxième et la troisième à sa propre vue. Toutes les personnes qui lui sont proches peuvent s'essayer à ce ballet passionnant de lunettes.

Gérer son temps : les lunettes de synthèse

Reste un problème à aborder : celui de la gestion du temps !
Qu'est-ce que gérer son temps ? Réponse elliptique : c'est
la capacité, dans la vie, d'adapter le contenu de la partie 2
à la partie 3 de cet ouvrage. Réponse plus explicite : c'est
ajuster son temps subjectif existentiel de vie personnelle
à ces deux instruments mesureurs que sont l'horloge et le
calendrier.

L'outil autour duquel tout s'agence, c'est bien sûr
l'agenda. Mot latin signifiant « *choses à faire* », venant de
« agent », « *celui qui agit* » et d'« agencement », « *combinaison,
ordonnancement, arrangement* ». On retrouve dans tous ces
mots l'importance de l'action gouvernée par la logique.

Pour maîtriser l'agenda, les emplois du temps, les
plannings, il faut une cinquième paire de lunettes qui
rassemblerait les quatre précédentes en une seule. La
capacité d'organiser exige une grande mobilité de pensée.
C'est ce que nous avons toujours voulu exploiter dans cet
ouvrage, pour contribuer à l'épanouissement de l'enfant.

Mais la maîtrise de l'agenda, il faut le reconnaître, ne
suffit pas pour oser parler de « gestion du temps » : des
instruments de vue supplémentaires, tout aussi essentiels,
sont nécessaires. Ceux-ci ne relèvent plus uniquement de
la pratique ; ils sortent de mes compétences et je ne peux
que les citer : il s'agit, premièrement, de la longue-vue pour
l'anticipation et la projection dans l'avenir, deuxièmement,
du DVD de ce que chacun a vécu dans sa propre vie et
dont la relecture permet de parcourir son passé, enfin, des

lentilles de contact du moment présent, qui symbolisent l'aspect psychologique – la personnalité de chacun.

La longue-vue

Nous avons tous la nôtre, qui ne nous quitte pas tout au long de la vie. Elle nous permet de faire le point à tout instant et de tenter de garder un cap, en fonction de nos désirs personnels, des impératifs, des événements inattendus… Chacun l'oriente d'une manière totalement personnelle, dans la direction choisie. Il faut d'abord avoir envie de voir plus loin, puis de repérer les points que nous voudrions atteindre. Il s'agit ensuite de pouvoir faire la synthèse de tout ce qui sera nécessaire pour arriver au but envisagé. On est toujours seul responsable de ses actes au moment d'agir et le défaut de longue-vue dans l'instant présent peut compromettre un avenir… D'où l'importance de la pensée causale en logique. Savoir évaluer les conséquences de ses actes, c'est aussi cela gérer son temps…

Le DVD du passé et les lentilles de contact du moment présent

Le temps, c'est la trame même de notre vie : une identité ne se conçoit pas indépendamment de son inscription dans une temporalité qui associe son passé et son futur. Il s'agit alors de ménager des passages entre ce passé, strictement personnel, imprimé à tout jamais dans notre mémoire, et un futur, aléatoire, riche d'une multiplicité de variables et d'expériences continuellement renouvelées.

Ces passages du passé au futur transfèrent par le présent, par ces moments où une décision est prise, qui oriente définitivement le cours de *notre* temps. Ces moments, extrêmement chargés affectivement, ne sont possibles qu'en se dégageant du passé et en créant l'élan nécessaire pour structurer des activités projetées. S'y mêlent la jouissance de la conquête de l'autonomie et le plaisir de l'exploration. Ainsi cette donnée sensible qu'est le temps intervient-elle dans la construction du « Moi ».

Combien de personnes ont le sentiment, dans cet esprit, de « s'accomplir » dans la vie, de faire des projets et de les effectuer ? Je me souviens du grand pianiste polonais Arthur Rubinstein qui, lors d'une émission animée par Jacques Chancel pour ses 90 ans, expliquait tous les projets qu'il avait en tête. C'était extraordinaire de l'entendre programmer des concerts, des activités multiples, de quoi remplir une vie entière… Jeunesse d'esprit en fait !

Faisons la fête!

Ce texte, en annexe, est la synthèse des nombreuses fêtes sur le thème du temps. Si j'en donne autant de détails, c'est dans le but de montrer qu'il n'est pas difficile de monter un tel projet. À chaque fois qu'une équipe pédagogique a rassemblé les forces vives de ses membres et l'enthousiasme pour sa réalisation, ce fut un réel succès.

Parlons des enfants d'abord, fous de joie de montrer leurs connaissances, de diriger des adultes – dont leurs parents –, de féliciter les gagnants.

Les enseignants ensuite, étonnés de la participation parentale, et en profitant pour instaurer une relation différente avec eux. Les parents enfin, ravis, étonnés, heureux…

Pour qui?

Ce thème est tellement riche qu'il peut couvrir idéalement les activités pour:

– un séjour d'enfants en colonie de vacances;

– un club de loisirs soit en été, soit tout au long d'une année scolaire;

– un projet d'école;

– un collège groupé avec une école comme ce fut le cas en Suisse et en Belgique;

– une fête anniversaire pour les 10 ans, 20 ans… d'une association;

– un rassemblement d'une journée, comme à Saint Laurent du Maroni, pour toutes les associations de Lutte contre l'illettrisme de la Guyane : un formateur qui faisait la classe auprès des prisonniers a fait participer ses apprenants par des textes écrits sur le thème « Le temps en prison ». Réunis sur un panneau, ces écrits étaient poignants ;

– un anniversaire : une amie a fêté ses 50 ans tout au long d'un week-end avec animations extérieures et intérieures (pour clôturer ces deux journées particulières, ses amis lui offrirent un cadeau pour le moins original : un superbe bouquet de 50... balais !) ;

– un projet dans une maison de la Culture, comme celle de Palente (Besançon), qui a réuni toutes les générations, depuis les plus jeunes jusqu'au club des seniors en passant par les professeurs de philosophie et de français qui avaient fait collaborer leurs élèves de terminale. Participaient aussi les deux crèches dont je parle dans le chapitre « Quel jour sommes-nous ? » ;

– une fête de famille (comme pour les 60 ans de mon frère horloger).

Quelques idées d'organisation pour un projet d'institution

Le démarrage est simple : il s'agit d'une journée pédagogique en début d'année scolaire au cours de laquelle les enseignants d'une école décident de tenter l'expérience. Réunies, tous viennent jouer et inventer des jeux après une brève étude théorique telle qu'elle est commentée dans la première partie de l'ouvrage. Chacun a apporté les manuels scolaires qu'il utilise. L'idéal est d'avoir en plus une petite documentation pour piocher des idées. Ensuite, durant sept ou huit mois, des activités sont lancées, toutes les branches de l'enseignement sont concernées, chacun travaille le thème, élabore des décors, fait des expériences sur les durées à long terme, observe et recueille des observations sur les saisons, les plantations. Si la communauté a la chance de pouvoir suivre la grossesse d'une

Maman, avec son accord, voilà un sujet qui passionne les enfants par rapport au temps et à un bébé qui sera attendu!… Fabriquer la toise en début et en fin d'année permet de constater comme chacun «a grandi». Documents, dossiers, conférences faites par les enfants, recherches (tellement faciles actuellement avec Internet), et, bien sûr, toutes les idées de cet ouvrage qui ont été expérimentées de nombreuses fois et qui rendent visibles l'invisible.

La fête elle-même

Les enfants sont bien préparés. Ce sont eux qui conçoivent et envoient les invitations. La fête a lieu un vendredi soir après la classe ou un samedi matin pour qu'un maximum de parents puissent participer. Ils sont invités à venir jouer.

Le Directeur ou la Directrice accueille les parents et leur remet un «fil rouge», c'est-à-dire une feuille avec les titres des jeux de chaque classe et le plan des salles dans l'école. À chaque jeu auquel j'ai participé, je reçois un coup de tampon, sur ma feuille, preuve que j'ai joué. Les congratulations à la sortie de la fête entre le responsable de l'école et les parents ne sont pas surfaites!

Dans chaque classe, trois ou quatre jeux sont animés et expliqués par les enfants eux-mêmes. Et on joue, à tous les âges, en famille, entre amis, entre parents d'élèves. On ne gagne surtout rien. On joue pour jouer. Le gagnant d'une partie quitte le jeu, félicité, fier d'avoir gagné, ou bien il choisit de refaire une partie.

Tous les jeux sont rapides, 5 à 7 minutes suffisent pour terminer une partie. Par roulement d'une demi-heure, les enfants choisissent eux-mêmes le jeu qu'ils veulent animer dans leur classe. L'enseignant présent accueille les parents, mais n'intervient pas. Il encourage les adultes à prendre des risques, peut-être même celui de perdre ; de toutes façons, ils sont invités à réfléchir. Car tout jeu est intelligent.

Collée sur la table, la règle du jeu plastifiée est mise en évidence, elle a été élaborée par les enfants eux-mêmes. En dehors de son temps de responsabilité, pour le jeu choisi, chacun va faire le tour des autres classes avec ses parents pour connaître toutes les activités de l'école. Le plus spectaculaire, pour l'avoir souvent constaté, c'est l'intérêt que portent les grands pour les jeux des petits, et réciproquement.

Les douze heures en scènes

Je me souviens d'une école constituée de douze classes, qui avait monté un spectacle de douze pièces de théâtre ou saynètes. Le programme était présenté par un «Maître du temps», qui déplaçait l'aiguille d'une grosse horloge au fur et à mesure que se succédaient les sketches. Quelques-uns des thèmes valent la peine d'être racontés.

1° Le spectacle commençait par un défilé de mannequins. Chaque enfant déguisé se présentait sous la forme d'un poème écrit par lui-même. Il y avait l'horloge digitale, celle à aiguilles, le coucou, le réveille-matin, le bracelet-montre, l'horloge comtoise, la Mondaine (l'horloge des gares suisses), le chronomètre, le compte-minutes, le cadran solaire, le métronome, l'horloge parlante, la bougie et même la clepsydre égyptienne. Le sablier, lui, tenait aussi bien sur la tête que sur les pieds. Tout ce beau monde finissait par s'accorder après bien des tribulations.

2° L'heure suivante représentait une noce en 1900. Défilaient, au sortir de la mairie, les mariés – 4 et 5 ans à peine –, avec Monsieur le Maire – à peine plus âgé – et toute la suite, depuis les demoiselles d'honneur jusqu'aux arrière-grand-mères, hautes comme trois pommes, les cheveux poudrés de blanc avec un chignon d'époque. C'était l'aboutissement d'une activité sur l'histoire, au cours de laquelle les enfants avaient été amenés à comparer, d'après des récits et des documents, la vie actuelle et celle du début du siècle précédent. Des grands-parents étaient venus raconter leur vie quotidienne dans leur enfance. Les enfants avaient imaginé le monde en l'absence d'électricité, de télévision, de téléphone, d'ordinateur et même de Game-Boy!...

3° Dans une autre séquence, les douze mois de l'année, représentés par douze enfants, ne parvenaient pas à se mettre dans l'ordre du calendrier. Février ne voulait pas se séparer d'août, à qui Auguste César avait pris un jour. Septembre, octobre, novembre et décembre, les quatre derniers mois de l'année revendiquaient les 7ème, 8e, 9e et 10e places comme leur nom l'indique.

« *Je suis septembre, mon nom commence bien par "sept", pourquoi me reléguez-vous à la dixième place ?* » Et octobre (*octo*, huit), novembre (neuf) et décembre (dix) de renchérir.

4° La famille Bontemps faisait aussi partie de la fête, son arbre généalogique affiché en grand sur la scène.

5° Le «ballet des quantièmes» était constitué de trente et un danseurs, portant chacun un dossard. La suite des enfants – 1, 2, 3, 4... – formait un long serpent qui, au rythme du negro spiritual «Oh Happy Day», passait du linéaire au circulaire, de la disposition en escargot aux arabesques – tous ces déplacements s'exécutant avec une fluidité et une harmonie étonnantes. La longue file se morcelait parfois par groupes de sept enfants ; l'ensemble composait alors un tableau à double entrée, chaque semaine se présentant soit en colonne, soit en ligne.

6° Une autre classe présentait un conte mettant en scène Alice au Pays des Merveilles et le Lapin blanc. «Je suis en retard, je suis en retard, j'ai un rendez-vous très important!... ». La petite aiguille courait après la grande, les saisons tentaient les seize solutions d'ordonnancement en échangeant leurs places et parvenaient péniblement à obtenir le bon ordre: printemps, été, automne, hiver.

Les clubs de loisirs

Pour les clubs de jeunes ou les colonies de vacances, il en est de même. Les enfants préparent jeux, spectacles, concours... Ils réalisent des rallyes, des jeux de piste (l'aspect sportif est à exploiter au maximum). Ce thème offre l'avantage de ne pas avoir l'apparence scolaire, ce qui pourrait en rebuter certains. Et pourtant ils apprennent quantité de choses en s'amusant.

Pendant les vacances scolaires, les enfants sont dispos et souvent moins scotchés à la télévision. En colonie, ils ont leur compte d'heures de sommeil, ils bénéficient donc au maximum de tout ce qui va les faire réfléchir. Ils sont très réceptifs et partie prenante pour jouer, raisonner, s'exercer, créer, présenter, s'exprimer, apprendre, communiquer, fabriquer, exposer...

Des idées d'ateliers sur le temps

En dehors des différentes activités décrites tout au long de cet ouvrage, voici une liste des grands thèmes qui peuvent être l'occasion d'ateliers, mêlant activités, jeux, concours, courses (très adaptées pour le sujet « Temps »), exercices d'adresse chronométrés, situations interactives, devinettes et culture. Cette liste n'est pas exhaustive, vous l'imaginez bien !

Ateliers concernant le temps subjectif

Il est intéressant d'animer un atelier sur le cahier de vie, avec notamment l'étude de la carte d'identité (en prenant toutes les précautions dont nous avons parlé). Les anniversaires, la naissance, l'origine, les âges permettent les dépliants comparatifs de la simultanéité des vies. La bande des âges est très amusante à réaliser.

Concernant le temps de la famille, voici plusieurs thèmes : la fratrie et les jeux proposés avec la famille Bontemps, les arbres généalogiques (différentes représentations d'arbres), l'histoire de chacun des noms de famille.

Ateliers concernant la durée
Pour analyser les événements qui durent, les activités culinaires avec les temps de cuisson sont d'un intérêt très pratique et une source d'exercices. Dans les CFA (Centres de formation d'apprentis), cette question pose d'énormes problèmes, les enseignants le savent bien.

Étude des différents états :
– durée d'une grossesse, observation de l'évolution d'un bébé par échographie ;
– plantations avec étude des différentes étapes de germination ;
– élevage et reproduction d'animaux avec le temps de gestation de chacun ;
– étude et fabrication d'instruments de mesure de la durée (en dehors de l'horloge) : bougies, sabliers, horloges à eau, clepsydre. Graduation de ces instruments avec des étalons arbitraires, comme il est décrit dans le chapitre des durées.

Ateliers concernant la mesure du temps
Ce thème est le plus facile à mettre en scène. Ce fut le cas dans plusieurs centres d'enfants et adolescents handicapés qui, lors d'une fête de noël ou de fin d'année, ont réalisé des merveilles. Un professeur d'horticulture génial a, dans un de ces centres, fait construire deux cadrans solaires à ses élèves, l'un d'après le principe du gnomon (bâton planté dans le sol), l'autre mural.
– Le calendrier solaire, le gnomon, les cadrans solaires : fabrication de calendriers perpétuels ; histoire du découpage du temps ; étude des différents calendriers (chaldéen, julien, grégorien, républicain…) ; le temps vécu aux différentes époques : (Vikings, Romains, Moyen

Âge) ; les changements du découpage du temps au moment de la Révolution française (le calendrier révolutionnaire)
– Les calendriers lunaires : observation de la lune ; le calendrier des jardiniers.

– Et aussi : l'horloge à système décimal ; les montres solaires portatives ; l'astrolabe et le nocturlabe pour les marins ; l'an zéro pour les Chrétiens, pour les Musulmans, pour les Chinois, pour le calendrier hébraïque, pour les Aztèques ; les fuseaux horaires ; les changements d'horaire deux fois par an ; la macro mesure du temps (datation au carbone 14, la dendrochronologie) ; la micro mesure du temps (les chronomètres)…

– Les horloges : les deux sortes d'horloges utilisées actuellement – à aiguilles (ou spatialisée) et à affichage digital (ou numérique) – ; les comptes à rebours : compte-minutes, minuteries, chronomètres à décrémenter, affichages des fours à micro-ondes… ; histoire de l'horlogerie (les horloges à combustion, à rouages, à échappement, à oscillations (balancier), électriques, à ressort, à quartz, atomiques…).

Ateliers concernant le temps planifié
Les agendas, les planning, l'anticipation, la prévision.

Ateliers concernant le temps social : les fêtes nationales ou religieuses
– étude des fêtes universelles : 1er janvier, 1er mai (fête du travail) ;
– les fêtes françaises : qui sait donner une explication sur les fêtes chômées en France ? Pâques, Ascension, Pentecôte, Toussaint, Noël, 8 mai, 14 juillet, 15 août, 11 novembre. Pourquoi certaines sont-elles à date mobile ? Quels sont les pays qui ne fêtent pas noël ? Pourquoi ? Les fêtes locales, leur histoire ;
– les fêtes étrangères dont on parle maintenant en France : américaines (Halloween, Thanksgiving), suédoise (Sainte Lucie), allemande (Saint Nicolas).

Ateliers concernant le temps religieux
– ce qui ponctue le temps quotidien (l'angelus, le muezzin);
– Les fêtes religieuses: les processions en Sicile, en Espagne, Yom Kippour, Pessa'h, le Ramadan;
– les interprétations du temps après la mort suivant les religions.

Ateliers concernant les arts
Pour un spectacle, un tableau historique, un fond sonore et surtout la conception de décors, les idées ne manquent pas:
– la musique avec le rythme (rap, percussions), les chansons, le slam. À l'École en couleurs, à Bruxelles, lors de la fête, toutes les chansons de Jacques Brel à propos du temps accompagnaient les visiteurs. Les enfants ont réalisé un disque en chantant eux-mêmes ses textes;
– la peinture (les horloges molles de Dali, *les très riches heures du Duc de Berry*), les sculptures (les mois de l'année à la cathédrale de Chartres). Les peintres ont parfois peint par-dessus un tableau terminé pour en faire un autre, par surimpression: les techniques actuelles de laser permettent de reconstituer l'histoire de ces œuvres.
– le cinéma: l'idée de la conception d'un film lors de la préparation d'une fête avec des adolescents, enthousiasme les participants. Ils se voient confrontés à cette question de la maîtrise du temps dont j'ai parlé dans «Les mots vecteurs du temps». L'idée d'ailleurs a toutes les chances de faire naître des vocations…

Ateliers concernant le temps cosmique
– le jour, la nuit, le Soleil, la Lune, les saisons, les mouvements de la Terre;
– les saisons dans les autres régions du monde;
– le climat / le temps qu'il fait (la météorologie);

– les signes du zodiaque.

Ateliers concernant le temps mathématique
– la vitesse (les courses) ;
– le système numérique sexagésimal ;
– les opérations sur l'heure, les fractions de l'heure ;
– les placements d'argent : intérêts, dettes et temps.

Ateliers concernant le temps biologique
Rythmes nyctémère, circadien, cardiaque, respiratoire, menstruel (expériences dans les gouffres).

Ateliers temps et langage
Lors d'une fête, une école avait affiché un grand tableau vide, chacun était inviter à y noter une expression du temps :
– les expressions du temps « gagner du temps », « perdre son temps », « tuer le temps »… ;
– les proverbes, les sentences ;
– le sens des noms des jours de la semaine, des mois, de l'année ;
– la façon de parler du temps dans les autres langues (études comparatives).

Temps historique et géographique
– L'histoire de l'école, de la ville, de la région, de la France, de l'Europe, de la Terre, du monde (frises) ;
– Les temps géographiques (cartes, mappemondes) ;
– Les découvertes scientifiques (par rapport aux nombres et à la mathématique).

Tous ces exemples montrent combien ce thème offre de possibilités historiques, artistiques et culturelles… Bonne fête du temps !

Bibliographie

Voici les ouvrages, en lien avec le temps, qui m'ont accompagnée tout au long de mon parcours professionnel, et qui ont nourri ma réflexion et ma pratique.

Pour enfants :

Luc Boyer, Romain Bureau, *Le temps en 350 citations,* éditions d'Organisation, 1999.

Françoise Cerquetti-Aberkane, André Thévenin, *Le Temps à travers les temps,* Épigônes, 1988.

Michel Ende, *Momo,* collection « Estampille », Bayard, 2009.

Gérard Gibo, *Minimôme découvre le temps qui passe,* J.-C. Lattès, 1974.

Wolfgang de Haën, *Dis-moi l'heure qu'il est,* Le Centurion jeunesse, 1997.

Marie-Hélène Place, Feodora Stancioff, Caroline Fontaine-Riquier, *Balthazar et le temps qui passe,* Hatier, 1998.

Caterina Rochat, *La mesure du temps,* éditions de l'Olympe, 1995.

Nicole de Saussois, *Le temps qu'il fait, le temps qui passe,* Armand Colin/Bourrelier, 1983.

Brian Williams, *Les calendrier, l'histoire du temps,* éditions Gamma Ecole Active, 1999.

Pour adultes :

AFIRSE, Actes du colloque *Le temps en éducation et en formation,* 1992.

Sylviane Agacinski, *Le passeur de temps,* le Seuil, 2000.

Jacques Attali, *Histoire du Temps,* Fayard, 1982.

Michel Fayol, *L'enfant et le nombre. Du comptage à la résolution de problèmes*, Delachaux et Niestlé, 1990.

Arnold Gesell, F.-L. Ilg, *L'enfant de 5 à 10 ans*, PUF, 1999.

Vincent de Gaulejac, « Histoires de vie », *Revue Éducation permanente* n°s 72 et 73, mars 1984.

Bernard Gibello, « Dysharmonie cognitive : dyspraxie, dysgnosie, dyschronie. Des anomalies de l'intelligence qui permettent de lutter contre l'angoisse dépressive », *Revue de neuropsychiatrie infantile et d'hygiène mentale de l'enfance*, 1976 – 24 (9) – pp. 439 à 452.

Bernard Gibello, *L'enfant à l'intelligence troublée*, Dunod, 2009.

Alison Gopnik, *Le bébé philosophe*, Le Pommier 2009.

Francine Jaulin-Mannoni, *L'apprentissage des sériations*, APECT, 2001.

Étienne Klein, *Le temps existe-t-il ?* « Les Petites Pommes du savoir », Le Pommier, 2002.

Amélie Notomb, *Métaphysique des tubes*, Le Livre de poche, 2002.

Jean Piaget, *Le développement de la notion de temps chez l'enfant*, PUF, 1946.

Gaston Pineau, Guy Jobert, *Histoires de vie: actes du colloque « Les histoires de vie en formation »*, Université de Tours, 5-7 juin 1986, L'Harmattan 1989..

Anne Ancellin Schlützenberger, *Aïe, mes Aïeux*, « La méridienne », Desclée de Brouwe, 2007

Jean-Louis Servan-Schreiber, *L'art du temps*, Fayard, 1983.

Marguerite Yourcenar *Le temps,ce grand sculpteur*, Gallimard 1983.

Deux chansons qui m'ont marquée, parmi de nombreuses autres...

Ricet Barier, *Les spermatozoïdes*

Léo Férrré, *Le temps*

Table des matières

Introduction 3

Partie 1 – Le domaine du temps 11
Mesurer l'insaisissable… 13
La logique et le temps 30

Partie 2 – Temps subjectif, temps objectif 43
Moi, la « Petite Chronique » 44
Le cahier de vie 56
Les sujets abordés dans le cahier de vie 69
Mon histoire dans l'Histoire 90
Futur-présent-passé, une trilogie énigmatique 103
Les durées 120
Jouer à ordonner le temps : organiser sa pensée 137
Le temps du dictionnaire 148
Les conjugaisons 166
Quel âge as-tu ? 178

Partie 3 – Horloges et calendriers,
les instruments de mesure du temps 189
Comment mesurer le temps ? 191

Les 8 horloges de la journée scolaire 206

L'heure inoubliable 1 215

L'heure inoubliable 2 245

La journée inoubliable 267

Les petits mots situés avant « heure » 280

Quel jour sommes-nous ? 286

Les cinq éphémérides 293

Le « coin du Temps » 313

Les mots vecteurs du temps 321

Le « jeu de bataille » du temps 332

Partie 4 – Le temps et les mathématiques 343

Les opérations sur les durées 344

La temporalité dans les énoncés mathématiques,
Claudine Decour-Charlet 350

Le temps dans les opérations arithmétiques 368

Conclusion : l'opticienne du temps 408

Annexe : Faisons la fête ! 414

Bibliographie 424

Achevé d'imprimer en France
sur les presses de l'imprimerie EMD
N° d'édition : 090557-02
N° d'impression : 27762
Dépôt légal : septembre 2011

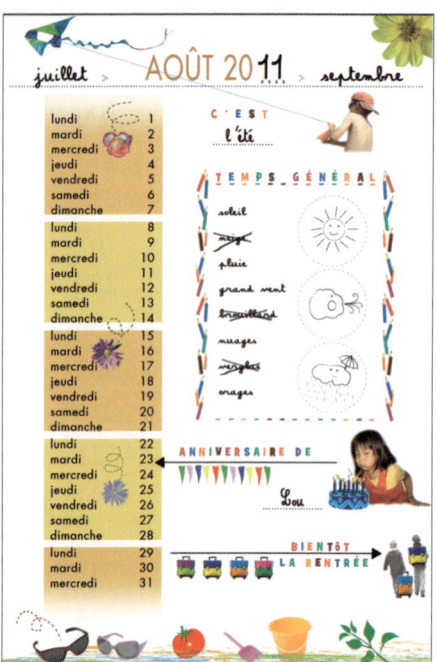

juillet > **AOÛT 20**11 > **septembre**

lundi	1
mardi	2
mercredi	3
jeudi	4
vendredi	5
samedi	6
dimanche	7
lundi	8
mardi	9
mercredi	10
jeudi	11
vendredi	12
samedi	13
dimanche	14
lundi	15
mardi	16
mercredi	17
jeudi	18
vendredi	19
samedi	20
dimanche	21
lundi	22
mardi	23
mercredi	24
jeudi	25
vendredi	26
samedi	27
dimanche	28
lundi	29
mardi	30
mercredi	31

C'EST l'été

TEMPS GÉNÉRAL

soleil
neige
pluie
grand vent
brouillard
nuages
neiges
orages

ANNIVERSAIRE DE Lou

BIENTÔT LA RENTRÉE

AUJOURD'HUI le 29 août 2011

LE CIEL

LA TEMPÉRATURE

40
30
20
10
0
-10
-20

22°

L'ARBRE

L'ENSOLEILLEMENT

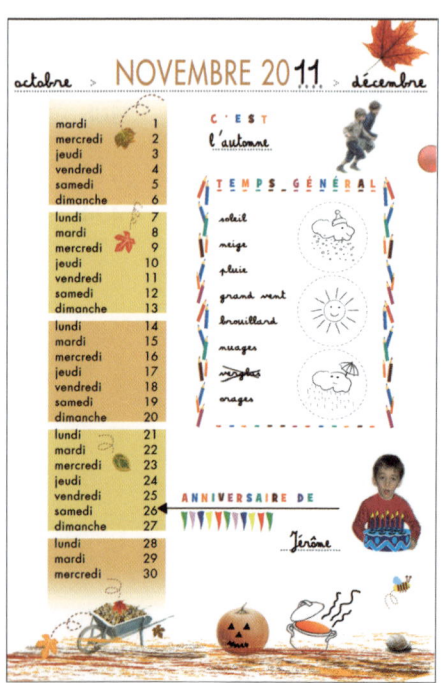

octobre > **NOVEMBRE 20**11 > **décembre**

mardi	1
mercredi	2
jeudi	3
vendredi	4
samedi	5
dimanche	6
lundi	7
mardi	8
mercredi	9
jeudi	10
vendredi	11
samedi	12
dimanche	13
lundi	14
mardi	15
mercredi	16
jeudi	17
vendredi	18
samedi	19
dimanche	20
lundi	21
mardi	22
mercredi	23
jeudi	24
vendredi	25
samedi	26
dimanche	27
lundi	28
mardi	29
mercredi	30

C'EST l'automne

TEMPS GÉNÉRAL

soleil
neige
pluie
grand vent
brouillard
nuages
neiges
orages

ANNIVERSAIRE DE Jérôme

AUJOURD'HUI le 19 novembre 2011

LE CIEL

LA TEMPÉRATURE

40
30
20
10
0
-10
-20

5°

Hier, il a neigé

L'ARBRE

L'ENSOLEILLEMENT

ici

je colle
mon
portrait

Nom :

....

Prénom :

....

Âge : ....

Nationalité : ....

Date de naissance : ....

Je suis : ....

Signature :

Anniversaire : ....

Lieu de naissance : ....

Langue(s) parlée(s) : ....

Adresse : ....

Mes initiales : ....

Mon empreinte digitale :

ici

je colle
ma photo
en pied

Cheveux : ....

Yeux : ....

Ma toise : ....

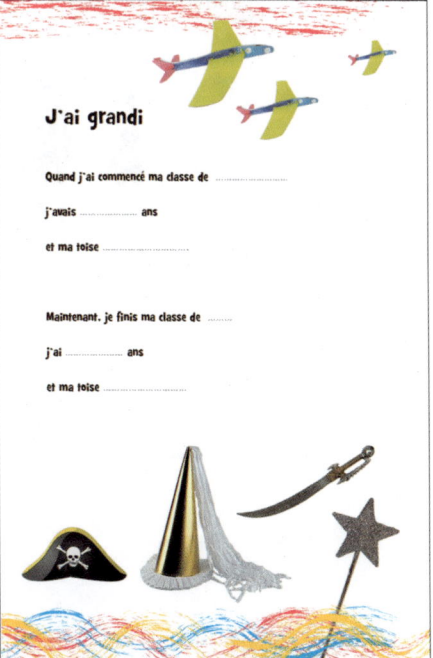

J'ai grandi

Quand j'ai commencé ma classe de ....

j'avais .... **ans**

et ma toise ....

Maintenant, je finis ma classe de ....

j'ai .... **ans**

et ma toise ....

	1969	1970	1971	1972	1973	1974	1975	1976	1977	1978	1979	1980	1981	1982	1983	1984	1985	1986	1987	1988	1989	1990	1991	19
PAPA	○	●	●	●	●	●	●	●	●	●	●	●	●	●	●	●	●	●	●	●	●	●	●	●
MAMAN		○	●	●	●	●	●	●	●	●	●	●	●	●	●	●	●	●	●	●	●	●	●	●
MATHIEU																							○	●

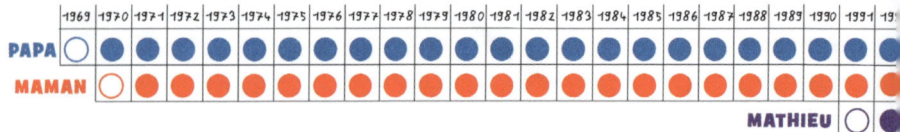

ARBRE GÉNÉALOGIQUE
Paul Marie
André Françoise
Antoinette
Lucien Madeleine
Mathieu Sophie
Olivier
Daniel Caroline
Julie Lola Hugo Florian
Emma Lucas

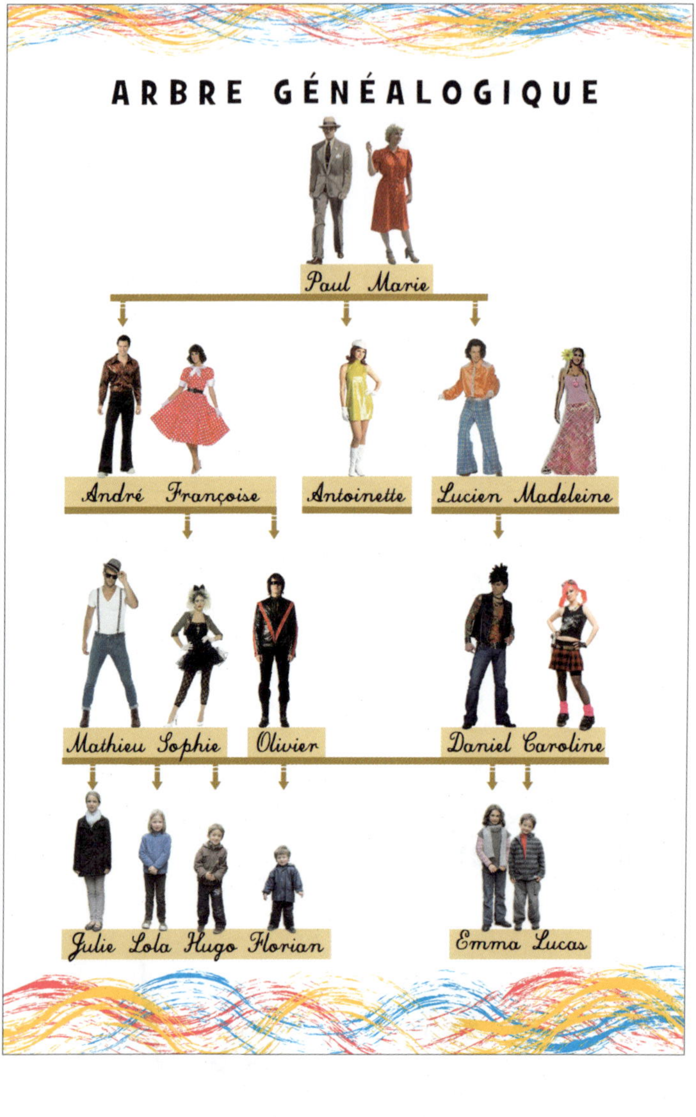

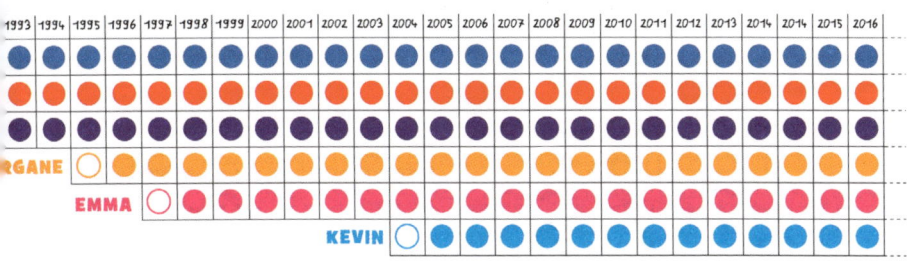

| 1993 | 1994 | 1995 | 1996 | 1997 | 1998 | 1999 | 2000 | 2001 | 2002 | 2003 | 2004 | 2005 | 2006 | 2007 | 2008 | 2009 | 2010 | 2011 | 2012 | 2013 | 2014 | 2014 | 2015 | 2016 |

RGANE

EMMA

KEVIN

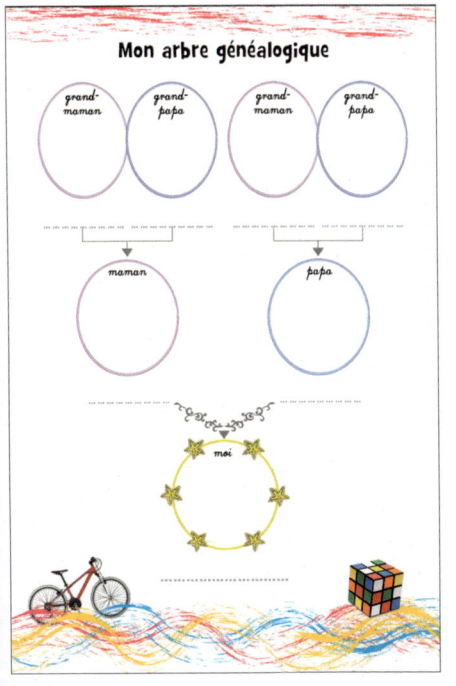

Mon arbre généalogique

grand-maman · grand-papa · grand-maman · grand-papa

maman · papa

moi

moi

papa & maman

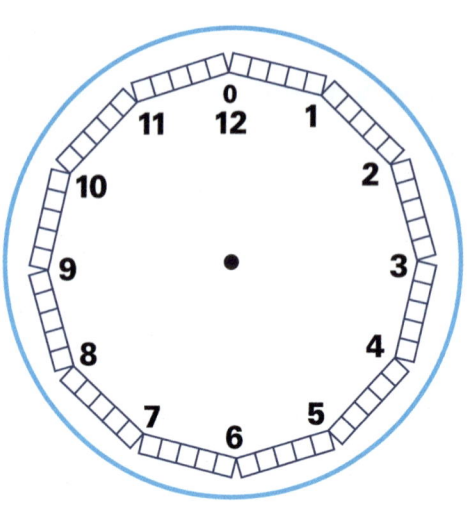

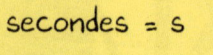

secondes = s	la trotteuse
grande aiguille minutes = min	menteuse
petite aiguille heures = h	cachottière